区块链助力数字新基建
2022年区块链典型应用实践精编

国家工业信息安全发展研究中心　编著

电子工业出版社
Publishing House of Electronics Industry
北京·BEIJING

图书在版编目（CIP）数据

区块链助力数字新基建：2022年区块链典型应用实践精编 / 国家工业
信息安全发展研究中心编著. —北京：电子工业出版社，2024.1

ISBN 978-7-121-46795-0

Ⅰ.①区… Ⅱ.①国… Ⅲ.①区块链技术—研究—中国 Ⅳ.①F713.361.3

中国国家版本馆CIP数据核字（2023）第228695号

责任编辑：缪晓红　　　特约编辑：李新承
印　　刷：涿州市京南印刷厂
装　　订：涿州市京南印刷厂
出版发行：电子工业出版社
　　　　　北京市海淀区万寿路173信箱　　邮编：100036
开　　本：710×1000　1/16　印张：23　　字数：478千字
版　　次：2024年1月第1版
印　　次：2024年1月第1次印刷
定　　价：138.00元

凡所购买电子工业出版社图书有缺损问题，请向购买书店调换。若书店售缺，请与本社
发行部联系，联系及邮购电话：（010）88254888，88258888。

质量投诉请发邮件至zlts@phei.com.cn，盗版侵权举报请发邮件至dbqq@phei.com.cn。

本书咨询联系方式：（010）88254760。

专家顾问委员会

组　　长：郑志明

副组长：沈昌祥

委　　员：（按照姓名拼音顺序）

陈　钟　范永开　高志鹏　胡　凯　王　伟　张　晰　郑子彬
朱建明　祝烈煌

编写工作委员会

主 任 委 员：蒋艳

副主任委员：周平

编写组成员：

潘　妍　李　卫　邓昌义　种法辉　杨梦琦　许智鑫　肖　菲

其他参编人员：（按照姓名拼音顺序）

安　可　毕研振　卜立平　蔡秀军　陈怡冰　陈　钟　程思进
程希冀　丛　庆　董　宁　樊小兵　樊小毅　付宗波　甘国华
高健博　高志鹏　顾佳燕　管才路　郭仲勇　郝阳婧　贺东梅
何双江　黄得志　黄骏飞　黄　鑫　贾晓芸　孔　云　旷志光
李书博　李　元　李悦瑜　林君　刘天骄　刘　希　吕　滢
马己人　毛振昌　曲勋杰　单志刚　苏年乐　孙运盛　佟业新
王超博　王　蕾　王黎强　王洒洒　王　帅　王　伟　王伟贤
温玉祥　吴鹏辉　吴　啸　吴　彦　夏琦　谢超越　玄佳兴
严　明　杨宁波　仪　莉　张金玉　张鹏飞　张　晰　张晓东
赵　斌　赵　钦　郑沛霖　郑子彬　钟　晓　周海涛　朱建明

序 一

信息技术的发展大致经过了三个阶段：第一阶段是互联网阶段，解决了信息互联的问题；第二阶段是移动互联阶段，通过智能手机就可以随时构建一个人人互联的平台；现阶段是建设"万物互联"的第三阶段，即基于5G的物联网。当信息及人、机、物实现连接以后，下一步就是价值的自由连接，而价值自由连接有一个前提——信任，只有形成信任关系，价值才能实现自由流转。区块链作为点对点网络、密码学、共识机制、智能合约等多种技术的集成系统，提供了一个在不可信的网络中进行信息和价值传递交换的可信通道。区块链凭借其独有的信任建立机制，将助力社会信任关系重构和价值互联，并与云计算、大数据、人工智能等新技术、新应用交叉创新、融合演进，成为新一代网络基础设施。

2019年10月24日，习近平总书记在中央政治局第十八次集体学习时强调"我们要把区块链作为核心技术自主创新的重要突破口，明确主攻方向，加大投入力度，着力攻克一批关键核心技术，加快推动区块链技术和产业创新发展。"我国高度重视区块链产业发展，工业和信息化部（以下简称"工信部"）、中央网络安全和信息化委员会办公室（以下简称"中央网信办"）、中华人民共和国科学技术部（以下简称"科技部"）等部门均出台了专门的政策文件，部署重点项目推动技术创新，加速底层核心技术突破，加快区块链自主创新能力提升，区块链应用的安全可控程度不断加强，与欧美技术差距正逐渐缩小，区块链自主技术和产品逐步得到产业认可。2022年，我国区块链专利申请数量已占全球总量的84%。

与此同时，我国区块链产业正涌现出一批"应用链"，在实体经济、政务服务、民生服务、智慧城市等经济社会各领域中发挥重要作用。区块链中的共识机制、智能合约，能够打造透明可信任、高效低成本的应用场景，构建实时互联、数据共享、联动协同的智能化机制，从而优化政务服务、城市管理、应急保障的流程，提升治理效能。各地方通过结合产业特色推动区块链应用，推动相关资源流向技术研发和实际应用，引导人才、资金、项目、数据等资源，流向能够实际提升生产效率、加快新旧动能接续转换的领域，流向切实改善民生服务和公共服务水平、提高人民群众获得感的领域，流向真正促进智慧城市建设、推动政府数据共享的领域。

但国内区块链发展仍面临技术生态不完备、应用深度不足等问题的挑战。目前，我国区块链底层技术良莠不齐、技术生态不完备、标准化水平不足等问题仍较突出，致使不同区块链应用平台各自为政、区块链"孤岛"问题日益严重。对此，应当积极挖掘技术、应用等方面的典型案例，通过标杆示范作用，引领区块链产业的发展方向，帮助技术厂商、行业用户等市场参与方了解最佳实践，推动大规模、可复制的典型区块链应用落地，引导加强场景互联互通、形成产业发展合力。

在此背景下，国家工业信息安全发展研究中心依托区块链技术与数据安全工信部重点实验室组织编写的《区块链助力数字新基建：2022年区块链典型应用实践精编》择优遴选了创新技术及产品、实体经济应用、民生服务应用、智慧城市应用、政务服务应用5个方向54个区块链典型案例，充分体现了我国区块链技术研究者和实践者的不懈探索与丰硕成果，内容丰富、指导性强。希望读者能够从中形成对区块链应用的全面认识，并吸取其中可复制、借鉴的经验，将理论转化为实践，积极推动区块链产业的高质量发展。

是为序。

2023 年 7 月
于北京

序 二

网络信息技术进入代际变革"临界点"，国际经济科技竞争格局面临深刻调整，建立全新信任与协作体系的下一代互联网时代正加速到来。下一代互联网变革不是应用层的简单创新，而是互联网体系架构的整体性演进和系统性升级，将重构基于"数字契约"的网络信任体系。下一代互联网的核心特征是人机物相互融合，网络活动将呈现立体化和虚实结合的特点，形成对真实世界的全面映射。同时，下一代互联网强调用户数据归用户自己所有，用户所创造的互联网内容可以成为自己独立拥有的"数字资产"。区块链技术具有去中心化、不可篡改、真实可追溯的技术特点，其融合应用云计算、大数据、人工智能等新一代信息技术，将构建用户更加自主、数据所有权更加明确、交易更加可信任、个人隐私更加安全的全新网络形态，是下一代互联网发展的核心技术之一。

国家高度重视区块链产业，着力推动以数据为关键要素的数字经济健康发展。《中华人民共和国国民经济和社会发展第十四个五年规划和 2035 年远景目标纲要》提出要培育壮大包括区块链在内的新兴数字产业。在《"十四五"软件和信息技术服务业发展规划》中，区块链被当作新兴平台软件之一进行布局。《关于加快推动区块链技术应用和产业发展的指导意见》提出了赋能实体经济、提升公共服务、夯实产业基础、打造现代产业链、促进融通发展五方面的重点任务。国家发展和改革委员会（以下简称"国家发改委"）明确将区块链纳入新型基础设施中的信息基础设施范畴，中央网信办等 18 部门在全国范围组织了 15 个综合性和 164 个特色领域国家区块链创新应用试点，各地也纷纷结合地方产业特色出台专项政策支持区块链产业发展。

我国区块链产业初具规模，已经成为国内数字经济发展的重要支撑。我国在区块链共识机制、加密算法等关键技术攻关方面取得了显著成效，突破一批自主可控底层技术，联盟链性能和可扩展性达到国际先进水平，云链结合 BaaS（区块链即服务）、"区块链＋人工智能"、"区块链＋隐私计算"等融合领域涌现出一批成熟产品，为数字经济发展过程中数据要素的流通夯实了技术基础。目前，我国区块链标准化工作稳步推进。2023 年，首个区块链国家标准《区块链和分布式记账技术 参考架构》（GB/T 42752—2023）正式发布，我国在 ISO、ITU 等国际标准组织的话语权稳步提升。我国区块链应用也从金融向实体经济、民生服务、智慧城市等多领域加速渗透，出现大量典型落地应用案例。一方面，实体经济、政务服务等传统领域中存证、溯源等应用模式逐步成熟；另一方面，数据要素确权流通作为数字经济发展的必然需求，成为区块链应用的重要发展方向。

与此同时，我国区块链产业在供需两侧仍存在亟待解决的问题和挑战。一是供给优化，自主底层技术还需要进一步发展和普及。长安链、FISCO BCOS、百度超级链等开源项目虽然已经具备优良的性能，但起步较晚，影响力不足，Fabric等国外开源项目仍是多数项目开发单位的选择。同时，自主技术体系发展并非一蹴而就的，我国自主技术在创新性、领先性和安全性方面的表现有待提升。海量终端接入、网络环境复杂化、异构平台互联成为趋势，国内区块链技术的性能、可扩展性，以及与人工智能、物联网等新兴技术的融合能力也需要不断改进。二是深化需求，行业应用的深度和广度均有不足。国内大规模、可复制、可持续、具有典型示范意义的项目仍然较少，众多区块链应用存在深度不足的问题，部分项目过度依赖财政资金，缺乏成熟的商业模式，交付后难以发挥价值，无法长期运转。三是行业规范化，生态体系建设仍处于初期发展阶段。一方面，国内区块链标准化工作仍处在起步阶段，对技术和产业发展难以起到体系化的引导作用；另一方面，受制于社会各界对区块链技术特点、应用模式等的认知不足，国内联盟链应用的生态锁定问题突出，"链孤岛"现象阻碍了区块链技术的大规模应用落地和长期价值发挥，产业链上下游协同发展的格局尚未形成。

为更好地支撑、推动我国区块链产业的发展，促进数字经济和实体经济融合创新发展，国家工业信息安全发展研究中心依托区块链技术与数据安全工信部重点实验室，通过公开征集、评选择优，编撰形成了《区块链助力数字新基建：2022年区块链典型应用实践精编》，收录了覆盖创新技术及产品、实体经济应用、民生服务应用、智慧城市应用及政务服务应用5个方向的54个案例。一方面，这是对我国区块链技术与应用发展现状的一次梳理总结；另一方面，也能更好地为我国区块链产业发展提供可复制、借鉴的经验和实践。

希望本书能够产生预期的效果，为我国区块链及新兴产业的发展发挥积极作用。

2023年7月
于北京

前　言

2020 年以来，主要国家和科技巨头开始布局 Web 3.0、元宇宙等新兴领域，引发全球广泛关注。国内地方政府陆续将 Web 3.0、元宇宙写入政府工作报告，专门制定促进产业发展的政策文件。Web 3.0、元宇宙整合多种新技术，有望成为数字经济时代构建新型产权关系的基础，对于解放和发展数字化生产力、赋能经济社会高质量发展意义重大。区块链是分布式网络、加密技术、智能合约等多种技术集成的新型数据库软件，作为下一代互联网信任机制的关键技术，区块链将推动互联网从传递信息向传递价值变革，重构信息产业体系。2021 年 6 月，工信部、中央网信办印发《关于加快推动区块链技术应用和产业发展的指导意见》，促进区块链和经济社会深度融合，加快推动区块链技术应用和产业发展。党的二十大报告提出，"推动战略性新兴产业融合集群发展，构建新一代信息技术、人工智能、生物技术、新能源、新材料、高端装备、绿色环保等一批新的增长引擎"，为区块链产业发展指明了方向。

为贯彻落实国家区块链发展战略，更加扎实有效地推动区块链产业发展工作，推动区块链技术创新，发掘区块链技术在实体经济、民生服务、智慧城市、政务服务等领域的优秀经验，国家工业信息安全发展研究中心依托区块链技术与数据安全工信部重点实验室通过公开征集、评选择优，编撰形成了《区块链助力数字新基建：2022 年区块链典型应用实践精编》。希望本书可以为地方区块链产业发展提供重要的参考和指导，为各行业建设区块链应用项目提供可借鉴的经验和模式，通过推动区块链技术发展与行业应用支撑数字经济的高质量发展。

本书共 6 部分。总体态势篇深入剖析了国内区块链产业发展态势，并提出了未来发展的建议；创新技术及产品篇、实体经济应用篇、民生服务应用篇、智慧城市应用篇、政务服务应用篇收录了 5 个方向的 54 个典型案例，从案例背景、方案详情、创新点、效果效益等方面加以分析和总结，每部分还以业内权威专家约稿为开篇，帮助读者了解区块链在本领域应用的概况。

区块链是下一代互联网的重要组成部分，将促进数据流通共享、建设数据要素市场、释放数据要素价值，对于促进数字技术与实体经济深度融合、做强做优做大我国数字经济意义重大。由于时间紧张，本书的编撰工作难免挂一漏万。希望以本书的出版为契机，激励、引导更多地方和企业积极发展区块链产业，加快推动区块链成为我国数字经济发展的坚实底座。

2023 年 7 月
于北京

目 录

第一部分 总体态势篇

第二部分 创新技术及产品篇

第三部分 实体经济应用篇

第四部分　民生服务应用篇

第五部分　智慧城市应用篇

第六部分　政务服务应用篇

总体态势篇

第一章 我国区块链产业发展综述

新一轮科技革命和产业变革正加速推进，对全球创新版图、全球经济结构乃至世界竞争格局将产生深远影响。区块链已经从最初的加密代币向政务、供应链管理、司法存证、能源电力等领域拓展，对各行业数据安全保障与数据要素价值释放的意义十分重大。区块链作为下一代互联网的基础协议和战略性支撑技术，将推动建立可信安全的数字经济规则与秩序，加速元宇宙、Web 3.0 等新技术、新业态的变革。我国区块链技术应用和产业发展已经取得积极成效，对我国经济社会发展的支撑作用初步显现。但在自主技术、产业应用等方面仍存在一些问题与挑战，需进一步加强底层技术攻关，加快技术融合发展，以场景创新驱动技术创新，推动区块链更好地助力实体经济数字化转型，赋能数字经济健康发展。

一、我国区块链发展现状

（一）国家高度重视区块链发展

我国区块链产业布局贯穿两个"五年规划"。2020 年 4 月，国家发改委首次明确"新基建"范围，并将区块链纳入信息基础设施范畴。2021 年，我国"十四五"开局，产业数字化进程加速，区块链技术越发受到重视，陆续被写入《中华人民共和国国民经济和社会发展第十四个五年规划和 2035 年远景目标纲要》和《"十四五"软件和信息技术服务业发展规划》，工信部与中央网信办就加快推动区块链技术应用和产业发展制定专项指导意见，同时中央网信办等 18 个部门和单位开展了区块链创新应用试点申报工作。我国主要区块链政策如表 1.1 所示。

全国各地因地制宜出台区块链产业支持政策。我国各地积极布局区块链产业，纷纷结合地方产业特色，出台专项政策支持区块链产业发展。截至 2023 年 4 月，已有 20 个省发布政策文件逾 40 份。北京市提出建设自主可控的底层开源技术平台，建设具有国际影响力的区块链开源社区；江苏省立足制造业优势，推动零部件溯源、产品全生命周期管理、协同制造等制造业领域的区块链应用；浙江省要求发挥省内电子商务的领先优势，应用区块链技术为跨境电商、新零售赋能；云南省提出围绕"一带一路"倡议探索区块链跨境支付业务。

表1.1　我国主要区块链政策

发布机构	政策名称	主要内容及相关情况
全国人民代表大会（以下简称"全国人大"）	《中华人民共和国国民经济和社会发展第十四个五年规划和2035年远景目标纲要》	培育壮大人工智能、大数据、区块链、云计算、网络安全等新兴数字产业，提升通信设备、核心电子元器件、关键软件等产业水平。 推动智能合约、共识算法、加密算法、分布式系统等区块链技术创新，以联盟链为重点，发展区块链服务平台和金融科技、供应链管理、政务服务等领域应用方案，完善监管机制
工信部、中央网信办	《关于加快推动区块链技术应用和产业发展的指导意见》	明确到2025年，区块链产业综合实力达到世界先进水平，产业初具规模。 在深化行业应用方面，文件部署了两项重点任务。一是发挥区块链在优化业务流程、降低运营成本、建设可信体系等方面的作用，聚焦供应链管理、产品溯源、数据共享等实体经济领域，推动区块链融合应用，支撑行业数字化转型和产业高质量发展；二是推动区块链技术应用于政务服务、存证取证、智慧城市等公共服务领域，加快应用创新，支撑公共服务透明化、平等化、精准化
工信部	《"十四五"软件和信息技术服务业发展规划》	加快区块链共识算法、加密算法、高效安全智能合约、分布式系统等关键技术研发。支持区块链底层技术平台、区块链服务平台等建设。加强金融科技、供应链管理、政府服务等重点领域应用
中央网信办等18个部门和单位	《关于组织申报区块链创新应用试点的通知》	试点范围覆盖实体经济、社会治理、民生服务、金融科技4个大类16个领域。试点入选名单已于2022年1月公布，包括15个综合性试点单位（地区）和164个特色领域试点单位

（二）关键技术创新进展显著

关键底层技术不断突破，出现一批自主研发的底层平台产品。共识机制、预言机等关键技术领域研究不断取得进展，首个完全实用的异步共识算法"小飞象"，突破了异步共识算法在性能上的设计挑战；区块链专用点对点网络 Liquid 改进了常用的点对点网络 libp2p 在区块链系统中兼容性差和效率不足的问题；合约语言 Liquid 在提升逻辑健壮性的同时优化了合约执行效率；Truora 等预言机解决方案不断推动安全可信的链上链下互操作的实现。国内涌现了一批自研联盟链底层平台，其中长安链、FISCO BCOS、百度超级链等开源平台的影响力也在不断提升。

新兴技术深度融合发展，"区块链＋新技术"构建数字经济可信基座。区块链与隐私计算、物联网、人工智能等新兴技术融合不断取得突破，腾讯、蚂蚁、趣链、八分量、微众银行等诸多企业在区块链与隐私计算方面进行布局并推出产品。其中，区块链网络平台 FAIR 将隐私计算与区块链融合到单个系统内；"物链1号"等区块链模组在传统物联网模组的基础上增加区块链应用框架，推动物联网向"物链网"过渡；PaddleDTX 实现数据从采集、存储、计算到流通的安全可信，赋能分布式 AI 训练的全过程追溯和审计。

（三）标准化工作快速推进

国内区块链标准体系"四梁八柱"确立，标准研制工作进展迅速。2021 年 5 月，全国区块链和分布式记账技术标准化技术委员会（SAC/TC 590）成立，对标国际标准化组织区块链和分布式记账技术委员会（ISO/TC 307）。2021 年 10 月，中共中央、国务院印发《国家标准化发展纲要》，明确指出在两化融合、新一代信息技术、大数据、区块链、卫生健康、新能源、新材料等应用前景广阔的技术领域，同步部署技术研发、标准研制与产业推广，加快新技术产业化步伐。2023 年 3 月，《区块链和分布式记账技术标准体系建设指南（2023 版）》公开征求意见。截至 2023 年 6 月，我国已有 3 个国家标准、7 个行业标准、31 个地方标准、148 个团体标准发布，区块链标准体系建设已初见规模。

积极参与国际标准化工作，影响力稳步提升。我国在 ISO、ITU、IEEE 等国际区块链标准化组织当中均承担着重要的角色。中国是 ISO/TC 307 的正式成员，并承担了分类和本体的编辑，以及参考架构的联合编辑职务。ITU-T 首个区块链标准项目 F.DLS（分布式账本服务需求）标准研究由我国科研单位提出，IEEE 的第一个区块链标准协会 CTS/BSC 由清华大学博士袁昱发起。2022 年 11 月，中国代表团推动成立了 ISO/TC 307 分布式记账技术和碳市场研究组，并成功立项了区块链测试标准研究项目。国内产学研单位积极参与标准立项和编制工作，不断推动国际区块链标准化工作的影响力。

（四）产业聚集效应初步形成

我国区块链产业在地域分布上呈现出显著的聚集态势，其中环渤海、长三角、珠三角具有科研实力和经济基础优势，发展尤为突出。在环渤海聚集带中，北京拥有国内顶尖高校和科研院所基础，并聚拢了百度、布比、众享比特等国内区块链代表厂商，政府积极推动区块链在政务等领域的应用。在长三角聚集带中，杭州和上海经济发达，营商环境良好，创新与开放的氛围培育了蚂蚁链、趣链等头部企业，以及树图区块链研究院等创新机构，是区块链产业发展的先锋。苏州较早布局区块链产业，并获批创建国家区块链发展先导区。珠三角聚集带拥有腾讯、平安银行、微众银行等优势企业，积极推动区块链数据要素跨境互通应用，助力粤港澳大湾区的一体化发展。

同时，西南和中部地区的区块链产业在数字经济趋势与政策带动下也形成了一定的规模。四川、重庆、贵州、云南等地政府积极推动数字经济发展成为地方经济发展新引擎，加强数字基础设施建设，发展形成多元化产业生态，区块链作为数字经济重要支撑技术也因此在西南地区迎来发展风口。郑州、武汉、赣州等中部城市从政策支持、平台建设、应用推广等方面多点发力推动区块链产业创新发展，取得了一定成效。昆明、郑州、武汉三地于2022年获批建设国家区块链发展先导区。

（五）应用广度和深度逐步提升

区块链技术的应用场景持续创新，从数字货币等虚拟经济应用向民生服务等实体经济加速延伸。随着数字经济与实体经济的深度融合发展，区块链技术基于其传递数字信任、促进数据共享的功能，不断赋能数据要素的开发利用和流通共享，已成为支撑数字经济发展的战略性技术。

在实体经济方面，区块链技术打通了供应链各环节的信息流，促进了产业数字化转型过程中数据要素价值的发挥。区块链可建立覆盖原料商、生产商、检测机构、用户等各方的产品溯源体系，加快产品数据可视化、流转过程透明化，实现全生命周期的追踪溯源，提升质量管理和服务水平，推动特色品牌形象建立。通过建设基于区块链的供应链管理平台，可融合物流、信息流、资金流，提高供应链协同水平，降低企业经营风险和成本。针对传统产业数字化转型产生的大量数据要素资源，区块链可以实现数据采集、共享、分析过程的可追溯，推动数据共享和增值应用，促进数字经济模式创新。

在民生服务方面，区块链解决了传统模式的痛点，提供可信、共识、共享、协作、规模化供给、数字化操作的民生服务。在医疗行业，区块链技术可实现电子病历和电子处方的共享共用及疫苗等医药产品的溯源；在教育行业，区块链可推动实现学历、资质等的互认互信，杜绝经历伪造与证书造假；在食品安全监管当中，区块链可推动建立标准、透明、可信的溯源监管体系，助力食品安全"可查不可改"。

在智慧城市方面，区块链通过支撑数据可信共享，提升城市管理智能化、精准化水平。将区块链应用于"城市大脑"建设，可以连通政务服务、经济运行、卫生教育、应急指挥、环境监测等智能系统，打造集城市运行监测、精细管理等功能于一体的城市决策和运营中心。

在政务服务方面，区块链可以打通政府部门间的信息孤岛，促进数据共享，支撑安全可信、生态协同、普惠服务的数字政府构建。面向群众日常办事需求，区块链为不同部门、不同主体的业务协同提供可以多方参与、安全可信的合作中介，以及透明的协同机制，实现"最多跑一次"。针对互联网经济快速发展背景下井喷式增长的电子证据保全需求，区块链通过保障电子证据不丢失或不被篡改增强司法公信力。此外，通过促进政府部门间的数据共享，区块链还可以促进执法协调联动，提升政法跨部门协同办案质效。

（六）人才短板正在逐渐补齐

区块链作为一项新兴产业仍存在发展早期的人才紧缺问题，区块链工程技术等职位的高薪也从侧面反映了我国区块链人才缺口的情况。随着产业发展的不断成熟、产学各界对人才需求的积极响应，国内区块链人才的短板正被逐渐补齐。成都信息工程大学等高等院校自 2019 年开始陆续设置区块链工程专业，第一届学生将于 2024 年毕业。浙江和广东于 2022 年开始举行区块链应用操作员职业技能等级认定考试，其中广东探索企业与职业技能等级认定互认的"一试双证"人才评价模式，使通过考试的学员同时获得政府认可的职业技能等级证书，以及企业认可的腾讯教育认证证书。百度、蚂蚁等头部厂商也在积极与高校开展合作，共同培养高层次区块链人才。

二、我国区块链发展问题

（一）自主技术尚需普及，性能扩展面临挑战

虽然国内长安链、FISCO BCOS 等底层平台已经具备优良的功能、性能，Hyperledger Fabric 等国外开源联盟链项目的发展也在近两年呈现放缓趋势，但在国外开源项目的先发优势和锁定效应下，国外开源项目仍为多数国内区块链应用项目的底层技术选择。同时，作为下一代互联网的技术底座，区块链需要具备支撑海量异构节点接入的能力与高并发性能，未来的网络环境也将更为复杂。多样化的应用也要求区块链必须与人工智能、物联网、云计算等技术紧密结合，但区块链与这些技术结合时，可能存在兼容适配困难，不同技术系统中数据的兼容和互认问题也需要得到重视。

（二）应用仍需提升质量，产业发展合力尚未形成

当前区块链行业仍存在应用深度不足、可持续性差等问题，很多区块链项目落地后价值难以发挥，持续亏损以致关停。同时，当前场景之间缺少互联互通，导致场景建设孤立，无法形成规模效应，联盟链的链间孤岛也阻碍了区块链传递信任和价值的互通生态形成。究其根源，国内多数应用场景与政务或司法系统存

在关联，不同行业也有各自的技术和管理安全要求。产品目录、法规解释等文件的缺失使得用户单位对上链用链的必要性产生怀疑，项目经济效益受限，标准体系的不健全也使得涉及多行业机构的项目难以落地，二者均造成应用需求动力不足、生态建设碎片化。

（三）多方面安全挑战出现，新业态发展困难重重

我国区块链面临来自技术、金融、数据等多方面的安全挑战，这些挑战也间接阻碍了 Web 3.0 等新业态的发展。在技术方面，区块链面临算法漏洞、智能合约编程漏洞等安全挑战，过度依赖国外开源平台、技术产品等也将引发信息基础设施安全问题。在金融监管方面，类 Libra/Diem 的跨境金融基础设施可能给我国外汇、反洗钱管理要求带来冲击，NFT 相关的投机炒作、非法集资等风险也不容忽视。在内容监管和数据安全方面，区块链平台责任主体难以确认的特点造成内容合规等难以追责，不可篡改的特点也导致违规内容难以处理，跨境合作的区块链基础设施则带来了潜在的数据跨境问题。

三、我国区块链发展建议

（一）加强底层技术攻关，以开源促进自主创新

强化底层技术攻关，加大对原创性基础理论与系统架构问题的研究与攻关，以优秀案例项目为抓手，推动形成一批高性能、高可靠、面向商用密码和自主基础软硬件体系的区块链底层平台产品。鼓励开源区块链平台发展，通过促进开源生态建设，推广自主技术产品的应用。跟进元宇宙等新趋势，推动在海量终端接入、复杂网络环境、异构平台互联等方面的关键技术研发。

（二）加快技术融合创新，形成新兴技术发展合力

加强标准的制定与推广，促进开放、融合、安全的新型融合架构的落地，推动构建具有多元化、个性化、高鲁棒等特性的多模态融合体系。重点结合工业互联网、大数据、云计算和人工智能征集面向多场景的高可信、高可用、高扩展融合应用产品，发挥优秀产品的标杆示范效应，形成行业标准。开展区块链与其他新兴技术兼容适配测试，以评促研、以评促建，推动区块链和新兴技术系统、整体、协同融合，共同打造面向未来的智慧社会的高速、智能、泛在、安全的新一代信息基础设施。

（三）打造重大场景，以场景创新驱动技术创新

通过试点示范、典型案例征集等工作深入挖掘创新应用场景，依托国家区块链先导区，重点围绕实体经济、民生服务、政务服务、智慧城市培育重大场景。强化企业场景创新主体作用，鼓励行业领军企业面向国家重大战略需求和国计民生关键问题，开展场景联合创新。大力支持专精特新"小巨人"、独角兽等创新主体积极开展场景创新，参与城市、产业场景建设，通过场景创新实现业务成长。通过充分挖掘国内海量实体经济和公共服务场景的潜力，以场景牵引技术不断迭代。

（四）坚持发展与安全并重，形成包容审慎的监管机制

加强区块链安全监管技术研究，包括嵌入式、穿透式监管技术，并通过具体监管场景应用对监管科技进行迭代优化。针对 Web 3.0 等新业态，在全国范围选择产业基础好、条件相对成熟的地区率先开展试点，借鉴国外"沙箱监管"经验，探索构建治理体系。同时，加强国际合作，建立与国际接轨的监管标准、规则体系，实现更加有效的风险预警与隔离。

第二部分

创新技术及产品篇

第二章　区块链技术发展现状、趋势与建议

中山大学软件工程学院　郑子彬　郑沛霖

国家工业信息安全发展研究中心　种法辉　杨梦琦

目前，区块链技术广受关注，被誉为引发新一轮科技革命和产业变革的重要基础信息技术之一，将推动构建可信安全的数字经济规则与秩序。发展区块链技术已然成为我国信息技术领域的国家战略之一。在此背景下，本文简要介绍区块链技术的发展应用现状和趋势，并在此基础上，给出几点发展建议。

一、区块链技术发展现状

区块链技术是一种促进多方高效协同的信息技术，其思想最早在比特币系统中被提出。至今，区块链技术已经走过十余年的发展历程。当前，区块链技术在国内外发展迅速，呈现出诸多特点。

（一）共识机制"百花齐放"，积极适应场景需求

共识机制是保证区块链不同节点一致性的关键技术。比特币采用工作量证明机制，通过大量耗费系统中各节点的算力来保护过万个节点共识的稳定，但比特币过于耗电、吞吐率较低也成为其一直被诟病的缺点。为了克服上述缺点，权益证明机制等众多共识机制被相继提出，实用拜占庭容错算法等传统分布式计算机系统领域的容错算法也被改进移植到区块链系统。近年来有大量区块链共识机制的研究聚焦于提升区块链的可扩展性，包括分片共识（如 OmniLedger、Monoxide 等）、链上链下协同共识（如以太坊 Rollup、Danksharding 等）及其他共识机制。以上共识机制，都是在去中心化、可扩展性、安全性中进行取舍，从而适应特定区块链场景的需要。尽管众多机构、学者提出了不同的共识算法，但目前区块链共识机制的研究还需要继续进行更加深入的探索。

（二）智能合约围绕编程语言、执行引擎等取得进展

智能合约的概念最早在 20 世纪 90 年代被提出，指能够自动执行合约条款

的计算机程序。区块链智能合约则指以太坊、超级账本 Fabric 等平台中运行的图灵完备的智能合约。从以太坊发布以来，智能合约在编程语言、执行引擎等方面取得了发展。智能合约专用编程语言指专为区块链智能合约设计的高级语言，如 Solidity、Vyper、Obsidian、DAML 等。智能合约执行引擎是智能合约运行的主要环境，总体上分为虚拟机类和系统原生类。其中，虚拟机类的典型代表有以太坊虚拟机（被以太坊等采用）、Move 虚拟机（被 Aptos、Sui 等采用）、WebAssembly 虚拟机（被 EOSIO、Solana 等采用）；系统原生类的典型代表为容器（被 Fabric 等采用）、预编译合约等。区块链智能合约往往承载多种数字资产，随着智能合约应用的日渐繁多和日益复杂，智能合约的相关研究仍有待进行进一步的探索。

（三）安全问题广泛存在，安全技术体系不断发展

区块链技术分布式、匿名性等特点带来应用中的诸多新问题，其中区块链的安全性和隐私保护是用户关注的焦点。区块链的安全性来源于共识机制、加密算法等技术，实现了数据的加密传输、难以篡改和可溯源。从总体上看，区块链系统的安全问题可能发生在 3 个不同的层次。一是网络层，即底层点对点网络的安全。例如，在公有链系统中，可以通过"女巫攻击"，即伪造多个节点与特定节点通信的方式，攻击特定节点，使其不能正常工作。二是共识层，即共识机制本身的安全。例如，工作量证明区块链系统中存在 51% 算力攻击，通过获取大量算力控制特定时段网络区块的打包。三是智能合约层，即区块链上智能合约代码的漏洞。最为著名的是以太坊 TheDAO 事件，该智能合约被黑客攻击窃取了价值数千万美元的加密货币。面对以上不同的安全问题，研究人员从网络层、共识层角度进行优化，并开发智能合约检测工具对合约安全进行审计，从而保障区块链系统的安全。

（四）隐私问题引发关注，多路径保护用户数据隐私安全

区块链系统中的隐私保护问题是区块链应用中的另一个关键问题。用户隐私问题既包括用户身份的保密，也包括用户行为内容的隐藏和用户数据的保护。尽管区块链具有匿名性的特点，但是恶意的参与者仍然可以通过公开信息来跟踪、窥探用户的隐私信息。目前，常见的用户隐私保护措施有多种：一是通过零知识证明保护交易的隐私性。零知识证明实质上是一种涉及两方或多方的协议，证明者向验证者证明并使其相信自己知道或拥有某一消息，但证明过程不能向验证者泄露任何关于被证明消息的信息，如 Zcash 区块链。二是通过隐蔽地址保证交易收发的不可链接性。如在 XMR 区块链中，每次发送者要发起一笔交易，先利用

接收者的公钥信息计算出一个一次性临时中间地址，然后将金额发送到这个中间地址，接收者再利用自己的公私钥信息找到那笔交易进行消费，攻击者也无法对真实的发送者、接收者做任何关联。三是通过环签名技术保证交易接收者的不可追踪性。签名时将签名者的公钥和另外一个公钥集合进行混合，然后再对消息进行签名，这样对签名验证者（任何人都可以验证）来说，无法区分混合后集合中哪个公钥对应的是真正的签名者。四是多方安全计算技术与联邦学习技术的应用，通过同态加密、联邦学习等算法，在不泄露数据隐私的前提下完成对数据的计算、比较、分析等。除此之外，隐私保护类区块链应用引发的与监管的矛盾，如 TornadoCash 等，也越发引人关注。

二、区块链技术发展趋势

区块链正加速成为数字经济发展的重要基础设施，其关键技术不断迭代、共性技术持续优化，并将与多种新技术加快融合，构建新一代 Web 3.0 体系。

一是关键技术持续升级迭代。区块链底层技术继续向高性能、高安全、强隐私、互联互通等方向演进。其中，跨链、跨 Rollup 技术等通过特定技术手段，让价值跨过链与链之间的障碍进行直接交互，实现多个区块链或二层网络之间的资产流通和价值转移，是提升区块链可扩展性的重要技术手段，其灵活性将不断增强。随着智能合约安全成为区块链安全的主要隐患，智能合约的安全开发和可靠执行成为研究热点。自 2015 年以来，研究学者不断探索合约安全检测方法、引入安全的编程语言、结合深度学习和博弈论等，提升智能合约的安全性和可用性。

二是应用共性技术持续优化支撑大规模应用落地。例如，区块链基础服务平台的性能继续提升，安全及可定制化特性不断增强，其应用场景也在逐步深化。通过对去中心化身份标识（DID）、账户抽象化（AA）等技术的不断探索，可将数字身份及关联信息保存在区块链分布式系统中，实现身份认证去中心化、身份自主可控、身份可移植，构建 Web 3.0 可信身份体系。

三是技术融合创新实现全流程安全可信的数据共享流通。其中，基于区块链的隐私计算结合了二者的技术优势，在数据全生命周期隐私保护的基础上实现全流程可记录、可验证、可追溯、可审计的安全可信数据共享流通，为解决流程可溯、数据资产确权、计算过程协调等问题提供了可行的方案，可以支撑构建更广泛的数据可信协作网络。在与人工智能结合方面，区块链可以提高人工智能训练使用的数据质量、保障数据安全、获得更可靠的预测，人工智能算法则可以提升区块链节点的智能化水平。未来，区块链和人工智能技术可能呈现出相互赋能、共融增强的发展趋势，并更多地实现产品化突破。

三、总结与建议

在抢抓下一代互联网发展机遇、推动数字经济高质量发展的背景下，我国可采取多方面措施，推动区块链成为经济增长新引擎。

首先，需培育自主可控区块链系统，确立区块链生态优势。目前，在国际上，公有区块链生态中处于领先地位的有比特币、以太坊等，联盟区块链生态中处于领先地位有超级账本 Fabric 等。我国需要大力推动国产的、安全可控的区块链系统研发与应用，对标国外先进的区块链系统，推动国产区块链开源与应用，丰富国产区块链的应用生态，确立生态优势，才可与国际上的知名区块链系统直接竞争。

其次，加强关键技术研发，开展面向 Web 3.0 的新技术攻关。支持企业、高校、科研院所开展 Web 3.0 技术体系研究，在共识机制、密码算法、智能合约、预言机等方面实现关键核心技术突破。结合公有链、联盟链等不同技术的特点与优势，研发新一代区块链技术体系架构。研究智能合约安全保障技术、资产追踪溯源技术等安全监管技术。

最后，加强集成创新与基础设施互联互通。加快区块链、人工智能、云计算、大数据、虚拟现实、隐私计算、5G 等新一代信息技术的集成创新，构建共建共享、集约高效、安全可靠的 Web 3.0 新型基础设施体系。加快高性能计算、异构计算、智能计算、量子计算等的突破，构建云边一体、算网一体、智能调度、绿色低碳的新型计算体系，为 Web 3.0 超大规模网络内容生产流通提供算力保障。

第三章　创新技术及产品案例

 长安链·ChainMaker，数字信任经济的价值流动新引擎

一、案例背景

打造自主可控数字经济底座，以信任科技流转数据价值，服务国计民生

随着新一代信息技术与经济、社会的不断融合，数字经济已经成为驱动国民经济发展新的增长点。数据作为数字经济的核心生产要素，其价值流通与实现需要技术保障。区块链是面向数据要素的关键技术，可以实现数据存证溯源、可信共享，以及业务的高效协同，通过构建可信数据价值流通体系，成为助力数字经济高质量发展的新型基础设施。区块链涉及密码学、共识算法、分布式数据库、点对点网络、智能合约等多种技术，在与产业融合、驱动产业发展的过程中，对性能、安全性、隐私性有非常高的要求。因此，在当前日益复杂的国际形势下，无论从产业重要性还是自主核心技术竞争力等层面，区块链技术都需要国产化、开放化和生态化。

长安链是由北京微芯区块链与边缘计算研究院联合北京航空航天大学、清华大学、腾讯等高校和企业共同研发的开源区块链底层平台，致力于为用户高效、精准地解决差异化区块链实现需求，构建高性能、高可信、高安全的新型数字基础设施，是国内首个自主可控区块链软硬件技术体系。

长安链以开源开放的协作模式促进区块链底层技术的可持续发展。采用宽松型开源许可证，对商业化应用更加友好，推动区块链技术与产业协同发展；支持多种同构、异构跨链，建立开放友好的区块链链间生态；兼容主流国产芯片、服务器和操作系统，充分融入国产信息化生态建设。

二、方案详情

全自主、高性能、强隐私、广协作的自主可控区块链软硬件技术体系

长安链具有全自主、高性能、强隐私、广协作的特点。经权威测试，其每秒交易处理性能（TPS）已经超过 10 万。长安链已经更新了 15 个版本，核心代码超过 100 万行，同时拥有良好、开放的生态保障技术持续迭代，进而维持其先进性。长安链能够支撑大规模高并发的业务需求，保障数据安全和数据隐私，实现区块链基础设施的互联互通。长安链兼容主流国产服务器及处理器，并通过了国家工业信息安全发展研究中心"信创区块链推进行动"等兼容性测评。

（一）技术架构

长安链采用多层级架构，层级之间高度协作、模块之间深度解耦，形成模块化、可装配的底层平台。长安链层级架构如图 3.1 所示。

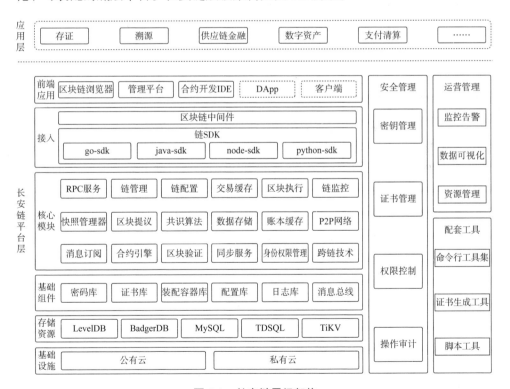

图 3.1　长安链层级架构

15

（二）高安全性

区块链系统安全是数据安全与隐私保护的基础，从底层密码算法到私钥保护、隐私合约，长安链提供了多维安全保障。

在密码学算法方面，长安链密码算法库对外提供统一的密码应用接口，除支持主流国际算法之外，全方位支持国密算法，在设计和实现上综合考虑了性能、安全性、标准化及技术生态的建设等方面，形成了完善的密码算法库、密码协议库等基础组件，兼顾了国际算法和国密算法，为上层服务提供了统一的密码应用接口。

在私钥保护方面，长安链支持对接各类密钥管理服务（Key Management Service，KMS）、密码机，提升私钥保护等级；对于隐私合约，长安链支持基于硬件的数据隐私保护合约技术保护用户链上数据隐私。

长安链团队还在高性能抗量子密码算法方面进行了探索，将后量子数字签名算法模块化嵌入长安链底层架构，使其成为具备抗量子攻击的区块链开源技术，可更好地保障金融、民生等核心领域的信息安全。

（三）高性能可扩展

长安链拥有高效并行调度算法、高性能可信安全智能合约执行引擎、流水线共识算法等领先的区块链底层技术，具备高并发、低延时、大规模节点组网等先进技术优势，交易吞吐能力超过 10 万 TPS。为突破区块链大规模网络交易性能瓶颈，长安链推出基于 RISC-V 开源指令集的 96 核区块链芯片架构，实现智能合约和加密解密算法的并行加速处理，构建物理安全隔离的高效可信运行环境，实现"数据可用不可见"。

在高可扩展性方面，采用多并行链架构，可支持应用场景和处理能力的横向扩展，同时兼容国内自主研发的开源分布式数据库，可满足百亿级别交易数据的存储和检索能力。

（四）功能更完备、语言更丰富

长安链功能丰富，适配各类产业应用场景。截至 2022 年，已支持 3 种身份权限体系、6 种共识算法、4 种数据库、6 种账本存储方式；可满足各类开发者的需求：支持 5 种合约引擎、5 种开发语言及 2 种点对点网络；提供 PB 级存储引擎；可支持万级节点的大规模场景。

三、创新点

创新"链工厂"概念，装配式高性能区块链基础设施支撑丰富场景应用

（一）灵活高效的装配模式

长安链创新性地提出"链工厂"的概念，将复杂多样的区块链抽象为通用、标准的执行框架，并将框架中的模块构建为可装配组件库，涵盖智能合约、共识机制、密码算法等核心模块。自适应装配模式让开发者可根据业务场景的差异化需求，选取和装配适当的组件，搭建满足可信存证、数据共享、资产交易等各类场景需求的区块链系统，推进区块链技术从手工作业模式演进到自动装配生产模式。

（二）高并发、低时延

长安链自研高效合约引擎、高性能流水线共识算法 MaxBFT 及高速点对点网络 Liquid，实现预写日志、异步落盘的高效存储方式，具备高并发、低延时的技术优势，交易吞吐能力超过 10 万 TPS（系统吞吐量）。

（三）全流程隐私保护

长安链可实现多语言全国密算法支持，国密 TLS 协议支持双证书体系，多厂商密码机灵活适配；全周期敏感数据隐私保障，支持同态及半同态加密、零知识证明、层级加密，融合长安链区块链"安全屋"芯片，保障"数据可用不可见"。

（四）生态丰富

依托于开源社区，长安链广泛汇集科研机构、高校及科技企业的优势力量，贯通基础研究到生产应用全链条，加速技术产业化。除稳定可靠的底层平台外，长安链还构建了丰富的周边生态，以管理台、开放测试网络等工具让开发者快速上手，降低区块链开发门槛；以链下扩容工具、智能合约检测工具、密文检索工具、抗量子多方安全计算工具等扩展长安链应用边界，增强其在各类场景下的应用能力。

四、效果效益

以重点领域的重点应用牵引，构建安全互信协作体系、数据价值流通体系

长安链作为新一代信息技术，协助加快建设数字政府、数字经济、数字社会，构建安全互信协作体系、数据价值流通体系，在政务、金融、跨境贸易、城市治理、食品安全等多个涉及国计民生的重要领域都有所应用。

（一）提升数字治理能力，打开数字政府新格局

长安链广泛支撑供应链金融、政务服务、征信服务等一大批关键场景，打造可信数字基础设施。

长安链支持北京市目录链 2.0 升级，全市 80 余个部门、16 个区和经济技术开发区，以及交通、金融、电信等各领域 10 余家社会机构"入链"，支持跨部门、跨层级、跨领域、跨主体的数据安全共享一万余类次、数百亿条。北京市目录链 2.0 依托长安链开展，实现了从底层架构到核心算法的全面自主可控，有力提升了政务和社会数据安全有序流通的可靠性，进一步筑牢了数字经济基础设施的支撑能力，助力数据要素可信流通、治理体系高效协同。

（二）服务中央企业，构建数字经济新版图

在服务中央企业方面，长安链面向重大领域、关键行业的场景构建示范性项目，推进区块链技术在垂直领域应用创新落地，促进行业数字化高质量发展。

中国建设银行依托长安链的高性能多链架构、便携的配套工具、标准化的开放生态，打造供应链金融创新实践。以长安链技术证明流转数据的真实性，实现产业链现代化水平提升，强化多方信任。当前，平台已经覆盖建筑业、制造业、零售批发等多行业中小规模企业，将自动化审核程度提高 20%、风控审核能力提高 50%，将商业银行相关产品的放款时效从一周左右降低至两个工作日。

中国华电集团基于长安链建设华电集团物资采购链，建立供应商、采购方与采购平台间多方信任机制，为华电集团超过 10 万家供应商提供服务，支撑每年 800 亿元的物资采购规模。阳光采购链平台实现整个采购过程的全程透明、数据安全可信，并通过长安链芯片级安全屋"数据可用不可见"的特点，保障中国华电集团在保护数据隐私的前提下对外提供必要的相关服务，为采购监管提供可信数据支撑，推动国有企业合规体系建设。

此外，中国华电集团依托长安链开展"数字赋能的碳排放管理"应用实践，升级打造"区块链＋碳资产管理"信息平台，每年上亿吨的碳资产量精细化纳入"家底"，精准掌握百余家下属重点排放单位的碳排放情况。

中国铁塔股份有限公司依托长安链打造特色税票应用链，实现合同履约、电表、支付、发票等信息数据上链，建设发票业务区块链可信数字基础设施应用场景，提高开票效率，降低征纳双方成本，实现税企互信双赢。

（三）全域全场景实践，探寻高效数字社会新风貌

长安链已在全域全场景开展应用实践，为区域经济发展和超大规模城市新型智慧城市建设提供解决方案。

"京津冀征信链"是在中国人民银行的统筹指导下，由京津冀三地八家企业征信机构于 2021 年 7 月 8 日签署协议，共同发起建设，依托长安链底层区块链技术体系，相关信息记录在各征信节点之前加密传输、共识存证。后续，其还将持续扩大共享数据范围、丰富上链产品，为助力金融机构风险防控、促进小微和科创企业融资、提升普惠金融服务水平，以及支持区域高质量协同发展带来十足的便利。

在城市治理方面，长安链被应用于冬奥绿电溯源场景，实现绿电全生命周期的追踪。基于国网长安链主节点的冬奥绿电溯源应用系统于 2021 年 10 月 26 日在首钢园国家电网公司冬奥电力保障服务中心正式投入运行，冬奥场馆首次实现 100% 绿色电力供应。该系统集成国家电网"智慧大脑"——北京冬奥电力运行保障指挥平台绿电模块，依托长安链自主可控存证能力，实现冬奥绿电生产、传输、交易、消纳全链条可信溯源，为 100% 绿电供应提供数据支撑。2021 年 11 月，完成 13 家冬奥赛事场馆和 17 家新能源发电企业共计 1200 余条绿电数据上链，出具基于区块链的冬奥绿电消纳证明 300 余张。

长安链还用于支撑北京冷链平台建设。平台于 2020 年 11 月上线，可实现对进口冷藏冷冻肉类、水产品的电子追溯管理，并与国家级冷链食品追溯平台实现数据对接。截至 2022 年 7 月，已接入企业 2.71 万家，记录进口冷链食品品种 9.5 万个、商品批次 41.9 万个、流通产品 152 万吨，涉及 126 个国家和地区，以及我国全部省级行政区，日均流通产品约 470 吨。平台在保障多方经营主体的商业隐私和数据安全的前提下，追溯全市冷链食品流通全程数据，保障冷链食品安全。

在跨境贸易方面，"可信贸易协作网络"采用我国自主创新的区块链软硬件技术体系长安链，形成开放中立的贸易数据共享基础设施，助力海关口岸管理。通过贸易数据可信安全协同，赋能贸易、物流企业，以及金融机构、行业组织和政府管理部门，已有 500 多家机构作为节点加入可信贸易协作网络，正逐步形成可信贸易数字身份体系和贸易数据共享标准、共识机制，以实现跨境贸易全链条的数字化、交互化和场景化，让跨境贸易更可信、更高效、更安全。

在数据要素方面，长安链支持北京国际大数据交易所建设，全面探索数据要素流通发展新模式新业态。

02 蚂蚁链："区块链＋隐私计算"数据可信协作平台促进数据价值可信流转

蚂蚁区块链科技（上海）有限公司

一、案例背景

数据价值亟待释放，区块链＋隐私计算赋能安全流通

在数字经济时代，数据要素流通是释放数据价值的关键路径。《中华人民共和国数据安全法》《关于构建数据基础制度更好发挥数据要素作用的意见》等法规与政策文件的出台，为促进数据安全高效流通使用、赋能实体经济提供了制度支撑。支付宝（杭州）应用蚂蚁链数据可信协作平台推动数据安全可信流转，通过新的技术化解隐私安全保障与数据价值流通之间的矛盾，建设安全可信的数据生态，助力数据要素流通、数据融合应用迈入快速发展的新阶段。

蚂蚁链数据可信协作平台主要融合区块链与隐私计算，解决数据在安全可控的前提下进行流转所遇到的难题。该平台已经被广泛应用于东阳、杭州、赣州、宜昌等多个市（县）的数据开放共享管理，助力建设数据全生命周期管控平台，健全涵盖数据采集、传输、存储、处理、共享交换、销毁等适用于数据全生命周期的公共数据安全管理体系、技术体系和运营体系，有效防范数据篡改、数据泄露和数据滥用。

二、方案详情

1+1+1+*N* 架构打造数据开放场景下的数据全生命周期管理的能力

蚂蚁链数据隐私协作平台产品依托"区块链＋隐私计算"等多种数据安全、隐私技术领域行业领先的技术积累，向数据运营机构，如数据交易所、各地大数据管理局、委办局（政府办事机关），提供了面向数据开放场景下的数据全生命周期管理的能力，旨在开放共享协同数据的过程中，降低数据安全，合规管理成本，提升数据协同的效率，促进数据要素市场的构建。

建立 1 个"区块链＋隐私计算"基础平台 +1 个数据隔离区 +1 个安全管控中台 +*N* 个数据应用的方式，通过"区块链＋隐私计算"基础平台夯实基础，通过隐私数据中台和安全管控中台做深数据通用能力及业务通用能力，通过数据应用层做强生态。

（一）组件化架构体系

在技术上，数据可信协作平台采用服务化架构体系，通过模块化、微服务方式实现系统的灵活扩展能力，可根据实际业务场景的复杂度按需调整服务能力和规格配置，实现资源的充分利用与水平扩展。数据可信协作平台产品架构如图 3.2 所示。

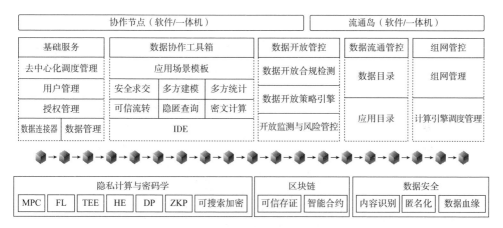

图 3.2　数据可信协作平台产品架构

（二）区块链与隐私计算技术

基于以上体系架构，本案例将区块链与隐私计算技术进行深度融合。在数据流通过程中，保障完整的数据权益，包括数据所有权、信息增量的收益权，以及数据价值的再分配权等。面向更复杂的数据协作场景，提出数据可发现、可接入和可审计、可协作、可复用和可回收的核心原则。"区块链＋隐私计算"融合方案如图 3.3 所示。

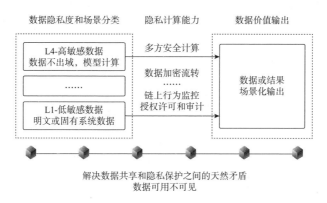

图 3.3　"区块链＋隐私计算"融合方案

数据可信协作平台以区块链技术为支撑，依托动态组网的能力，构建多层次、立体化的隐私协作网络，包括数据计算网络、共识协作网络等类型的子网。隐私协作网络设计原则示意如图 3.4 所示。

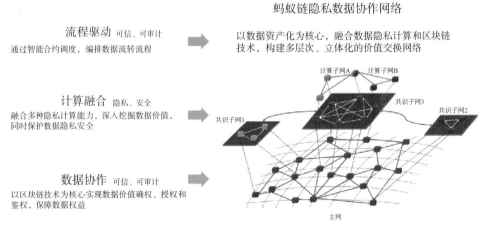

图 3.4　隐私协作网络设计原则示意

数据可信协作平台在业务协作网络层通过对动态子网的划分，实现数据使用和流转的边界清晰可控，并通过共识协作网络实现数据流转和授权记录的可信、可审计，共同构建了数据全生命周期的流转和计算管理能力。

三、创新点

易用兼容架构集成丰富隐私计算能力，多组件保护数据使用的全生命周期

蚂蚁链数据可信协作平台在开放共享协同数据的过程中，在降低数据安全、合规管理成本的前提下，提升数据协同的效率，促进数据要素市场的构建，为业务服务带来了更好的便利性。

（一）服务便利性高

构建统一的服务化框架，支撑多业务服务之间的可靠调用能力，解决跨服务之间调用的服务寻址、高效访问、负载均衡、故障容错等问题；集中化的服务治理与管控机制，为线上业务系统的友好运维提供了统一化的视图与中心化的管理能力；通用的日志消息组件、监控告警和事件订阅发布机制给业务服务带来了更好的便利性。

（二）系统兼容性强

区块链的基础能力与模块化服务的拆解基本沿用了 MyChain v2.0 的结构化设计思路，将原有的插件化接口转换成服务间的 RPC（Romote Procedure Call，远程过程调用）接口，降低了工程迁移的代价，保留了更好的系统兼容性。

（三）创新交易执行架构

引入了交易并行执行架构，解决了交易低效的串行处理机制。采用交易预执行的方式实现交易读写集分析与存储数据的预加载，读写集的乐观／悲观的执行机制为区块交易集合的动态调度分组提供了友好的输入；预执行 Key-Value 读写集的缓存预加载为交易执行环节的数据访问提供了更快速的访问效率。

（四）异步处理机制

全流程的异步处理机制设计对流水线的执行提供了支撑。流水线的处理过程得以让交易的预执行、区块的共识、区块的交易执行、存储的持久化等过程并行处理，极大地减少了串行化处理过程中的同步等待耗时与资源负载利用率低的问题。

（五）协作可信、透明

基于现有的技术能力，蚂蚁链可支持 10 亿个账户规模、每日 10 亿交易量，实现每秒 10 万笔跨链的信息处理。蚂蚁链可支持机构动态组网，满足不同机构组织根据协作需求进行子网搭建，基于智能合约、预言机、多签名等技术手段，调度链下数据进行传输和隐私计算，原生支持链上信息审计。区块链与隐私计算技术构建了参与机构互信、透明的联盟环境，也可满足后续持续扩展参与机构数量、扩展应用场景带来的信息量增长的需求。

（六）丰富的隐私计算能力集成

为了满足更多、更复杂的数据应用场景需求，蚂蚁隐私计算产品集成了多方安全计算、可信执行环境、联邦学习 3 类主流的隐私计算技术，涉及不经意传输、秘密分享、混淆电路、零知识证明、差分隐私等多种密码学、隐私保护密码学原理应用。在上述技术的应用上，融合了蚂蚁自研、行业领先的"隐语"、Occlum系统、自研合约虚拟机引擎，支持高并发大规模数据计算，也支持数据分析、模型预测等更为复杂的运算逻辑。

（七）保护数据使用的全生命周期

蚂蚁隐私计算产品将复杂的隐私计算原理封装成面向数据应用的 3 类组件：数据基础处理类、BI（商业智能）数据统计类和 AI（人工智能）模型分析类，并提供拖动、配置化的方式供用户快速上手使用、灵活调配决策，可大幅提升业务响应速率和数据应用上线效率，节省时间、人力成本。平台通过隐私计算技术不仅保护了数据使用过程中的隐私安全，还基于各领域数据分类分级标准，帮助客户对数据进行自助分类和分级，并在此基础上提供对应的细粒度授权、标准化、脱敏、去标识、水印、加密等能力，保证使用前的安全。

四、效果效益

创新数据场景服务，打造数据安全共享底座

数据作为生产要素是国策，数据最大的问题是安全、合规隐私、权属规则问题。数据共享及价值挖掘需要解决隐私保护、数据可信等问题，"区块链＋隐私计算"是目前业界认可的有效解决方案，也是相关领域创新的主要方向。

蚂蚁链数据可信协作平台被用于浙江省内、江西赣州、湖北宜昌等多个市（县）数据开放共享的管理流程中。目前，平台已适配多个行业、区域的数据管理条例，沉淀了如重点人口监控、市民一码通城与物流黑名单联盟等 10 多个创新的数据场景服务。

以浙江省东阳市为例，浙江省大数据局作为省级指导单位，发布数据管理的指导方针和要求，浙江省委网络安全和信息化委员会办公室、浙江省公安厅、浙江省通信管理局进行总体监管和统筹指导，东阳市大数据局作为县级数据平台建设主体进行建设内容的具体规划，支付宝（蚂蚁链）作为技术实施方提供产品技术的研发和落地实施。项目完成 50 多个部门的接入，涉及 1000 多个数据表及过亿条数据资源，为数据应用建立了安全、可协作的底座设施。项目积累的 1+1+1+N 的建设方式，在实践中证明能够安全有效地实现数据安全管理与可信流转。

通过区块链的多方安全计算、联邦学习、可信执行环境等核心技术，以"数据可用不可见"的方式进行数据元素流转，保障高价值数据安全和隐私；通过数据隔离区实现重要数据独立存储、重点保护，对重要数据采取加密入库、密文流转、全生命周期管控；提供包括数据加密流转、安全使用、数据分级分类共享、数据审批管理等不同维度的数据应用服务，真正做到数据赋能政务、数据赋能生态；通过高性能的数据处理能力和运算能力，打通各系统接口，对相关数据行为实时监管；利用区块链存证和可审计的特性，保障数据要素流转全流程安全可信、可溯源；根据实际应用场景及数据敏感度，划分数据隐私等级，实现数据分级、分类加密管控。以卫生和健康场景为例，针对居民健康档案、重大疾病信息等敏感数据，实现敏感信息脱敏处理，并在政府内部数据流转过程中采用加密流转的方式，保障数据安全。在数据出域共享时，添加数据水印，在发生数据泄露等极端的情况下，通过数据水印追溯泄露源头，及时管控数据安全。

本案例中的"区块链＋隐私计算"框架，结合了隐私计算和区块链的优势，在数据共享过程中有效保护了个人信息，并为数据真实性、数据确权等问题提供了可行解决方案，实现全流程可记录、可验证、可追溯、可审计的安全可信数据共享网络，实现"数据不动模型动"，并为进一步建设高效率、高安全和高流动性的数据要素交易市场打下基础，在有效保证了数据安全的前提下最大化释放数据价值。

03 大纬链：构建数据要素可信流通体系新支撑

山大地纬软件股份有限公司

一、案例背景

立足价值可信传递需求，结合隐私计算、云计算技术构建数字化基础设施

在数字社会转型的浪潮中，经济社会呈现出万物互联、深度互动、海量并发、开放共享协作等趋势。区块链作为数字社会的可信基础设施，仍面临着复杂的数字社会交易关系表达、隐私保护与开放、多层次广域协作、海量交易并发等多项挑战。在此背景下，山大地纬立足数字经济、数字社会发展中价值可信传递的需求，将联盟链技术与隐私计算、云计算等技术相结合，致力于打造安全、高效的区块链技术栈，构建大纬链数字化基础设施平台（简称"大纬链"），全方位赋能政务服务、民生服务、经济服务和社会治理活动，降低业务成本，提升社会效率。

二、方案详情

多项核心技术取得重大突破，创新"还数于民、精准授权"的数字资产流转新模式

大纬链提供了数字社会中的数字主体、数字资产的表示及行为模型，实现了数字资产的可信存储、便捷授权、可信传递等全生命周期治理，在数字资产原生支持能力、海量交易并行共识、分层智能合约模型、大规模"协作链—工作链"多链架构等核心技术的攻关上取得重大突破，并推出了数字保险箱、资产化系统、资产应用系统、运维运营系统、监管治理系统和开发者服务系统，创新"还数于民、精准授权"的数字资产流转新模式，旨在构建数字社会的信任基石。

（一）技术架构

"大纬链"技术架构包括区块链层、基础产品层及支撑的解决方案等。大纬链技术架构如图 3.5 所示。

图 3.5 大纬链技术架构

大纬链提供可扩展、隐私安全的高通量底层链（DareChain），支持"协作链—工作链"多链扩展、跨链协作，并提供多中心资产内容存储系统、隐私增强系统、面向链上链下融合的双向预言机、分布式数字身份系统、分布式资产索引系统、分布式消息系统、资产钱包、应用对接系统、综合链管系统等一系列区块链管理工具、应用对接工具和业务治理工具。在基础产品层，大纬链根据不同用户需求提供数字保险箱，以及面向开发者的开发者服务系统等，并提供数据要素交易、普惠金融、普惠保险、政务服务和司法公证等一系列解决方案。

（二）关键技术

1."协作链—工作链"多链架构

针对单链架构难以满足区块链水平扩展的需求，建立"协作链—工作链"的多链架构（见图3.6）。采用分片、分区等方式，借鉴数据库体系中事务管理器与资源管理器的模式，协作链负责维护主体、合约、工作链、节点的状态，以及提供跨链交易、信息路由与中继服务；工作链负责维护资产的状态、交易记录等，即资产的具体交易信息记录在工作链中，实现了网络分区、交易分区和状态分区，形成了开放协同、可扩展的多链架构。

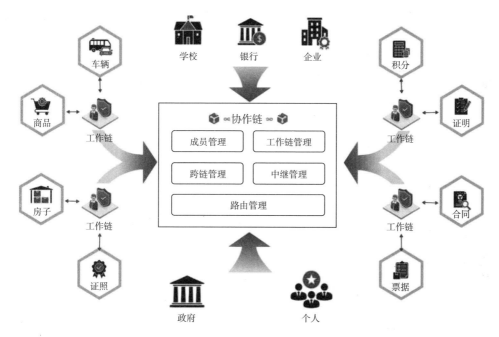

图 3.6 "协作链—工作链"多链架构

2.隐私计算技术融合的安全防护机制

大纬链融合零知识证明等多项前沿隐私计算技术，构建支持主体选择性披露的数据自主授权模式，支持数据"可用不可见"、结果"可算不可识"的数据使用模式，以及数据"可监不可见"的监管模式，结合多方加密技术、授权传输机制，支持数据"一数多权"特性的表达，因此可以更好地应对海量数据上链、流转引发的数据隐私安全挑战。

为满足用户多场景下的不同隐私保护需求、数据安全需求和网络安全需求，大纬链打造支持国密标准的多密钥体系，并提供分布式密钥托管服务，结合加密传输、密文存储和身份认证等手段，打造全方位、多层次的安全防护机制。

3. 高性能动态并行共识协议

大纬链通过对交易、区块、共识执行阶段等不同粒度的并行解耦，实现了交易高通量、低延迟。根据负载情况、交易积累情况、共识计算资源情况等进行共识策略决策，动态调整运行机制，最大限度地释放大纬链的性能。

4. 同构/异构自适应跨链技术

大纬链构建基于协作链和跨链网关的跨链协作体系，支持大规模同构/异构区块链自适应接入。协作链作为跨链协作体系的协调者，提供跨链数字身份管理、跨链资源与权限管理、跨链事务调度；跨链网关作为异构链接入跨链体系的中介，提供跨链适配与跨链路由服务。大纬链跨链体系基于跨链消息协议及插件化跨链适配引擎，实现同构/异构区块链灵活深度适配，构建支持一对一、一对多、多对多等面向全场景的跨链互操作网络，消除区块链间的数据孤岛，支持全链互联。

5. 多中心化双向预言机

多中心化双向预言机具备链内链外融合的协同流程执行、业务标志关联、高频交易批量处理等能力，支持链外异构化、碎片化数据源转化为区块链内数据资产，并与链下信息系统进行协作，使得区块链平台能够感知信息世界的变化，并即时交互反馈，弥合链下信息系统与区块链间交互的鸿沟，构建连接信息世界与数字世界的桥梁。

（三）平台运行机制

1. "协作链—工作链" 多链架构助力业务隔离和联盟链可信生态构建

大纬链提出"协作链—工作链"架构，定义跨链访问、非事务性跨链交易、事务性跨链交易等不同的多链协作场景。基于中继链和跨链网关技术提供不同的协作支持方案，支撑多链间的业务隔离及高效可信协作。

2. 存算分离与功能解耦的多类型节点可最大限度地发挥区块链性能

大纬链从架构层对节点进行解耦，分为共识节点、交易节点、轻节点、托管节点和资产存储节点，充分挖掘各节点的性能潜力。其中，轻节点仅存储与本节点相关的交易等关键信息；交易节点存储整个账本，不参与共识，提供对外访问服务；共识节点参与共识，构建区块与账本；托管节点提供密钥托管服务；资产存储节点仅以密文存储资产文件，并将摘要存储于账本中。存算分离与功能解耦的多类型节点架构，可以充分发挥各节点的性能，从整体上提升区块链的吞吐量。大纬链多层次节点网络拓扑如图 3.7 所示。

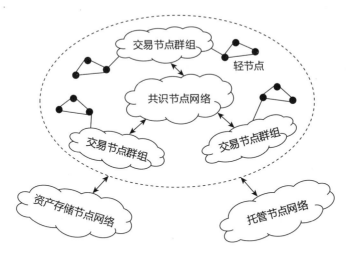

图 3.7　大纬链多层次节点网络拓扑

3."1+6+*N*"的服务体系提供全场景区块链解决方案

大纬链基于"1+6+*N*"的服务体系提供全场景区块链解决方案，包括 1 个底层区块链支撑平台、6 个核心产品、*N* 个场景解决方案。

底层区块链支撑平台提供可扩展、隐私安全的高通量底层链，以及面向链上链下融合的预言机、大规模同构/异构跨链系统、多中心资产内容存储系统等。

6 个核心产品具体如下。

（1）数字保险箱：面向数据携带方，提供数据资产的领取、授权、查看和管理等服务。

（2）资产应用系统：面向数据使用方，提供数据资产的申请、获取、使用、发行和管理等服务。

（3）资产化系统：面向数据发行方，提供公共数据的数据资产化及管理服务。

（4）运维运营系统：面向运维运营方，提供链基础平台及系统的运维运营服务。

（5）监管治理：面向监管方，提供数据资产流转的追溯监管服务。

（6）开发者服务系统：面向第三方应用开发商，提供区块链应用的低门槛便捷开发服务支持。

N个场景解决方案即以"1+6"的产品为支撑，提供数据要素交易、普惠金融、普惠保险、政务服务、司法公证、供应链金融等一系列（N个）解决方案。

三、创新点

基于"还数于民、精准授权""多链协作""广域互联"，创建广域生态的联盟链发展模式

（一）"还数于民、精准授权"的数字资产流转新模式

面对数字社会中主体自主协作与深入互动的挑战，大纬链充分考虑了现实世界中的信任机制及其优劣势，支持以"技术＋制度"的信任模式确保主体与资产的权属关联，创造了"还数于民，精准授权"的数字资产流转新模式，赋能数据共同治理的新机制，从而实现广域的资产可信流转与互联互通。

（二）"协作链—工作链"的多链体系架构，实现跨行业、跨地域之间的业务协作

"协作链—工作链"的多链体系架构在多链互通、消除区块链数据孤岛的前提下，可以大大降低协作成本，进而节约资源消耗，提升协作效率，广泛支撑同构或异构链接入生态圈，支撑合作伙伴共建城市链、行业链、区域链、集团链等，解决了跨层级、跨地域、跨系统、跨部门、跨业务等五跨场景下的数据共享、业务协同等问题。

（三）支持广域生态和大规模应用的联盟链发展模式

基于原生支持资产、多链互联协作、双向预言机等理念，大纬链支持把诸多社会主体的业务系统连接起来，建立数字资产上链、确权、授权使用、协同治理及监管的广域可信生态圈。广域生态呈现出海量主体、海量资产、海量场景、自主创新的特征。同一个资产可以在多个应用之间协同处理，实现资产在社会主体间的可信、高效流转；多个开发商可以协同管理同一数字资产，实现产业链上下游厂商之间的共同作业，便于形成整个领域的大规模合作生态，以及大生态下的自我革命与应用创新。

四、效果效益

全面支撑城市链、行业链、区域链建设，全面赋能数字经济、数字社会

大纬链的"还数于民、精准授权"的数字资产流转新模式构建了面向政府、社会服务机构、自然人、企业等的数字资产发行、流转、加工、追溯、审计等全流程的资产应用的通用范式和可信流转生态。可大规模应用于政务服务、数据要素市场、普惠金融、普惠保险、司法公证、民生服务、社会治理等领域，以数字化生产要素支持生产关系重塑，全方位赋能政务服务、民生服务、经济服务和社会治理活动，降低业务成本，提升社会效率。

（一）城市链建设

在《全国一体化政务大数据体系建设指南》《中华人民共和国数据安全法》《中华人民共和国网络安全法》的指导下，地方大数据管理局等数据管理部门牵头建设城市链。城市链建设以业务应用系统、电子证照库、数据资源库等作为数据源，通过数据资产化系统将政务、社会等权威数据资源发行上链，提供数据精准授权使用的能力，有效合规地加大数据共享开放力度，实现政务服务跨域、跨部门通办，提升民众对政务部门的满意度，可实现优质政务数据对社会各行业的赋能，助力无证明城市建设。

目前，山东省内已有 10 个地（市）以大纬链为基础支撑完成了城市链的建设。各地市逐步把"深藏闺中"的政务数据返还给企业和群众，实现政务数据自主管理。截至目前，各城市链累计接入 30 多个政府部门 200 多类数据资源，梳理整合形成数据资产类型近 300 种，链上流通数据资产总数超过 500 万个，区块链交易总量超过 3000 万次，已在政务、金融、人才及民生服务领域展开应用。

（二）行业链建设

为解决行业部门间纵向＋横向的复杂层级关系下，各层级、各地区信息系统的数字资产质量良莠不齐、数据共享和流转不充分、流转过程中数据污染及难以反向追溯等导致的行业内部业务协作难度大等问题，迫切需要构建行业链实现跨部门、跨层级、跨系统、跨区域的数字资产流转。行业链可为各层级行业部门及社会机构提供发行、获取信息授权查询和使用的渠道，并且可在不同业务场景下提供不同的数据授权方式，在保障主体隐私安全的前提下实现社会机构、行业部门、群众间必要的信息共享，且行业主管部门可以对数据流转过程进行全面监控及有效追溯，有利于明确各方权责，消除监管"灰色地带"。

在国家政策的支持下，2021 年 10 月，山东省医疗保障局基于大纬链搭建了服务于医保行业的、全省共建共用的"山东省医保链"，推进医保商保一体化。上线各地的"惠民保"、商保核保、核赔等场景，将医保个人数据合规有序地提供给商业保险公司。2022 年 10 月，济南市医疗保障局与 9 家主流商保机构完成对接，实现 30 余款保险产品的全线上、无纸化快速理赔。此外，烟台市医疗保障局联合中国人寿保险股份有限公司烟台分公司推出商保快速理赔应用，覆盖 226 个费用补偿型商业医疗保险产品。

2022 年，结合人力资源和社会保障（以下简称"人社"）业务发展需求和数字化转型发展需要，依托和利用人社已建成的密钥体系、用户体系等服务资源，建设全国统一的人社区块链基础支撑服务平台。该平台在全国范围内支持各级人社部门共建共用，支持各类人社业务证照上链、数据上链、结果上链和相关信息的安全可信使用，支持与地方人社链、其他政府部门行业链、城市区块链、社会机构链的互通互信，为人社领域区块链技术应用提供基础支撑。

（三）区域链建设

随着社会和城市的发展，人口跨市、跨省流动更加频繁，为了更好地服务人员流动和区域协调发展，各地正加速推进异地合作机制，政务服务"一体化"也逐渐成为城市群协同发展中服务流动人员的良策。区域链可视为城市链、行业链构成的集群网络，可借助区域协作链及跨链网关实现多条同构 / 异构城市链、行业链间的互联互通，加速数据跨域共享，实现城市间、行业间的数据信息互认，助力业务"全域通办"。

山东省黄河流域的城市采用共建、共用、共享的形式打造了公积金"数字黄河链"，并向省外发展。沿黄河流域 8 个省会城市共同参与，建设沿黄河 8 省会公积金"数字黄河链"，助力数据跨域和互认互用。"数字黄河链"率先在普惠金融领域推广应用，可以便捷地获取公积金缴存证明、缴存信息、结清证明等数据信息。依托"数字黄河链"开展公积金惠企贷、个人消费贷等金融增信服务，打造公积金数据合法、合规开放与使用的新模式，有效提升了公积金数据价值的应用。

04 趣链区块链平台：促进数据要素流通

杭州趣链科技有限公司

一、案例背景

复杂业务场景带来区块链技术发展新挑战，自主、可控、高性能产品成为需求

作为国家战略技术，区块链被视为下一代信息技术底座，对数字经济发展而言有着重要的意义。《中华人民共和国国民经济和社会发展第十四个五年规划和2035年远景目标纲要》提出，要培育壮大人工智能、大数据、区块链、云计算、网络安全等新兴数字产业，提升通信设备、核心电子元器件、关键软件等产业水平。

区块链作为数字经济的可信基础设施，助力实现数据可信、资产可信和合作可信。目前，区块链技术支撑的应用场景类型、规模将逐步深入政务、金融、司法、能源、制造等多个关键领域，以切实的需求点为产业赋能，展现其作为构建数字世界"新基建"的重要作用。

我国区块链技术的发展水平已稳步成熟，但随着业务场景的深入，庞大的数据存储量、复杂的协作机构，对区块链技术研发迭代提出了新要求。基于此，趣链科技自主研发了趣链区块链平台（以下简称"平台"），做到技术自主、可控并不断实现性能突破，以区块链民族品牌的身份，推动数据要素市场高效流通和治理，助力中国现代化城市的建设和发展。

二、方案详情

平台具有高吞吐、低延迟的特性，并具备强隐私保护功能，可扩展、易运维

（一）案例概况

趣链区块链平台是趣链科技自主研发的企业级联盟区块链平台，是实现多方可信协作、价值互联互通的分布式商业基础设施。平台提供自适应共识算法、多语言智能合约引擎、全国家商用密码支持、多维隐私保护、软硬协同一体化等多项核心技术功能，可支撑十万级节点分层组网，千个共识节点组网，日均太兆（TB）级数据上链，吉兆（GB）级图片、音频文件的存储，吞吐量可达7万TPS，支持预言机、数据索引、文件保险箱、数据归档等数据管理功能，提供分区共识、可信执行环境账本加密等安全隐私保护技术，满足企业级应用在高安全、高性能、可扩展、易运维、规范监管等方面的需求。

（二）整体架构

趣链区块链平台具有万级 TPS 吞吐量和毫秒级系统延迟，具有支持交易级别的隐私数据保护、混合型数据存储、可信执行环境、联盟自治、预言机及可视化运维等特性。

基础物理层（硬件层）包括物理机云平台等基础资源，并配以硬件加密机、密码卡等安全设备，以及物联网硬件设备，使平台可在云服务、软硬件结合、物联网等多种场景下安全稳定运行。

核心协议层是区块链的核心组成部分，主要包括共识机制、点对点网络、智能合约引擎、存储引擎、加密机制等，为整个区块链网络提供安全可信的支撑环境。

扩展协议层构建于核心协议层之上，基于区块链网络从数据管理、治理审计、安全隐私、运维管理、智能合约 5 个方面为应用扩展提供安全、高效、友好、易用的功能保障，适应多样化应用场景，打造最佳用户体验。

接口管理层（组件层）面向区块链用户，支持多种协议的 RPC/API 接口，以及 SDK 软件开发工具，提供应用与区块链交互的桥梁。

（三）核心功能

1. 自适应共识算法

平台支持 RBFT（Robust Byzantine Fault Tolerance）、NoxBFT 等多种共识算法，用户可以根据区块链中不同的网络环境和业务场景采用最优的共识算法。

其中，为了解决大规模节点组网场景下共识效率低下、可扩展性不强的问题，平台自研 NoxBFT，借鉴 Hotstuff 算法，将全网网络复杂度由 $O(n^2)$ 降低至 $O(n)$，并在 Hotstuff 算法基础上，在算法的活性、可靠性、数字签名性能方面进一步进行优化，支持大规模节点扩展，在 1000 节点规模下吞吐量可达 3000TPS。

2. 点对点网络

平台支持 gRPC 网络协议，通过自适应路由进行网络节点自发现，支持跨域通信机制，降低网络连接数。

3. 加密机制

平台采用可插拔多级加密机制，从不同层级保证平台安全。实现基于 GPU/FPGA 加速的验签算法，以及基于 ED25519 的批量验签，满足大规模并发计算的需求。同时集成硬件密码卡，提供密钥存储和随机数生成等功能。

4. 存储模型

平台自研区块数据专用存储引擎、状态数据存储引擎，并设计状态数据多级缓存机制，现已支持日均太兆（TB）级数据量链上存储。

5. 执行引擎

平台支持 Java、Go 等多种主流合约语言，并配以 HVM、EVM、BVM 等多种合约执行引擎，提供完善的合约全生命周期管理，具有编程友好、合约安全、执行高效的特性。

其中，HVM 为趣链科技自研支持 Java 语言的智能合约执行引擎，支持符合 Java 编写规范的多种数据结构，内置数据表结构，可以实现业务数据可视化，在保证智能合约执行的安全性、确定性、可终止性的前提下，提供了一系列灵活的应用模式和工具方法集，以满足复杂多样的业务场景需求，为广泛业务场景中的区块链开发人员提供更便捷、灵活、安全的区块链应用开发模式，具有支持多级别日志、支持分层调用模式、支持合约访问控制三方面的优势。

6. 架构拓展

平台搭建大规模组网，大规模组网模型支持多类型节点的分层部署，以共识节点层为中心，凭借非共识节点层实现区块链数据网络扩展，依靠轻节点层实现区块链验证网络扩展，最后通过轻客户端层将数以万计的物联网终端设备接入区块链，实现数十万不同类型网络节点的大规模部署。

7. 数字资产

平台原生支持数字资产账户，满足 NFT 场景的功能需求，提供内置与 NFT 相关的功能接口。

8. 安全隐私

平台账本加密通过可信执行环境将用户的账户信息和业务数据进行按需加密，在保证安全性的同时做到可查验、可审计。同时，实现零知识证明，证明方能在不向验证方提供任何有用信息的情况下，使验证方相信某个陈述是正确的。

9. 治理审计

治理审计功能主要针对链的统一管理和审计，包括准入控制、权限管理、合约命名服务等。平台利用集中式和分布式认证体系实现准入控制，支持自建 CA 和 CFCA 两种证书体系。权限管理通过联盟自治框架 CAF、节点级访问控制等方式，实现多层级管理和限制，为系统及账本数据管理提供全方位安全性保障。通过合约名称到合约地址的映射，平台支持用户通过合约名称轻松调用合约。此外，平台还提供实时、全面的区块链系统一站式安全审计服务，允许审计方对账本数据访问 / 变更 / 同步、共识历史、系统异常等全量系统事件开展精确、有效的审计工作。

10. 数据管理

数据管理功能包含数据归档、数据索引、文件保险箱、预言机和链上 SQL、创世状态上链。其中，数据索引提供高效安全的业务数据自定义条件检索功能，极大地简化了上层业务系统开发和维护复杂度。文件保险箱则支持吉兆（GB）级的文件可信存储、安全共享和高效查询，同时支持用户按需存取文件，并提供多级文件存取权限管理能力。预言机通过提供 Oracle 预言机服务，完成区块链与链外信息的互通。链上 SQL 支持使用符合 MySQL 语法规则的 SQL 语句进行链上数据的增、删、改、查。

11. 运维管理

运维管理覆盖网络流控、数据监控与灾备切换三大功能。在网络流控功能中，平台提供交易拦截、消息分发和带宽限流等多维度网络流量控制服务，在请求激增场景下保证系统的稳定运行，提高系统的可用性。数据监控功能则指平台提供一站式数据可视化监控服务，可帮助运维人员轻松了解底层平台的运行情况，快速定位问题。

12. 完备生态组件

平台拥有完备的生态组件，核心三大组件分别为 Hyperbench 测试框架、Archive-reader 浏览器与消息订阅组件。平台自研通用区块链测试框架 Hyperbench，支持针对趣链区块链平台、Fabric 等主流联盟链平台的性能测试。

同时，平台提供了 Archive-reader 浏览器用于查阅归档数据，它无须与区块链在同一服务器部署，用户可在独立的服务器上运行 Archive-reader 浏览器，导入相关归档数据即可开始查阅。消息订阅组件则支持 rabbit MQ 和 KafKa 双模式，以便外部系统捕获、监听区块链平台的状态变化，实现链上链下的消息互通。

（四）节点类型

平台节点分为验证节点（Validate Peer，VP）、非验证节点（Non-Validate Peer，NVP）、轻节点（Light Peer，LP）和热备节点（Candidate VP，CVP）4类。验证节点在区块链网络中可参与共识验证；非验证节点在网络中不参与共识验证，仅同步账本数据；平台使用轻节点用于分担网络的压力，轻节点作为未来的主力节点，只存储网络的少量数据，通过证明来实现功能；热备节点在区块链网络中提供灾备服务。节点部署架构如图 3.8 所示。

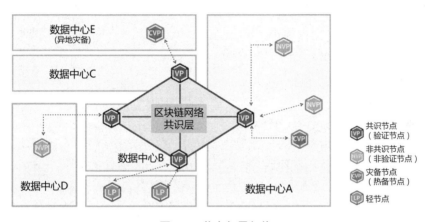

图 3.8　节点部署架构

三、创新点

平台可实现国产自主可控，提供符合信创标准的强隐私、高性能、高安全的环境

（一）实现国产自主可控

平台集成国产自主可控的服务器硬件，打造符合国家信创标准的区块链软硬件一体机设备，为开发者提供强隐私、高性能、高安全、即用即上链的区块链技术服务；针对政务、军事等对安全性有严格要求的场景，进一步集成区块链密码卡、网络共识加速器、可信执行环境等硬件设备与技术，完成麒麟、鲲鹏、统信、海光等多家兼容性认证，实现国产化深度适配，构建国产软硬件生态。

（二）自研存储引擎

平台库函数包括数据结构、账本操作、日志信息及加解密等功能。数据结构符合 Java 编写范式：HyperList、HyperMap 为平台独立研发，为了方便

Java 软件开发者的习惯，其无须感知区块链底层 KV 结构即可编写相应的业务逻辑代码。HyperMap 和 HyperList 的使用类似于开发者所熟知的 HashMap 和 ArrayList，但做了原创性的优化，在减少内存使用的同时也提高了更新账本的插入效率。

四、效果效益

平台支撑 200 余项落地应用，实现多场景、多领域深度赋能

平台已支撑 200 余项落地应用，并在智慧城市、金融科技和能源双碳等多个领域实现深度赋能，服务超过 300 家国家机构及头部企业，支撑业务规模达数万亿元人民币，服务全国数亿人。

（一）助力智慧城市建设

趣链科技为舟山市普陀区"健康共富方舟"提供技术支持，基于区块链开发搭载浙里办 App 的全流程健康管理应用，覆盖体检、义诊、家医签约、慢病管理、海岛购药、健康监测、慈善救助等多个场景，切实解决海岛群众看病难、配药难、急救难等痛点难点问题。并通过区块链实现慈善捐款善踪溯源，帮助群众实现个人健康的"掌上管理"，助力实现海岛医疗健康共富。截至目前，链上健康管理数据近 30 万人次，帮扶海岛老人近 3 万人。

（二）助力金融服务升级

趣链科技支持建设江西省安全可信金融大数据共享平台，为中国人民银行南昌中心支行推进大数据、区块链、量子通信等技术建设，平台可实现金融大数据的安全采集、高效治理、综合利用和可信共享，推动银政企数据融合应用，增强银企信息对称，疏解中小微企业融资难题，助力普惠金融发展。

（三）提高执法办事效率

2022 年，趣链科技联合重庆市渝中区检察院打造非羁押数字管控平台，借助平台实现对非羁押人员管理的发起、监管、执行、移送、终止等全业务流程的线上化，从而解决嫌疑人现实表现难以准确评估、脱管、串供、脱逃等难题。目前，该项成果已入选工信部 2022 年区块链典型应用案例名单，相关场景在浙江、宁夏、湖北等多地合作落地。

（四）推进"双碳"减排进程

趣链科技为省级减污降碳协同管理平台——浙江省减污降碳协同增效平台提供技术支持，旨在为全省污染物管理、碳排放权管理、企业减污减碳服务提供支撑工具，已为浙江省1600余家企业提供碳与排污权的综合管理服务，预计管理碳排放量两亿余吨，并将逐步覆盖全省两万余家具有排污权许可证的企业。

（五）实现知识产权确权

打造实现知识产权一站式服务的公共存证平台——浙江省知识产权区块链公共存证平台。基于浙江省知识产权区块链公共存证平台，可通过相关功能，将原创设计、数据资产、商业秘密等知识产权权利和权益存证。以数据资产存证为例，平台对企业存证数据资产颁发浙江省知识产权区块链公共存证平台数据资产存证证书，助其完成相应的数据资产价值转化。

05　新密链：基于区块链的自主可控、安全可信、追溯共享的数据管理平台

新疆数字证书认证中心（有限公司）

一、案例背景

为构建安全可信的数字生态提供基础技术支撑服务

在数字经济时代，区块链作为经济增长的新动能，正在引领新一轮技术和产业变革。2019年10月，习近平总书记在主持中共中央政治局第十八次集体学习时强调，我们要把区块链作为核心技术自主创新的重要突破口，明确主攻方向，加大投入力度，着力攻克一批关键核心技术，加快推动区块链技术和产业创新发展。这次集体学习标志着区块链在中国被上升为国家战略，也标志着区块链的应用在中国驶入了正轨。

《中华人民共和国国民经济和社会发展第十四个五年规划和2035年远景目标纲要》中提出，要培育壮大人工智能、大数据、区块链、云计算、网络安全等新兴数字产业，提升通信设备、核心电子元器件、关键软件等产业水平。推动智能合约、共识算法、加密算法、分布式系统等区块链技术创新，以联盟链为重点发展区块链服务平台和金融科技、供应链管理、政务服务等领域应用方案，完善监管机制。《关于加快推动区块链技术应用和产业发展的指导意见》提出，要推动区块链与其他新一代信息技术融合，打造安全可控、跨链兼容的区块链基础设施。

为贯彻国家关于区块链相关产业的规划和部署，实现对链上业务合规身份验证、强化监管机制，为构建安全可信的数字生态提供基础技术支撑服务，为新疆本土区块链应用和区块链产业提供区块链底层服务平台，新疆数字证书认证中心（有限公司）（简称"新疆CA"）设计了基于国产密码基础支撑的区块链解决方案"新密链"。

基于区块链技术构建安全、可追溯、可信的数据管理平台，在架构上内嵌公钥密码基础设施（PKI）加以保护，通过CA校验身份后加入共识网络环境。鉴于国内多数区块链系统只能用于低存储空间高价值数据的处理，"新密链"开创性地构建了"新密链云盘"，在兼顾性能的要求下实现了大数据和大文件的上链存证，是对传统电子档案系统的一次重大创新。

二、方案详情

采用自主可控区块链技术体系，内嵌监管层，实现对链上业务的合规监管

（一）采用自主可控区块链技术体系RegChain

内置自研智能合约执行引擎、GmSSL国家商用密码算法等自研核心技术，分层架构设计"网络层—监管层—计算层—应用层"4个层次，提供多种能力支撑。

（1）网络层提供高可用的网络通信及身份管理服务，全面支持国家商用密码算法（以下简称"国密算法"）。

（2）监管层根据不同应用场景支持可插拔的共识机制，通过自主研发编写的监管合约，实现对成员节点的监管，通过"合约级"隔离通道保障数据安全，提供支持互操作的跨链通信服务。

（3）计算层提供隐私保护功能，支持使用高级编程语言编写智能合约，支持"函数级"数据加密与访问控制，提供数据全周期监控能力。

（4）应用层基于成员节点帮助用户快速构建区块链应用，并可与已有的大数据系统及微服务架构无缝对接。

（二）节点分类隔离权限保障安全

"新密链" RegChain 体系包含两种类型的节点：共识节点和成员节点，二者具备不同的权限及功能，提高了数据流通效率、数据计算性能及数据安全性。

（1）共识节点具有平台全部数据，对写入数据账本的数据进行排序、共识和同步。

（2）成员节点不参与联盟链的共识过程，数据依赖于从一个或多个共识节点进行同步，只存储和计算与用户自身相关的数据，降低用户的存储和网络压力，实现数据的物理隔离。

（三）保障数据存储安全

账本数据会根据数据对象的类别分别独立存储，保证数据安全、可靠。区块链网络参与者之间的交易记录持久化地存储在账本之中。

（四）数据库支持

数据以键值的形式进行最后的落盘存储，后端支持多种键值型数据库，包括本地数据库和分布式数据库。

（五）区块链核心——共识机制

共识机制可以在区块链技术应用过程中有效地平衡效率与安全之间的关系，使得区块链技术应用领域已经超越了以往的数字货币。而共识节点提供了可插拔的共识算法，用户可根据信任模型、硬件条件、性能和应用场景的实际需求进行选择。

（六）智能合约引擎

智能合约可以自动执行部分功能的协议，减少协议执行过程中的人工干预及合约相关的其他交易成本。

（七）以链治链构建网络安全

区块链应用越来越广泛，这对监管部门提出了新要求，"新密链"自主研发了面向监管部门的智能合约引擎。构建面向监管科技的智能合约编程语言，助力监管部门实现监管规则数字化、自动化、智能化。监管合约的语法规则和类型系统是根据监管需求进行设计的，便于实现监管规则数字化，助力数字化监管规则库建设的快速完成，监管部门可以通过智能合约自动实现穿透式监管，受监管对象能够通过监管部门公布的监管规则提升自动化合规能力。监管部门能够在区块链中构建专家系统，也可以通过监管合约与区块链外部构建的智能风险管理模型进行交互，持续有效地满足监管要求，达到"以链治链"的效果。

（八）知识库

知识库维护规则引擎的所有外部知识。每个知识库可以包括多种知识。知识的命名空间为所在的知识库，不同知识库中相同名称的知识是不同的。对于知识库中的知识，可进行更新，或者通过重定义进行覆盖。

（九）全面支持国密算法

"新密链"底层密码算法支持 SM2/SM3/SM4/SM9/ZUC 等国密算法、SM2国密数字证书及基于 SM2 证书的 SSL/TLS 安全通信协议，支持门限签名等高级安全特性，支持国密硬件密码设备，提供符合国密规范的编程接口与命令行工具，用于构建 PKI/CA、安全通信、数据加密等符合国密标准的安全应用。

（十）数据跨链共享

中继技术是通过在两个链中加入一个数据结构，使得两个链可以通过该数据结构进行数据交互，并通过在一个链上调用数据结构的 API，实现监听并验证另一个链上的交易的技术，而若该数据结构是一个链式结构，则被称为中继链。"新密链"支持通过中继链技术来实现数据跨链共享。

（十一）合规认证体系嵌入

根据国家网信办、国家密码管理局对网络数据安全合规性的要求，在"新密链"中嵌入 PKI 体系，替换升级传统区块链的非可靠、非法律依据的认证技术和签名技术，在保持区块链已有优势的基础上，实现第三方电子认证和电子签名与区块链的优势整合，进行区块链创新性信任体系建设。

三、创新点

创建互联互通的数字化体系，打造可信数字化模式

（一）打破数据孤岛，创建互联互通的数字化体系

加快企业数字化转型。"新密链"利用分布式共识技术打通了物理世界隔阂，

为各类主体间进行生产协同、信息共享、资源整合提供保障，从而达到经济数字化转型中最大限度的合作与共创，逐步实现分布式的、无边界的资源配置模式和生产方式。

（二）打造可信数字化模式

商业和公共服务的数字化转型正在为全社会提供更加便利的数字生活体验和数字服务体系。"新密链"能为每次发生的交互（或交易）添加时间戳和电子签名，能在单一的集中式数据记录中提高可信任度和数据真实性，并可通过可追溯、不易篡改的特征，大大降低商业模式创新过程中产生的各类风险，实现了基于区块链的信任体系保障，数字化转型的领域和场景才能不断扩大。

（三）双重保证可信溯源

"新密链"云盘在兼顾性能要求的前提下实现了大数据和大文件的上链存证，是对传统电子档案系统的一次重大创新，支持将链下源文件与"新密链"云盘中的链内文件信息进行核验对比，验证文件是否被篡改，同时还支持用户将云盘中的文件下载到本地，防止出现重要文件被篡改或丢失时无法找寻数据源的情况。

四、效果效益

以电子合同业务为核心提供区块链底层服务，支持新疆数字经济人才培养

（一）围绕电子合同提供多方面区块链底层服务支撑

"新密链"为电子合同管理平台用户提供在线、移动端的实名认证、数字证书签发和数据电子签名等服务，对申请和审批数据、供用水电子合同等业务数据进行电子签名和加盖电子印章，结合区块链数据不可删除和不可篡改的特性，在链上完成合同存证，覆盖 170 多万个用户。为存证内容提供数据保全和溯源功能，解决传统合同存证业务安全性差、真实有效性低等痛点问题，保障合同数据的真实性、完整性和责任归属，提高业务效率。在涉及电子合同纠纷时，数据信息可以从"新密链"取证，以各运维节点的数据为依据出具相应的审计报告、司法鉴定意见书和公证函，提高电子数据的取证效率。

（二）大力推动新疆数字经济人才培养输出

新疆 CA 在新疆维吾尔自治区密码管理局、新疆生产建设兵团密码管理局的指导下，建设了近 1000 平方米的产、学、研、教、培一体化服务场地，并于

2018年成立区块链人才培养基地，参与工信部直属单位区块链人才培养计划，培养输出多名区块链（高级）工程师。并搭建区块链技术底层BaaS平台、可视化平台、电子数据存证平台等"新密链"基础服务设施，可为区块链底层研究提供实验环境、技术力量、场景测试和链条测评等服务。

06 印记：基于区块链技术的新一代电子印章

安徽高山科技有限公司

一、案例背景

经济数字化转型需要更安全、更可信、更经济的新一代电子印章

随着数字经济的发展及新基建的加速推进，传统用章方式成本高、效率低、管理难、风控弱等痛点日益明显，电子印章便捷高效、安全环保、无纸化、全线上等优势也越发凸显。新冠疫情推动了线上办公、异地协同等新方式的普及，加之"碳达峰、碳中和"的目标要求，线上无接触办公和服务迅速发展。电子印章接受度明显提升，加速向各行业渗透。

现有电子印章解决方案的构建大多采用CA证书的技术路线，但CA的兼容性问题造成用户使用的效率受限。同时，当前市面上主流的电子印章系统为提高使用效率多采用中心化托管的方式，平台将用户的CA统一管理，用户每次签字或用章时由中心化平台代用户进行签名。传统中心化CA存在人为干涉、恶意篡改、冒名顶用的风险，给用户的文件安全、用章安全、签署安全带来重大安全隐患，而由于用户数据、文件存储在中心化系统中，也面临隐私泄露、文件丢失、数据篡改、伪造等风险。

为解决现有中心化电子印章法律效力存疑、数据安全风险高及成本相对较高的问题，安徽高山科技有限公司将去中心化的区块链技术与智能合约、分布式数字身份、数据加密等多项技术结合，形成一套高可信、强安全、低成本的全新解决方案。

二、方案详情

区块链结合多项前沿技术深度融合赋能电子印章，让线上用章更可靠

区块链具有去中心化和不可篡改的特点，可以在不依赖第三方可信机构的情况下，实现同行之间的信任传递。将区块链技术应用于电子印章领域，有助于建立一个电子印章验证体系，降低电子印章管理服务成本，提高电子印章验证效率。同时，采用分布式数字身份（DID）及智能合约生成的区块链电子印章，可将签署逻辑进行上链，摆脱对中心化服务的依赖，从根本上解决盗签、冒签的问题。此外，隐私计算和IPFS的引入，可以最大限度地保证数据安全。

（一）平台架构

印记区块链电子印章系统架构如图3.9所示。

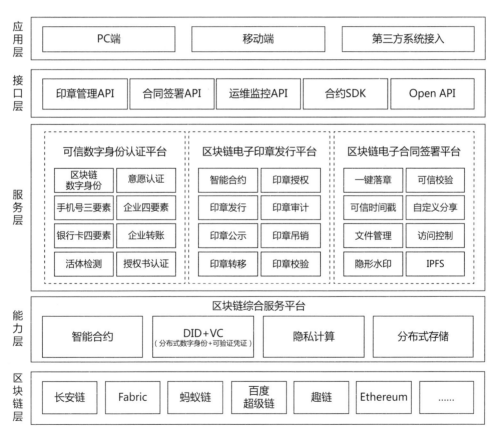

图 3.9 印记区块链电子印章系统架构

从系统架构上看，本系统分为区块链层、能力层、服务层、接口层与应用层

5 个大层级。

1. 区块链层

区块链层支持长安链、Fabric、蚂蚁链、百度超级链、趣链、Ethereum 等多种底层链，系统可在不同链之间实现平滑迁移。

2. 能力层级

能力层是包括智能合约、分布式数字身份及可验证凭证、隐私计算和分布式存储技术的区块链综合服务平台，为数据中台和上层应用提供技术支撑。

3. 服务层

服务层包含三大核心模块，分别是可信数字身份认证平台、区块链电子印章发行平台和区块链电子合同签署平台。

可信数字身份认证平台是为不同场景、不同需求提供不同层级身份认证服务的身份自认证体系，它不依赖中心化的第三方 CA 认证体系，可以支持更多的认证方式。平台将认证资料确权、数字身份、实名身份三者进行唯一绑定，进一步提高身份认证的可靠性。完成身份认证后，平台会在链上为用户颁发可信身份凭证来保证身份的唯一性和真实性。

区块链电子印章发行平台使用智能合约在区块链上发行电子印章。印章全生命周期逻辑上链，每次操作会在链上产生行为数据。区块链去中心化、公开透明和不可篡改的特性，保证了印章的唯一性和用章的真实性，智能合约的使用则有效避免了人为干涉。

区块链电子合同签署平台为用户提供在线用章、在线文件签署服务，签署过程全程加密处理，签署完的文件可通过分布式加密存储技术确保其完整性和安全性。平台根据不同的使用习惯和业务需求提供不同的产品形态，如 SaaS 云平台服务、私有化部署及开放标准 API。印记区块链电子印章系统业务流程如图 3.10 所示。

4. 接口层

接口层提供印章管理 API、合同签署 API、运维监控 API、合约 SDK 等，方便其他第三方平台接入使用区块链印章、电子合同及其配套功能。

5. 应用层

在应用层，软件系统支持 PC 端、微信小程序、安卓 /iOS App、企业管理端、政府平台管理端等，使用户足不出户即可快速完成文件线上签署，并提供文件可信验证。当发生司法纠纷时，司法机关可调取链上数据进行审判。

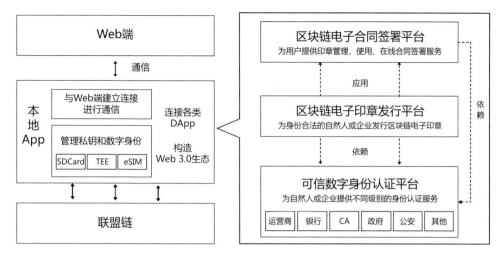

图 3.10　印记区块链电子印章系统业务流程

此外，由于具有开放 API 和 SDK，所以本系统可快速与第三方 ERP、OA、CRM 等系统打通，为各种领域、各种场景赋能。

（二）关键技术

1. 分布式数字身份

分布式数字身份以区块链技术的分布式账本和 DID 协议为基础进行构建，在分布式数字身份系统中，用户对自己的若干个身份拥有绝对的控制权。用户可根据不同场景的需要，自主选择使用不同的身份信息。在对身份信息进行验证时，将其身份信息的哈希值存储于区块链以供他人验证，一经加密上链，任何用户无法擅自篡改或否认身份信息与声明。同一用户不同身份下的信息相互分离，无关联关系，由用户自主生成、分配和管理。

2. 智能合约

智能合约是在区块链数据库上运行的计算机程序，可以在满足其源代码中写入的条件时自行执行。合约条款一经编写上链即不能被改变，因而具有数据透明、不可篡改和永久运行三大特性。将印章映射成区块链智能合约，使得印章发行、授权、用章等管理通过调用智能合约完成，可以保证所有行为的可信、可追溯。

3. 区块链账本分析

存储模块负责持久化存储链上的区块、交易、状态、历史读写集等账本数据，并对外提供上述数据的查询功能。平台支持 LevelDB、BadgerDB、MySQL 等常用的数据库来存储账本数据，用户可选择其中的任意一种数据库来部署区块链。

三、创新点

创新分布式数字身份＋智能合约＋电子印章模式，用章全流程行为数据可靠、可信、可溯

（一）基于智能合约及分布式数字身份的新一代电子印章

印记区块链电子印章利用公民网络身份识别服务，结合分布式数字身份及可验证凭证的国际规范，为用户颁发具有法律效力的身份凭证。采用智能合约颁发区块链电子印章，印章全生命周期逻辑上链，签名私钥与用户一对一绑定，由用户保管，杜绝平台作恶风险。

（二）基于身份确权的自认证身份体系

印记区块链电子印章系统的实名认证环节不同于常规仅身份认证的模式，在身份认证之前添加了认证材料的确权程序，在保证所提交的材料属于某个用户后进行用户身份的实名认证。优化后的实名认证环节既确保了用户的信息实名，又证明了材料确实是用户本人提交的。

四、效果效益

为企业节约成本，为国家"双碳"目标助力，推动筑造数字经济可信未来

（一）构建诚信社会的重要基础设施，助力"双碳"目标实现

印记区块链电子印章通过区块链技术的应用，不仅能保证合同内容的完整性、签署过程的真实性和有效性，推动构建诚信社会，也是企业数字化转型的重要基础设施。近年来在"双碳"目标提出及新冠疫情的影响下，电子印章的价值更加得到了充分的认可与释放。

（二）降本、增效、提质，筑造数字经济可信未来

在合同签署等用章场景中，传统线下模式完成一个闭环流程的成本可达30元以上，而使用电子印章可将单次成本降至3元以下，降本幅度超过90%。目前，印记区块链电子印章已经为超4万家企业发放超20万件区块链电子印章，为企业节省了大量成本。根据36氪研究院数据统计[1]，我国电子印章签署次数已突破600亿次大关，并且整体市场以年66.3%的复合增长率快速增长，未来3～5

---

[1] 《2021年中国电子签名行业研究报告》（36氪研究院）。

年将形成一个千亿元规模的市场空间。我们相信，电子印章在全社会的推广使用，将提升各类事务的运行效率，同时为社会节省大量经济成本。

传神语言区块链：构建人工智能背景下的语言行业数据共享及流转体系

传神语联网网络科技股份有限公司

一、案例背景

传神语联用区块链加速语言服务行业资源整合利用

由于语言服务资源（译员、数据、企业）高度分散，导致大量语言服务企业之间处于信息和数据相互封闭的孤岛状态，数据等语言资源流转效率低下且难以发挥聚合效应。传神语联网网络科技股份有限公司通过区块链技术构建行业共同的基础设施，打破语言服务企业之间相互封闭的孤岛状态，用大生态的方式来替代大公司的模式，促进语言服务行业协同发展。

（一）语言服务资源高度分散

中国翻译协会发布的《中国翻译及语言服务行业发展报告2023》数据中显示，截至2022年年底，我国翻译及语言服务从业规模已达601万人，但专职翻译人员占比不到16%，语言服务企业高度依赖兼职人员开展业务。国内企业经营范围包含"翻译"和"语言服务"的超过58万家，以"翻译"和"语言服务"为主营业务的企业超过10592家，其中注册资本在500万元以上的企业数量仅占总数量的6.69%，而注册资本在0～10万元的企业数量占总数量的32.61%。从整体来看，中国语言服务行业企业规模普遍较小，且高度分散。

语言服务需求的发生时间和使用量因具体场景不同而存在差异，然而当前缺少可以覆盖全部场景的语言服务企业，加之安全可信协作及共享机制的缺乏，大量语言服务企业之间处于信息孤岛状态，行业数据分散，术语语料等知识资产也缺乏确权保护，以及统一的标准和复用机制。语言资产被大量闲置且无法产生价值，语言资源难以发挥聚合效应，翻译从业人员也难以建立个人信用和品牌。语言服务行业始终处于低效运转状态，难以突破"规模不经济"的窘境。

在这里，举两个比较典型的同时也是在语言服务行业大量存在的例子。

例如，A公司在某个垂直领域拥有大量关键语料，但由于没有有效机制，而无法对外共享。而当B公司获得该垂直领域的翻译业务时，只能花费大量时间和精力自行整理所需的关键语料。可用的数据无法被激活和利用，造成B公司重复建设，A公司也因此丧失了潜在收益。

再如，A公司有20个译员，受到人员产能限制，无法承接超出20人工作量的翻译业务；而同时B公司有100个译员，却因为长期低负荷工作导致运营困难。译员资源无法在行业内有效流通，一方面造成译员自身自我价值难以实现、收入较低，另一方面翻译公司长期受困于"吃不饱"或"吃不了"的问题而难以发展。

译员与语料数据都是翻译公司的核心资源，推动行业内知识和资源的共享与流通，不仅要有合理的数据共享模式（数据安全），更要有合理的利益驱动模式（数据确权和利益分配）。

（二）提前布局语言区块链，构建应用生态

基于以上背景，传神语联在2016年开始探索区块链技术在语言服务行业的应用，通过区块链技术构建行业共同的基础设施，打破语言服务企业之间相互封闭的孤岛状态，并在2019年正式启动语言区块链项目建设。经过3年的开发运营，已形成基于语言区块链的一系列应用产品，包括数字孪生译员系统（云译客系统）、语言资源管理系统（言值录系统），以及面向译员及语言教学的翻译能力测评系统，并通过以上应用产品，推动行业资源共享流通。

二、方案详情

将行业资源通过区块链资产化，并形成可信的共享及流转体系

（一）技术架构及运行机制

本案例通过区块链智能合约、数据存储和确权技术，对译员的数字资产进行确权保护，并通过数字孪生译员系统对译员的数字资产进行有效利用。案例技术

架构如图 3.11 所示。

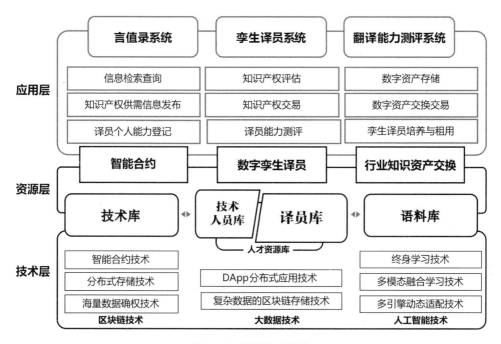

图 3.11 案例技术架构

案例平台通过跟踪译员的翻译过程、翻译结果、上下文等场景化数据，建立多维度异构模型并持续迭代，让每名译员都可以将自己的翻译经验及翻译风格进行数字化克隆，形成具有译员专属特征的孪生翻译引擎（数字孪生译员）。

一方面，数字孪生译员能够配合译员完成翻译任务，大幅度提升翻译效率和综合质量，并可在工作中调用、共享各类已确权的术语数据，持续产生收入。另一方面，数字孪生译员能够独立完成翻译任务，随着翻译过程中数据的不断积累，以及翻译领域和场景的垂直聚焦，数字孪生译员作为独立产能，输出的结果将不断提升并接近人工译员的翻译质量。

1. 应用层

言值录系统调用人类译员数据，对人类和机器译员的能力进行测评，对资源层的标准、语料、智慧经验等技术和数字资产资源进行存储、确权、认证，并为孪生译员引擎训练提供数据支撑。

数字孪生译员系统（云译客）采用去中心化机制记录和管理用户的语言数据资产，并辅助用户通过存储的数据资产来完成自己的翻译任务。同时，用户可通过云译客创建和训练自己的孪生译员，来配合用户或独立完成翻译任务，成为用户自己的智慧资产。

翻译能力测评系统利用云计算、大数据、人工智能和区块链等技术，打造翻译教学、翻译实训、翻译工具、语言资产和 AI 机器翻译等五大应用板块，覆盖高校外语翻译教学的全场景应用，在教学和实训过程中积累学校的语言资产和经验数据，为教学、科研提供珍贵的数据支撑。

2. 资源层

利用区块链不可篡改、永久记录和公开透明的技术特性，为语言服务主体（企业、个人或其他语言资产权属方）建立能力和信用的评估、推荐和匹配机制，同时在明确归属保障收益的前提下，汇聚行业中分散的语言数字资产，通过智能合约、行业知识资产交换实现语言数字资产的流转，并根据数字孪生译员在工作中对语言资产的调用情况产生价值。

3. 技术层

以区块链技术、大数据技术和人工智能技术为基础，构建语言信息行业的数字资产和应用机制，对语言资产进行确权，并在数据和资源的分享流转过程中进行公开、透明、公正的价值分配和实现激励机制，以提升行业信息和资源的流动性。

（二）区块链结合人工智能构建全新技术体系

1. 区块链新一代的智能合约技术

一是降低智能合约的使用门槛，通过图形化操作界面以拖曳的方式来设置合约的执行过程，让智能合约能够进一步嵌入到用户的业务场景中；二是改造智能合约与传统业务体系的融合模式，将子链节点嵌入到传统业务系统中，在主链与子链间完成跨链数据交换，保障关键参数的真实性和有效性。

2. 基于终身学习的数字孪生译员技术

数字孪生译员技术会在语言服务过程中对为每个译员建立的全信息语言知识库进行实时强化学习，借助多维度信息的收集和关联来训练 Twinslator，使之伴随译员一起成长，从而获得与译员同样的文化背景及意识形态，在翻译风格、翻译质量和翻译能力上与译员有较高程度的相似，解决了常规机器翻译引擎单纯依靠语料进行训练，缺乏语言场景、风格、行业背景等多维训练数据的问题。

3. 面向海量复杂结构数据的区块链确权技术

通过对区块链底层进行改造，并结合去中心化数据对象存储技术，解决了具有复杂结构的海量数据在区块链上确权和记录的问题。

4. 全信息语言知识库技术

在语言服务业务各个场景及环节建立数据埋点,以知识图谱技术为基础,采用 LSTM+CRF 算法进行命名实体识别和信息抽取,为文件、术语、语料、翻译过程等数据建立完整的关联网络,形成以数据为节点,以场景、领域和上下文环境关联为连接的网络状语言知识库,为数字孪生译员、机器翻译引擎的训练提供高质量数据支撑。

三、创新点

将区块链技术与语言服务行业特征充分融合,丰富语言数据维度、提升语言数据利用效率

(一)技术创新

1. 通过分布式对象存储机制解决数字资产的独占性问题

针对语言服务行业的复杂化数据,通过分布式的对象存储机制和跨链技术,实现了对任意复杂结构数据的区块链化存储及确权,确保存储数据和权属的唯一对应关系,做到权属的可记录、可验证。

2. 通过功能接口开发解决数据直接暴露的问题

将原来直接暴露数据的复制方式,改为基于功能接口的共享模式。例如,对于术语语料的使用,对外只披露术语语料库的描述信息,同时提供术语语料的匹配接口,而不接触术语语料库的内部数据。这样大大避免了数据泄露的风险,同时能够对数据的使用进行明确的计量,保障数据拥有者的收益权益。

3. 优化区块链自动调整算法

区块链底层基于以太坊搭建,优化挖矿难度自动调整算法,降低预期难度,缩短出块速度,提升交易 TPS,满足语言服务数据确权的需要;并引入 IPFS,创新区块链和 IPFS 的使用场景,使用 IPFS 作为以太坊拓展数据存储空间,解决区块链对大数据不友好的缺陷,并满足其他行业领域的使用需求。

(二)模式创新

1. 行业大数据共享

云译客系统在对用户数据进行确权的同时,还将原来直接暴露数据的复制方式改为基于功能接口的共享,极大地激发了数据拥有者的积极性,对传统模式下

行业内无法被广泛利用的沉睡数据资源进行了唤醒。

2. 智慧经验共享

通过数字孪生译员系统，翻译人员、团队、公司能够创建自己的"数字孪生译员"，长期积累自己的语言大数据；同时每个"数字孪生译员"的数据也在语言区块链中获得确权，并对用量进行统计，保障"数字孪生译员"拥有者的收益权益。相对共享数据本身，通过"数字孪生译员"将自己的智慧和经验资产化进行共享更有价值。

3. 译员资源共享

通过语言资源管理系统（言值录系统），为每个译员构建了一个基于区块链的数字身份，真实反映译员的能力和诚信度，为优秀译员建立和传播个人品牌，为语言服务企业提供可信赖的译员资源；此外，对语言服务企业也建立了信用体系，大大降低了双方合作的风险，大幅提高了行业的信息透明度和自律度，降低了辨识成本，提高了行业运转效率。

四、效果效益

语言区块链在翻译行业及高校形成了较强的影响力，获得社会各界的广泛认可，并形成初步规模

语言区块链以快速构建语言服务行业及上下游企业的生态圈为目标，打通了行业内部不同实体之间资源共享和协作的壁垒，推动形成行业内部产能共享、资源共享、业务共享的生态体系。

截至2023年3月，语言区块链已累计与数千家行业企业形成共享合作，整合超过15万名译员的身份信息数据，以及超过4亿对语料数据，形成云译客、言值录、翻译能力测评系统等应用产品。言值录已完成近2万名语言服务人才的信用及能力信息上链，对接及推荐语言服务人才10万余次；云译客系统已有注册用户15万人，月活跃用户1.5万人；翻译能力测评系统已与全国150余所高校形成合作，累计完成5万名学生的教育实践和能力测评。2022年7月，传神入选全国首批数据资产评估重点成果。

同时，通过云译客系列训练形成1700余个数字孪生译员，覆盖制造、工程、外贸、文化等10多个垂直领域，以及中、英、法、日、韩、俄6个语种。数字孪生译员具备自动翻译、语种识别、术语匹配和审核校对等功能，在制造、工程和文化等垂直领域的自动翻译准确率超过主流机器翻译引擎，译员只需对译文进行简单检查和修改即可交付，极大地提升了译员的翻译效率。

2020 年至今，已通过语言区块链向《生物多样性公约》第十五次缔约方大会、云南省筹备办外事工作部、安徽省翻译协会、安徽省外国语言文学学会、湖北省翻译工作者协会、安徽省植物学会、广东外语外贸大学等数十家机构组织及高校提供译员能力评测和发证服务，累计颁发各类证书 57000 余个。

第三部分

实体经济应用篇

第四章 区块链赋能数据要素流通，服务实体经济发展

中央财经大学信息学院 朱建明 王蕾

《"十四五"数字经济发展规划》以习近平新时代中国特色社会主义思想为指导，全面贯彻党的十九大和十九届历次全会精神，立足新发展阶段，完整、准确、全面贯彻新发展理念，构建新发展格局，推动高质量发展，统筹发展和安全、统筹国内和国际，以数据为关键要素，以数字技术与实体经济深度融合为主线，加强数字基础设施建设，完善数字经济治理体系，协同推进数字产业化和产业数字化，赋能传统产业转型升级，培育新产业、新业态、新模式，不断做强、做优、做大我国数字经济，为构建数字中国提供有力支撑。在此背景之下，数据要素成为实体经济数字化转型与数字经济高质量发展的关键一环，而区块链技术具有数据透明、不可篡改等特点，可以成为传递信任的重要手段，对赋能数据要素确权、数据开放共享、数据交易平台、数据要素流通，服务实体经济发展意义重大。具体而言，解决数据要素确权、数据开放共享、数据交易平台、数据交易安全等问题，是实现区块链赋能数据要素流通与服务实体经济发展的关键。

一、数据要素确权

数据确权是数据进入市场的前提和基础。为了保障市场秩序，区块链为数据资产的确权和交易流转实现从技术层面提供了可行性。《中共中央 国务院关于构建数据基础制度更好发挥数据要素作用的意见》明确提出，要"建立公共数据、企业数据、个人数据的分类分级确权授权制度"，为我国全方位培育数据要素市场，最大化释放数据要素价值提出了指引。

在实践中，目前比较有代表性的数据确权方式是贵阳大数据交易所采用的"提交权属证明＋专家评审"模式。该模式首先需要大数据的拥有者提交权属证明，其次大数据交易所组织专家进行评审，最后由专家给出评审结果。但是该模式缺

乏技术可信度，且存在潜在的篡改等不可控因素。在学术研究方面，基于区块链的数据确权成为数据确权的主要方式。主要的研究成果有基于区块链技术的大数据确权方法及系统[1]；基于数字水印技术和区块链技术的大数据确权方案，该方案具有确权的公平性、完整性和不可欺骗性[2]；基于区块链的确权与交易方案的实施框架，该研究阐述确权与交易的业务流程，构建基于"提名权益证明（NPOS）"的共识机制[3]。

二、数据要素开放共享

区块链是解决数据要素开放共享的核心技术。近年来，学界与业界已经提出了多种基于区块链的数据要素开放共享方案。例如，面向政府数据开放共享的一种双链存储模型。该模型在搭建政府数据开放共享系统的同时，通过"链下扩容"的方式将数据开放共享和数据存储分链进行，采用"链上服务，链下存储"的模式[4]。此外，数据的开放共享必然会面临一系列安全和信任问题。例如，数据会不会遭到篡改、会不会泄露等。刘海鸥等将区块链技术应用到政府数据开放共享安全治理中，可应对开放共享过程中存在的数据安全问题，从而进一步发掘政府数据的价值，更好地促进数据要素安全流通。利用区块链技术不可篡改、去中心化与可信任的优势，设计一个政府数据开放与共享的模型[5]，该模型有效地提高了政府数据开放和共享的安全性，保证了数据的不可篡改性。裴超等将数据加密技术、数据脱敏技术、数字水印技术和区块链技术等进行结合，提出一种改进的大数据流通共享安全方案，将监管方作为区块链网络的背书节点，实现了对数据流通共享活动的监管和证明[6]。

数据要素开放共享的安全治理问题，需要一套完整的总体运行机制，其中不仅包括技术层面的支撑模型架构，还需要组织机构等多方面的协调。区块链相关技术对于解决当前政府数据开放共享中面临的数据可信流动、安全性等问题具有不可替代的优势。

三、数据交易平台

由于数据的特殊性，因此传统的按照商品流通中介模式建立的数据中介平台无法保障交易方的安全和利益。区块链智能合约的引入可以支持更多的业务逻辑，在数据要素流通交易领域得到广泛应用。建立区块链的去中心化数据资产管理平台，集成了区块链技术、安全多方计算和差分隐私计算，实现了高效、快速的数据交易，同时有效解决了数据交易中关于数据隐私保护和数据所有权管理的问题

[7]。为了达到数据链上操作、隐私保护、数据共享，使用区块链双层加密的方法，整合私密数据提供方加密存储交易数据、私密数据使用方解密读取交易数据、私密数据可访问方共享交易数据 3 个模块，使得交易的基础数据和敏感数据得以分开进行不同级别的保护[8]。通过深入分析，总结出数据确权、数据定价和数据交易间相互作用的内在迭代关系，建立一种新型大数据交易模式，并引入联盟链，将具有不同功能的多个企业联合起来，提出一个基于联盟链的新型大数据交易模式平台的方案[9]。

但是，由于区块链是一个多方平等参与的平台，所有参与方共享同一份账本和数据，这些特性带来了交易隐私保护问题，攻击者可以轻易地从公开的全局账本中获得所有数据，并通过大数据分析技术挖掘用户交易规律等隐私信息。因此，在后续的研究中，如何在区块链平台上对交易数据进行隐私保护是一个非常值得研究的问题。

四、数据交易安全

传统的数据安全主要是保护静态的存储数据，强调数据库的边界安全。而在数据要素的交易过程中，数据安全主要强调的是数据整个生命周期的内生安全，突出数据流转过程中的持续安全，增加了数据安全保护的复杂性和实现难度。

将隐私计算技术与数据要素流通场景进行结合，可以有效地实现数据流通闭环，提升数据流通交易的安全保障能力。现有的研究成果主要有：在隐私数据保护方面，结合差分隐私技术并借助生成对抗网络模型，提出了隐私保护数据发布方法；在高效隐私数据协作方面，基于联邦学习分别提出了面向边缘计算场景的高效隐私数据协作方法和面向云计算场景的高效隐私数据协作方法；在安全可信数据共享方面，基于区块链和联邦学习分别提出了抗中毒攻击的数据安全共享方法和抗篡改攻击的可验证性数据安全共享方法。深圳数据交易所基于隐私计算技术，提出了数据流通场景的"三层架构，两类互通，一个生态"统一隐私计算框架，为隐私计算平台与数据流通交易平台的联动应用提供框架参考[10]。"区块链＋隐私计算"的技术架构与数据要素跨域安全流通网络，有利于解除"使用数据"与"保护数据"的矛盾，很好地通过"技术＋管理"的双创新来促进数据要素市场的健康发展[11]。

为了建立一个长期的安全数据要素流通环境，仍需要在规范制度、技术层面持续进行研究。在政策层面，应当加强区块链与隐私计算关键技术规范与标准的制定，积极落实规范与标准的实施，鼓励和支持基于标准的区块链与隐私计算技术测评认证，促进技术的开发和创新。在技术层面，在充分保证数据要素流通安全性的同时，加强区块链和隐私计算之间的结合，解决性能瓶颈与安全顾虑，在此基础上，不断进行以区块链、多方安全计算、同态加密、零知识证明、可信执行环境、可搜索加密等为代表的关键技术融合，实现技术创新。

五、服务实体经济

当前，实体经济发展面临着需求萎缩、生产受阻、动力减弱、韧性不足等诸多挑战，充分发挥数据要素在实体经济中的赋能作用还需要创新与发展。数据要素赋能实体经济不断发展，不能只是单一发挥数据要素这一生产要素的作用，还应当促进数据要素与其他生产要素的深度融合，如资本、技术等。将市场关系中的各个链条与数据要素进行整合和组合，通过数据要素的市场化，增强对实体经济的驱动力；通过加强数字科技的研发，以及对研发成果的应用，加强数据要素的标准化、自动化建设，使得数据要素在实体经济市场中进行流通、交易 [12]。区块链利用其技术优势，可以有效地促进经济结构的重大变革，推动实体经济发展，并与实体经济深度融合释放新的动力。目前，区块链对实体经济的赋能已经逐步落实到各个产业，包括农业、文化、医疗等多个领域，并在一定程度上改变了这些产业生态系统的发展模式。

区块链技术与实体经济的融合是新型基础设施建设时代中国快速实现产业升级与数字经济高质量发展的有效抓手。区块链与实体经济融合的微观路径可以通过有形组织和无形价值这两条路径实现。有形路径主要由以组织形态为核心的区块链商业模式构成，无形路径主要由以价值交换为核心的区块链价值重构。区块链与实体经济融合的宏观路径主要由从区块链自身产业、推广产业及空间拓展三个维度展开 [13]。在区块链与实体经济融合发展过程中，在政策支持、基础设施建设及技术支撑等方面仍然存在一定的问题，因此政府应该发挥引导作用，培育区块链产业应用的新业态与新模式。鼓励技术人员进行技术创新，聚焦核心技术，积极推动区块链技术和实体经济的融合发展。

六、总结

区块链技术是推进数据要素安全流通，打造数据可信体系的关键。从本质上看，区块链是以分布式数据存储、点对点传输、共识机制、加密算法、智能合约等计算机技术集成创新而产生的分布式账本技术，是打造数据可信流通体系的关键支撑技术。我们要鼓励区块链技术开发创新，深化区块链技术应用，确保数据在流通过程中安全合规地使用，发挥区块链的优势，促进实体经济高速稳定发展。

参考文献

[1] 王帅宇，李晨．一种基于区块链技术的大数据确权方法及系统：中国，CN106815728A[P]．2017．

[2] 王海龙，田有亮，尹鑫．基于区块链的大数据确权方案 [J]．计算机科学，2018，45（02）：15-19+24．

[3] 谢人强，张文德．基于区块链的数字资源确权与交易方案研究 [J]．企业经济，2022，41（01）：65-73．

[4] 刘海鸥，周颖玉，张静，王海英．面向政府数据开放共享的双链存储模型与案例应用研究 [J]．现代情报，2023，43（06）：130-138．

[5] 秦森林．政府数据开放与共享模型研究 [J]．现代计算机：专业版，2019，637（01）：53-56．

[6] 裴超，范东媛，倪明鉴．一种改进的大数据流通共享安全方案 [J]．网络空间安全，2020，11（10）：12-17．

[7] 董祥千，郭兵，沈艳，等．一种高效安全的去中心化数据共享模型 [J]．计算机学报，2018，41（05）：1021-1036．

[8] 许重建，李险峰．区块链交易数据隐私保护方法 [J]．计算机科学，2020，47（03）：281-286．

[9] 蔡婷，林晖，陈武辉，等．区块链赋能的高效物联网数据激励共享方案 [J]．软件学报，2021，32（04）：953-972．

[10] 曾坚朋，赵正，杜自然，等．数据流通场景下的统一隐私计算框架研究——基于深圳数据交易所的实践 [J]．数据分析与知识发现，2022，6（01）：35-42．

[11] 季姝，张金琳．基于区块链＋隐私计算的数据要素跨域安全流通体系 [J]．网络安全技术与应用，2023（05）：65-67．

[12] 陆岷峰．新发展格局下数据要素赋能实体经济高质量发展路径研究 [J]．社会科学辑刊，2023（02）：143-151．

[13] 庄雷．区块链与实体经济融合的机理与路径：基于产业重构与升级视角 [J]．社会科学，2020（09）：51-63．

第五章　实体经济应用案例

01 区块链供应链物流服务应用京东实践

北京京东乾石科技有限公司

一、案例背景

纸质物流单据问题重重，区块链新模式推动降本增效

作为全国领先的技术驱动的一体化供应链物流服务商，京东物流始终聚焦"成本、效率、体验"，协同上下游致力于实现供应链的全链路降本增效。同时，将自身积累的新型实体企业发展经验和长期技术投入带来的数智化能力持续开放，服务实体经济和绿色生态、持续创造社会价值。

京东物流基于区块链技术实现物流签单返还的供应链运营模式，不仅能够有效降低纸质运单成本，提升运营效率和消费者体验，而且相较于传统纸质单据，可以减少95%的温室气体排放，是供应链物流行业低碳可持续创新过程中重要的"脱碳"技术。

基于区块链的供应链物流服务平台，其初心就是要解决当前行业的痛点问题。在供应链物流领域，企业与企业、企业与个人之间的信用签收凭证目前还处在纸质单据与手写签名阶段。但随着数字化技术在全行业全领域的广泛应用，纸质单据的劣势越发凸显，甚至给物流运营和监管等带来了一系列障碍，制约了智慧物流和物流金融的发展。

首先，使用纸质单据成本高、效率低。纸质单据会在材料成本和管理成本方面造成浪费，并且严重影响物流实物流与信息流的合一。例如，在结算环节，这些纸质运单需要返还给不同的相关方，运营人员需对每张运单进行审核，线下传递、人工管理的方式会严重影响物流服务的质量和效率。

其次，《网络平台道路货物运输经营管理暂行办法》提出了"网络货运经营者应对运输、交易全过程进行实时监控和动态管理，不得虚构交易、运输、结算信息"的要求，使用纸质运单则只能通过系统接口对接的方式上报监管数据，纸质单据模式难以确保单据内容的真实性和实时性。

最后，纸质单据在纸品消耗、印刷及快递运输等环节都会对环境造成二次影响。国家邮政局数据显示，2022年中国快递业务量完成1105.8亿件，每年千亿件的快递量至少会产生万亿张纸质单据，所产生的一次性资源的浪费和消耗，给整个生态系统带来了挑战。

为更好地解决上述问题，遵从"体验为本、技术驱动、效率制胜"的核心发展战略，京东物流建设了基于区块链的供应链物流服务平台，该平台采用了区块链技术实现线上物流签单返还的供应链运营模式，使签单电子化，实现单据流与信息流合一，并有效地解决传统纸质单据对环境带来的污染，消除纸质品的消耗，同时也省去了纸质单据的二次快递，不仅减少了服务成本，更重要的是为供应链的双碳进程提供了"零碳技术"，再一次推动了供应链行业的脱碳决心。

二、方案详情

利用"区块链＋电子签名"打造可信的无纸化供应链物流单据系统

基于区块链的供应链物流服务平台治理模式如图5.1所示。

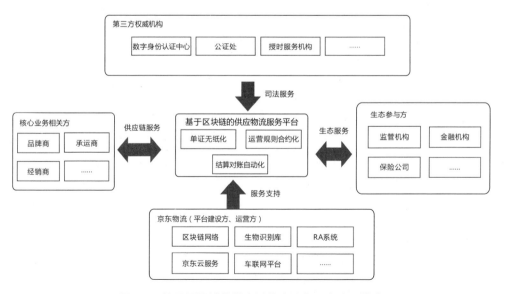

图 5.1　基于区块链的供应链物流服务平台治理模式

基于区块链的供应链物流服务平台采用联盟链的治理模式，京东物流、品牌商、承运商、经销商，以及第三方权威机构等，作为链上节点加入，形成一个可靠的联盟链网络。其中，京东物流作为平台建设方、运营方，为业务相关方提供中立、稳定的区块链底层服务及上层应用；品牌商、经销商、承运商作为核心业务相关方，使用该平台实现供应链物流交接无纸化、运营规则合约化、结算对账智能化；第三方权威机构作为鉴证节点，对电子数据内容的有效性做出独立判断，合作的第三方机构有数字身份认证中心、公证处、授时服务机构等。该案例的整体技术要点如下。

（一）案例技术架构

基于区块链供应链单据系统参考架构如图 5.2 所示。

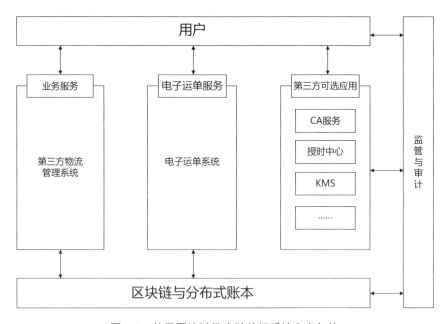

图 5.2　基于区块链供应链单据系统参考架构

本案例通过区块链技术实现单据信息链上存储，单据使用非对称加密技术进行电子签名和签名数据查验，物流参与方在电子单据签署过程中，将签名数据写入区块链，有助于实现单据签署过程中的数据保真，验证数据真伪。

本案例采用京东集团自主研发的区块链底层引擎 JDChain，提供合约工厂、跨链互操作服务、分布式身份组件、隐私计算组件等亮点功能，支持国密算法，为政务、金融、物流、司法等行业提供国产自主可控的区块链底层技术，解决了区块链平台需要同时支持国际算法和国密算法的合规性问题。

基于区块链技术和电子签名技术，实现供应链物流单据的无纸化，利用区块链的共识机制和分布式架构等特性，关联包括司法、存证、鉴定等多方权威机构，进一步提升单据的权威性，提升数据资产的可信度。

（二）平台运行机制及业务流程

以物流承运委托书为例，如图 5.3 所示，供应链物流服务平台主要服务于货运司机与货主之间的单据往来。首先，需对承运委托书协议模板进行预先定义，对承运委托书协议的签署方及过程进行预先定义，可信单据服务平台提供根据不同场景的需求定义不同的签署流程的能力。

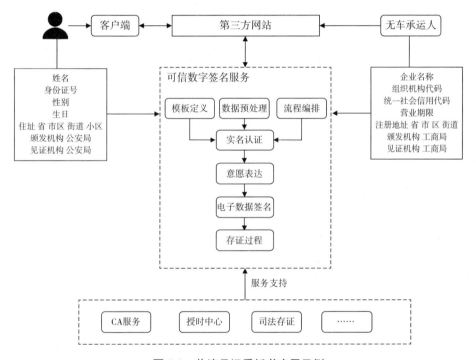

图 5.3　物流承运委托书应用示例

在签署单据前，货主企业和司机作为单据的签署方需要事先完成实名认证，并联合 CA 机构为签署方颁发一份认证其身份的数字证书。利用 CA 认证技术检查证书持有者身份的合法性，确保区块链上所有经过私钥签名的交易都是实名制的，并将实名认证和数字证书发放信息上链存证。

在签署单据时，需要通过生物识别、短信验证的方式完成签署意愿表达，确保签署主体及行为真实有效、签署行为可信，并将确认意愿信息上链进行存证，同时将签署完成的电子承运委托书协议及相关日志进行存证，各个参与方可通过专属区块链浏览器等公示工具进行查看、提取、验证已上链存证的数据资产信息。

数据资产存证如图 5.4 所示。

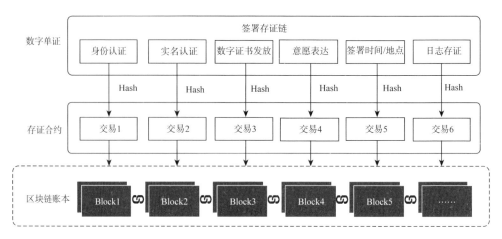

图 5.4　数据资产存证

数据资产存证服务是基于联盟链来实现的，该联盟链联合互联网法院、公证处、司法鉴定中心、授时服务机构、审计机构，以及数字身份认证中心等权威机构节点，通过这些权威节点的背书提升电子数据存证的权威性，利用分布式账本和数字签名技术，确保电子数据存证的完整性和真实性。

将物流单据上的运价信息、履约信息编写成智能合约，并由相关方进行背书后发布到区块链网络，协议中明确了双方的权利和义务，开发人员将这些权利和义务以电子化的方式进行编程，代码中包含会触发合约自动执行的条件。例如，承运商福佑卡车的运输司机将一整车货物按照京东物流的要求，从 A 始发地运到 B 目的地，同时，这份智能合约中也规定了从 A 地到 B 地的价格，随即系统自动触发该笔交易的生成，参与方各自收到账单，财务按照相应账目进行月结对账付款，即可完成整个付款流程。利用区块链分布式账本技术降低对账成本、降低结算周期，同时整个业务过程中产生的单据类、应收账款类等相关数据资产作为合约数据存储到区块链关联存储中，并结合隐私计算等技术实现数据资产的安全交易 / 共享。

三、创新点

以单据数字化为核心推动数字物流建设，开拓周边场景促进节能减碳

如今，智慧物流已成为推动物流行业供给侧结构性改革的重要引擎。而在智

慧物流的建设中，单据数字化具有不可替代的作用。其中，基于区块链的签单返还在引领供应链物流行业变革，以及持续探索和创新方面扮演了重要角色。本案例核心创新点包括以下几项。

1. 解决信息流统一问题

供应链物流服务平台将线下冗杂的签单过程简化，以数字化运营为物流各环节带来效率提升，做到单据流、信息流合一。本案例的成功实施能够使参与方获得更及时、准确、完整的单据数据，助力物流企业的数智化发展，同时为监管机构提供便利，能够充分发挥其在智慧物流中的重要作用。

2. 开拓物流金融领域的应用场景

利用本供应链物流服务平台使用到的联盟链技术和京东物流自身的物流供应链核心企业优势，该案例还可以衍生出更多应用场景，如利用区块链上可信的单据与交易数据，为供应链金融提供保理服务，解决中小企业融资难、融资成本高的问题。

3. 促进供应链低碳管理领域技术进步

在经济可持续发展浪潮和"双碳"目标背景下，如何有效实施绿色减碳是物流行业的一大关键问题，交通运输行业温室气体排放是全球第三大排放源，仅次于能源与工业领域的排放量。因此，在"双碳"目标的进程中，交通运输行业将成为核心减碳领域。通过供应链物流服务平台能够实现单据电子化、签单返还无纸质回单，通过数字化技术推动碳中和目标的实现，更重要的是为交通运输和物流行业提供了脱碳的路径和方向。

四、效果效益

供应链物流服务降本增效，优化客户体验助力绿色低碳经济

基于区块链的供应链物流服务平台，能够有效解决传统纸质单据带来的多种成本、管理、时效问题，使用这一链上签产品实现无纸化运营后，也能真正做到"零碳"电子回单，为物流行业实现"碳中和"提供技术支持。

（一）应用效果

1. 降低相关成本，提升运营效率

该案例能够有效降低纸质运单成本，提升运营效率。一张纸质单据的耗材成本在 0.4 元左右，纸质单据返单邮寄成本在 1～20 元不等，同时还要配合内审、

外审产生额外的运营成本。据《2020年邮政行业发展统计公报》显示，2020年快递业务量突破800亿件，预计5年内翻番，每年千亿件的订单量可产生万亿张纸质单据，整个行业每年产生的单据运营管理成本是千亿级以上规模的，基于区块链构建供应链物流服务平台能够有效降低纸质单据运营管理成本50%以上，并创新性实现签单实时返还模式，消除单据邮寄成本，提升返单效率。

2. 优化物流配送服务体验

该案例的成功应用助力供应链企业提升仓储配送效率，提升消费者购物体验，促进了电商行业的健康、长足发展。区块链技术应用能够打破物流企业的数据孤岛，同时为消费者提供真实、可靠和完整的物流数据，同时结合物联网、RFID（电子标签）和LBS（Location Based Services）等技术确保商品物流状态的真实性、完整性、可靠性，有效避免在大促期间发生包裹丢失、调包等问题，为消费者购物体验保驾护航。

（二）社会效益

（1）本案例在引领供应链行业变革，以及持续探索和创新方面扮演了重要角色。

该案例的落地实施使参与方获得更准确、完整的单据数据，助力供应链企业数智化发展，并为监管机构提供便利，能够充分发挥其在智慧供应链中的重要作用。

（2）该案例通过电子签约和区块链技术实现单据数字化运营，可消除物流快递行业纸质单据所产生的碳排放，加速企业实现"碳中和"目标。使用链上签产品实现无纸化运营后，综合每年减少纸制品碳排放量超过1.8吨，100%消除了运输碳足迹，降低了企业的运营成本，同时践行了生物多样性保护原则，更重要的是为企业低碳技术提供了可借鉴的路径，加速了供应链脱碳进程。

02 区块链技术服务平台海峡链实践

厦门海峡链科技有限公司

一、案例背景

海峡链是新型基础设施建设（以下简称"新基建"）背景下的新一代区块链底层技术平台

数字经济的发展需要加快新型基础设施的建设。区块链技术由于其去中心化、不可篡改、信任传递等特性，成为数字新基建中不可或缺的底层技术。随着数字产业化和产业数字化进程的蓬勃发展，区块链技术需要承载更大的应用规模，涉及更多的业务场景，吸引更广泛的行业参与，这就对区块链底层技术提出了更高的要求。具体而言，区块链技术发展遇到了如下瓶颈。

（1）监管合规问题。区块链的去中心化给合规监管带来了难度和挑战。公链不符合国内的监管合规要求，而不同的联盟链采用的监管方式不同，难以形成统一的监管标准，进而造成跨链监管困难。因此需要一个允许多方参与、对等合作，既符合区块链去中心化特点，又符合监管要求的区块链底层架构。

（2）跨链互通问题。不同区块链系统数据结构、加密算法、共识机制等方面的差异导致各区块链系统之间的数据难互通、信息难交互、身份难识别。因此，在区块链底层框架的设计上，需要提前考虑到跨链延展性，预留出跨链通信的兼容标准接口，在未来监管条件允许的情况下，能够快速实现与国际公链互联互通。

（3）数据所有权问题。传统联盟链服务中用户的私钥和资产通过中心化的方式管理，平台仍有可能对数据进行篡改和调整。因此，急需建立可以让用户掌握数据所有权，同时具备监管友好的特性，实现用户、企业/组织、监管三方和谐相处的区块链架构。

（4）数据确权问题。当前由于技术和成本等原因，通常采用仅将文件的哈希值和地址上链，原始文件链下存储的方式，但原始数据仍然有丢失和不可服务的风险。急需建立安全可靠、分布式永久存储的基础设施，配合区块链提供 Web 3.0 服务。

针对上述问题，厦门海峡链科技有限公司自主研发了新一代亲监管、易治理，满足多样化业务需求的区块链底层技术平台——"海峡链"。

二、方案详情

自主研发"一核双翼"的区块链架构，赋能开发者根据不同使用场景快速、灵活地搭建区块链基础服务

海峡链是在中国工合国际委员会的指导下，由中国技术市场协会、国际科技合作委员会、北京培黎职业学院、数字中国研究院、法中交流促进会、福建省产权交易中心、福建省企业与企业家联合会、福建省区块链协会、熵链科技（福建）等众多权威机构与单位联合发起，由厦门海峡链科技有限公司提供技术运营支持，建设的新一代区块链底层技术服务平台。

海峡链自主研发"一核双翼"的区块链架构，由核心链提供链上监管治理，在"两翼"的开放共识链和开放许可链上，开发者可根据不同的使用场景快速、灵活地搭建区块链基础服务，方便不同区块链应用场景的灵活开发、部署和应用，并支持低成本的多链扩容。海峡链技术框架如图 5.5 所示。

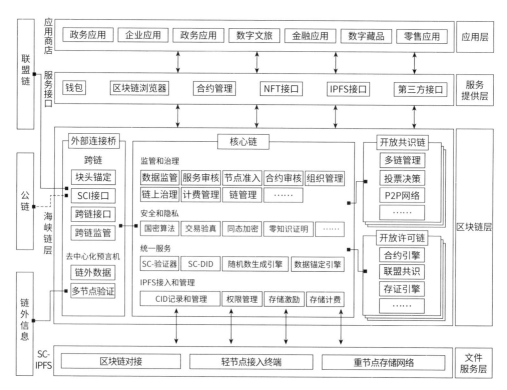

图 5.5　海峡链技术框架

（一）区块链层：海峡链的核心

区块链层由核心链、开放共识链、开放许可链及外部连接桥组成。区块链层是整个海峡链最核心的部分，负责各项核心工作，包括链上治理、数据监管、合约审核和计费管理等。

1. 核心链

核心链是区块链层的监管中心和信任锚点。各条开放共识链和开放许可链上的数据会定时打包，提交至核心链完成块的锚定，从而赋能核心链对子链数据进行监管，各条子链还可以通过数据锚定以核心链为渠道完成跨链。同时，开放许可链和开放共识链上的区块链交易可以在核心链上获得有效性验证。

核心链也负责对开发者和区块链应用进行监管治理。开发者或企业需要完成实名认证，才可以在海峡链上提交智能合约、部署区块链应用等，并且提交的服务或应用必须经审核通过，才允许部署到开放许可链上。为防止海峡链上出现不符合国家法律法规的区块链应用，链上智能合约的部署需要公开源码并进行合约审查，合约审查过程也会记录在核心链上以供监管追溯。

对整个海峡链的治理也是在核心链上由监管委员会投票完成的，如对海峡链使用成本的管理和监管委员会成员的变更等。

2. 开放共识链

开放共识链主要满足中小企业或消费者的应用开发需求，数据公开透明，所有人均可通过区块链浏览器查询和浏览数据。其内置了 SC-Runtime 虚拟机，能够兼容 EVM，支持智能合约运行，并提供丰富的开发库和开发者工具，方便开发者在其上开发应用及提供服务。此外，开放共识链 ZONE 可根据业务需求部署多条链，从而具有无尽的扩展性，解决 TPS 限制问题。

开放共识链是多链结构，可以由不同行业和场景的多条链组成。不同的链可以采用不同的共识算法，只需在链内达成共识管理，各条链在技术上相互隔离，但在核心链的监管下，可通过核心链跨链互通。

开放共识链采用 POSA 共识算法，每个共识节点出块权重不同，共识节点间采用实名交换公钥的形式达成共识，根据权重计算下一个出块节点。开放共识链具有容错性能强、可扩展性强、性能优越和简单易用等优势，是分布式系统中一种非常有吸引力的共识解决方案。

3. 开放许可链

开放许可链主要满足政府或行业联盟间的用链需求，链上数据可监管，可根据业务情况自主选择是否对外开放，节点需经申请认证后方可加入开放许可链。其支持 Go 和 Java 智能合约，可于企业内本地化部署，也可托管或共用，灵活方便。它集成了可视化区块链管理和监控平台、可信身份系统和隐私保护功能，降低了联盟链业务开发门槛及使用成本。

开放许可链包含多条子链，每条子链上将有多个组织同时参与，各条许可链上的数据默认不对外开放；许可链上的用户可以申请创建许可链，并邀请互信的部门或企业共同加入管理，链上的节点可以在企业内部本地化部署。许可链适用于多个政府部门或者企业间合作，整合业务链与产业链，建立统一的互信工作平台。同时，海峡链还提供内置智能合约，以及面向场景的隐私保护、隐私计算方案，最大化降低许可链的使用门槛，方便企业部署许可链应用。

4. 外部连接桥

外部跨链桥由跨链 HUB 和预言机组成。跨链 HUB 集成了 SCI 接口，支持与同构或异构的区块链完成跨链交互。预言机负责为海峡链生成并传输预言机报告，准确反映外部事件和计算的状态。预言机节点软件可以接入区块链和 API 接口读写数据，执行链下计算，并生成预言机报告。

预言机采用了一些与区块链相同的机制，如：去中心化验证、加密签名，以及在海峡链服务等级协议（SLA）中规定的经济激励和声誉机制，以实现预言机报告的信任最小化。比如，预言机利用了去中心化的预言机网络（DON）传输聚合的 Data Feeds，降低从数据源、计算到传输上链等各个环节的单点失效风险。

（二）文件服务层：分布式存储解决方案

海峡链的文件服务层集成了自主研发的 SC-IPFS 存储网络，为区块链层提供数据支持，可实现链下数据去中心化存储、数据确权、隐私保护和永久存储。SC-IPFS 存储网络由区块链对象、重节点存储网络和轻节点接入终端组成，结构如图 5.6 所示。

SC-IPFS 存储网络对节点进行了区分，重节点提供存储服务，轻节点提供终端访问服务，并且每个 IPFS 节点都连接到链上，在链上对平台层面各个节点间需要配合和沟通的内容进行共识。

SC-IPFS 存储网络为开发者提供存储服务，为用户提供可信任、不可篡改、公开透明的文件存储和管理服务。同时，开放存储生态，让文件存储服务供应商能够参与进来，建设 SC-IPFS 存储网络并获得激励。

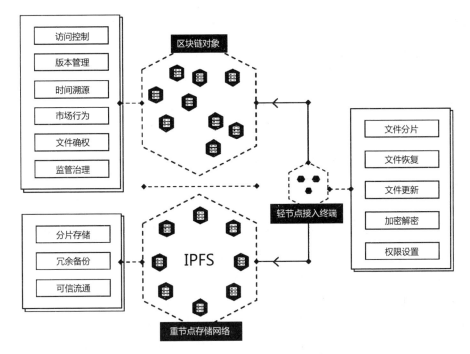

图 5.6 SC-IPFS 存储网络的结构

（三）服务提供层：开发者工具

服务提供层抽象封装了一系列服务接口及开发工具，包括钱包、区块链浏览器、合约管理、NFT 接口、IPFS 接口、第三方接口等应用开发工具，为企业和开发者提供了技术支持，降低了开发者的开发门槛。

（四）应用层：服务于企业用户

应用层主要是企业应用服务市场，提供一系列由官方或开发者开发的智能合约应用及服务。企业可以在应用服务市场中选购 NFT、DAO、存证溯源等各种类型的服务或应用提供给用户使用。开发者可以通过海峡链的应用服务市场，为不同的企业组织，提供成熟、安全、可靠、便捷的区块链应用。同时，应用服务市场也为区块链开发者提供变现渠道。

三、创新点

亲监管，易治理，高级别安全保护，满足多样化业务需求

（1）亲监管、易治理。响应国内的区块链监管合规要求，海峡链引入监管

73

委员会作为监管组织，完成链的节点治理和链上数据监管工作。监管组织可以在链上部署监管节点，监管链上数据，审查智能合约。此外，海峡链用户均须完成实名认证，完成链上链下身份绑定。

（2）高级别安全性。海峡链实现了包括网络准入、文件权限管理和内容审查等一整套安全机制。同时，海峡链支持完整国密算法体系，支持同态加密和零知识证明的隐私计算，最大限度地保障链上数据的隐私和安全。

（3）支持多链和跨链。海峡链采用一个核心、多链合作的架构，除了能较好地平衡区块链的安全性、可扩展性和性能，多链结构支持平行扩展，能够突破单链 TPS 瓶颈问题，大幅提升系统整体的吞吐量，同时降低交易时延。同时，海峡链提供外部链接桥，在技术上支持与公链跨链互通。

（4）安全的分布式文件存储。海峡链独有的"许可 IPFS 存储网络"提供了完善的分布式文件存储方案，能对文件的访问权限、版本进行管理。所有对文件的管理、查看、分享均被记录在链上，极大地扩展链上应用的服务能力，优化区块链应用的安全性和可信性，并改进 IPFS 网络结构，解决原生 IPFS 文件存储不可靠的问题。

（5）灵活的分布式标识系统。在链上身份方面，海峡链设计了 SDID "分布式标识系统"，支持同一用户以不同的平台身份进行信息互通、平台间证明；企业可以依靠可验证的用户信息来简化其运营，从而免除作为数据托管人的成本和风险。同时，海峡链的 SDID "分布式标识系统"在编码中加入用以标识 DID 所代表的身份的类型参数，让 DID 更加切合不同的场景；加入 ens 信息，让用户身份的检索更加便捷。海峡链的 SDID "分布式标识系统"标准目前已被 W3C DIDs 国际标准收录。

（6）满足多样化的业务需求。海峡链采用兼容多链架构，设计模块化功能组件，独立封装接口，提供 SDK 开发工具等基础设施，针对监管和去中心化不同场景的需求定制，以满足政府、企业、个人开发者的多样化业务需求。

四、效果效益

带动企业的数字化转型，加速了数实融合的发展

海峡链自上线以来，累计接入 200 多个开发者及平台，当前区块总高度为 7000 多万，总链上交易数达 1400 多万，链上活跃用户地址数为 60 多万，IPFS 存储文件 5 万多 TB，并且链上数据仍在快速增长。在溯源、存证、知识产权、工业、环保、公益、文化、零售等领域部署超过 200 多个实体经济场景，底层支持了"元宇宙（武夷山）旅游星链""链尚武夷""方特海峡链""邵武和平链""妈祖链""阅木链""特步步星云""华宇揽悦""国广数藏""98 贸洽会（中国国际投资贸易洽谈会）""世界物联网博览会"，以及"两会"（各级人民代表大会和人民政治协商会议，以下简称"两会"）期间最高人民检察院新闻办公室指导的"两会看检察"等多个区块链应用场景，为推动区块链技术和实体产业的融合创新发展起到了示范性作用，带动了企业的数字化转型，加速了数实融合的发展。

海峡链作为区块链底层基础设施和技术提供商，将不断努力研究区块链底层技术、探索区块链创新应用场景，激发技术和科技创新的潜能，为海峡链的开发者、政务及企业用户，以及合作伙伴提供更加完善的区块链技术服务。

03 区块链产业链金融应用实践

布比（北京）网络技术有限公司

一、案例背景

以区块链技术为底层的产业链金融平台提供了行业发展的新模式、新业态和新机遇

随着现代产业金融对不同行业运行模式的深入研究，将单一、分散的运输、仓储、贸易、结算等服务组合为产业数字化服务产品，实现商流、资金流、信息流、物流"四流合一"，为产业链各参与方节约成本、提升价值，成为行业发展的基准方向。

运用以区块链技术为核心的产业链金融服务平台，能够有效连接产业链相关企业与金融机构，促使产业链"四流合一"，从而构建互信共赢的产业链生态系统，使处于产业链远端的中小型企业借助产业链条的信用，解决融资难、融资贵的问题。

二、方案详情

打造高性能、高可用、易扩展的区块链底层平台，构建分布式商业应用生态

（一）方案介绍

本方案以基于区块链的信息化平台为切入点，探索出一条可落地、有实效、能推广的产业链金融新路径，构建一个真正由多方参与、多方构建、有产业特色的"区块链+产业链"金融科技服务平台。同时，基于区块链技术的新生态模式将在产业链全流程场景中精准匹配多方资源，在产业链条中，企业支出和收入的资金发生在不同的时刻，利用区块链技术和产业链生态填补资金缺口。

在企业下达订单与接收货物之间存在着资金缺口，一旦上游供应商产生资金困难，就很难采购所需要的原料或产品；在接收存货和形成产品销售之间也存在着资金上的压力，因为库存管理活动需要资金支持，并产生库存持有成本；而在销售产品和下游客户支付现金之间也存在一定程度的资金缺口，形成所谓的应收账款；在支付现金和实际接收现金之间产生了现金转换周期，从而对上游企业产生资金上的压力，因为如果不能及时获得资金，就可能对企业的现金流产生不利影响，使正常的生产经营活动出现困难。基于供应链各环节资金需求匹配金融场景如图5.7所示。

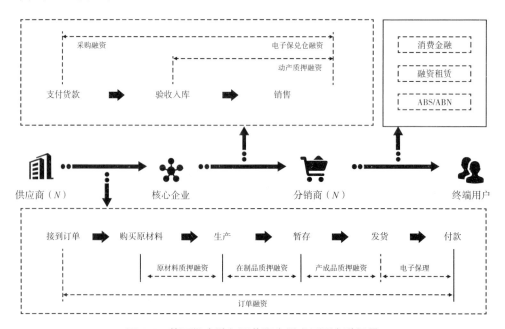

图5.7　基于供应链各环节资金需求匹配金融场景

在传统的产业链商业模式中，以制造业核心企业为例，商票是最常用的赊销凭证。在原有的产业链金融服务中，也存在票据的转让、抵押等服务。但这些服务存在的前提都是以票据的持有方为服务对象的。而在商票中，仅能体现合同双方及合同额等简单的信息，无法将产业链条的信息都体现出来，因此也就无法对这种商业行为信用进行有效的传递。

通过区块链技术，可以将商票的信息上传写入区块链平台，记录到区块链上。通过区块链的价值传递特性，能够将商票中的部分信用拆分传递给上游企业，把传统企业贸易过程中的赊销行为，用区块链技术转换为一种可拆分、可流转、可持有到期、可融资的区块链记账凭证，来共享核心企业的信用，使得基于核心企业应付账款下的付款承诺可以按照各业务实际发生金额流转到多级供应商，从而实现将核心企业的信用传递给其上游各级供应商。

金融机构能够在区块链上查找到各级供应商企业的融资申请，并能够溯源到最初源头的融资凭证，从而根据自身金融机构的风险评估，给予各级供应商相应的资金服务。通过这样的方式，实现将核心企业的信用价值传递给其各级供应商，帮助其供应商以更低廉的成本获取到资金支持。利用区块链凭证融资的新模式如图 5.8 所示。

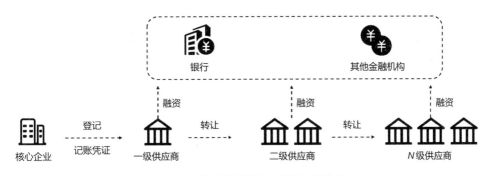

图 5.8 利用区块链凭证融资的新模式

链条上的任意供应商融资都可以享受到核心企业整体授信下的优质信用，降低整个链条的融资成本，释放 / 传递核心企业信用，打破信息不对称，降低信任成本，优化资金配置，为其他环节供应商带来融资的可行性和便利性，为金融机构提供更多的投资场景，提高碎片化经济下的资金流转效益，让多级供应商享受低成本金融服务，为我国经济转型升级提供了重要的途径和发展机遇。

（二）产业链金融服务平台业务架构

布比的产业链金融服务平台建设整体由微服务系统框架自动管理，系统框架会通过各种组建保证系统的服务发现、负载均衡、错误熔断、自动保护和恢复等机制，保证系统的可靠性和稳定性。此种架构模式经过实践验证，能够满足实际业务需要，对分布式服务的管理和应用具有良好的支撑作用。产业链金融服务平台采用 B/S 结构，支持 IE 11 及各个采用 IE 内核的常用浏览器，布比产业链金融平台整体架构如图 5.9 所示。

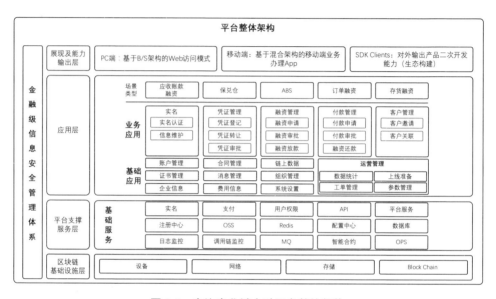

图 5.9　布比产业链金融平台整体架构

（1）展现及能力输出层：主要承载两部分功能，一是系统服务的对外暴露，为银行客户体系下的关联企业用户等提供完成相关业务操作的承载平台及功能界面，根据业务属性及业务规划，系统未来可提供 PC 端操作界面及移动端操作界面，方便用户根据自有情况进行灵活选择；二是系统产品构建及各模块能力的对外输出，系统提供已封装完成的 SDK Clients，方便功能模块快速嵌入其他系统及第三方功能界面。

（2）应用层：主要包括业务应用及基础应用两部分。在业务应用层面，根据业务场景的需要，平台将提供应收账款融资、保兑仓、ABS、订单融资、存货融资等多项大类产业链金融应用场景功能支持，同时也提供实名认证、凭证管理、融资管理、付款管理和客户管理等业务类应用。在基础应用部分，系统主要提供账户管理、证书管理、链上数据及运营管理等基础功能，该基础功能部分除支撑现有业务外，还可用于其他场景类业务功能的快速拓展。

（3）平台支撑服务层：提供认证授权、服务发现、容错、数据中心、控制台、配置中心、日志监控、调控、缓存、MQ 等业务支撑能力。同时，提供新版本发布系统及镜像管理功能，方便开发及运维人员对系统开展功能更新及备份工作。

（4）区块链基础设施层：布比区块链立足安全、自主、可控的原则，旨在构建商用级区块链基础设施，打造高性能、高可用、易扩展的区块链底层平台，面向各行业领域提供区块链运营产品，构建分布式商业应用生态。

三、创新点

高性能、可扩展的成熟商用区块链平台设计，推动形成完整的产业链金融生态圈

（一）拥有完全自主研发、安全可控的区块链底层技术

主要表现在商用级区块链技术和产品成熟度方面。在多语言智能合约、多链快速并行、跨链交互、加密共识算法、隐私保护，以及去中心化数字身份等商用级区块链关键技术上，均有领先于行业的创新突破。应用可快速构建、可视化运维、技术合规及资金账户体系等技术，形成了完整的产品服务能力。

（二）基于多中心集体维护数据思路，解决产业数据无法安全可信共享问题

借助区块链技术，搭建产业链体系内的共享账本，银行、核心企业及各级供应商可在共享账本内按照预设权限规则，安全共享业务相关数据，从而实现信息流、资金流的统一协同流转，解决信息不对称的问题。

（三）有效利用技术增新机制，确保贸易的真实性，传递核心企业信任

采用实名制、邀请注册制，确保参与方信息的真实性；债务信息需要双方审核，确保贸易的真实性；信息流与资金流同时流转，通过授权在整个链条内实现可控共享，实现核心企业信任无损传递。

（四）借助区块链智能合约技术，辅以行内账户管理体系，设计并实践应收账款自动结算场景

基于真实贸易付款约定，通过区块链智能合约技术，实现履约条件、履约方式、履约账期、履约金额的上链和智能化设置，并对接付款方对应的金融机构，实现应收账款的逐层自动结算，解决因中间供应商延期付款而造成的全链条资金流转效率低的问题。

（五）利用业务撮合平台，提升产业链金融业务效率及效果，缓解中小企业融资难、融资贵的问题

基于区块链技术，可以搭建产业链金融科技服务平台（多中心平台），实现信息撮合及对产业链金融全生命周期的业务支撑，缓解中小企业融资难、融资贵的问题。

（六）技术支撑+业务咨询+资源撮合

作为一个以"技术支撑＋业务咨询＋资源撮合"为业务输出体系的金融科技企业，我们用区块链来创新解决传统产业链金融模式下的现有痛点问题；基于我们丰富的金融业务及实操经验，为各核心企业及供应商设计并推广产业链金融业务产品；为合适的企业匹配合适的资方，建立长期稳定的"资产—资金"供给关系，使平台真正发挥金融资源对接的价值。

（七）区块链+产业链生态圈模式创新

通过具备较强产业链金融或区块链技术优势的第三方，如 ERP 系统服务商、区块链公司等，发起设立"区块链＋产业链"金融科技服务开放平台，将整个链上涉及的核心企业、资金需求方、资金提供方、担保方、数据信息服务方等进行全部连接与整合，共享数据与合作，同时共同维护区块链云节点，形成完整的产业链金融生态圈。

四、效果效益

大规模应用部署显著降低中小企业融资成本，显著优化产业链金融生态环境

截至 2022 年年底，布比搭建的产业链金融底层区块链网络已部署建设 26 个稳定共识节点；构建应收账款融资、订单融资、融通仓、保兑仓、资产证券化（ABS/ABN）等供应链金融领域细分业务场景，项目合作近 30 家金融机构，服务覆盖中外运、攀钢集团有限公司、河南水利投资集团有限公司、厦门建发股份有限公司、新希望集团有限公司、新奥集团有限公司、广东中泰实业集团有限公司、上海汽车集团股份有限公司等近 200 家核心企业及 6000 余家供应商，全网资产总额近千亿元。

（一）实现产业链企业降本增效

通过产业链金融系统，促进全链条信息共享，实现产业链金融可视化，依托

核心企业信用，为中小企业提供优质的低成本资金，有效降低中小企业融资成本，提高资金流转效率，同时间接降低整体生产成本，使企业在供应链层级更有竞争优势。

（二）促进经济数字化转型升级

在国家鼓励应收账款融资发展的背景下，项目建设将深入研究产业链金融行业的痛点，结合区块链技术不可篡改、多方共享的分布式账本特性，打造产业链金融平台，推动区块链技术与产业链金融进行创新性的结合，将对产业链金融生态环境产生显著优化效应，缓解中小企业融资难题，为我国经济转型升级提供重要的途径和发展机遇。

04 区块链危化安全生产数字化智能管控应用实践

杭州宇链科技有限公司

一、案例背景

推动应急管理体系和能力现代化，提升工业企业生产本质安全水平

（一）重特大事故多发，急需推进危化品治理能力现代化

危险化学品领域重特大事故多发，安全生产仍处于爬坡过坎、攻坚克难的关键时期。作为流程工业，在危险化学品领域推动工业互联网、大数据、人工智能（AI）等新一代信息技术与安全管理深度融合，是推进危险化学品安全治理体系和治理能力现代化的重要战略选择，对于推进危险化学品安全管理数字化、网络化、智能化，高效推动质量变革、效率变革、动力变革，具有十分积极的意义。

（二）促进企业和监管部门安全管理数字化转型赋能

为贯彻落实习近平总书记关于"深入实施工业互联网创新发展战略""提升

应急管理体系和能力现代化""从根本上消除事故隐患"的重要指示精神，国家有关部门相继发布了《"工业互联网＋安全生产"行动计划（2021—2023年）》《"工业互联网＋危化安全生产"试点建设方案》，推进新一代信息技术和危险化学品安全生产深度融合，实现数字化转型、智能化升级，强化安全生产基础和技术创新能力，构建"工业互联网＋危化安全生产"技术体系和应用生态系统，提升安全生产风险感知评估、监测预警和响应处置能力，排查化解潜在风险，牢牢守住不发生系统性风险的底线，为促进企业和监管部门安全管理数字化转型赋能。

基于上述背景，宇链科技充分利用区块链新一代信息技术，融合物联网、移动互联信息技术，以风险监测预警和实时感知为重点，聚焦事故频发环节，构建出软硬件集成的危化安全生产数字化（区块链）监管平台，实现安全生产动态管控、实时管理，提升现场管控效能、减少操作的随意性，降低事故发生的可能性。

二、方案详情

区块链结合大数据、物联网实现安全生产全要素监测、全过程管控、全时空感知

本系统结合以预防为主的安全生产需求及理念，基于大数据的智能化决策支持进行管理，研究包括重大危险源管理、危化品管理、危险作业管理、隐患排查管理、风险辨识管理、安全教育培训管理、设备安全管理、人员安全管理、安全生产知识库管理、智能巡检管理、应急管理等业务功能，实现政府或企业安全生产全要素监测、全过程管控、全时空感知。

（一）构建区块链危化品数字化全流程管控的应急指挥平台

基于区块链底层平台并结合 GIS 地理信息系统建立应急指挥平台，打通企业与政府部门的数据连接，以及企业内部各部门、单位间和独立的信息系统平台的壁垒，实现数据的集成、共享，应用于日常的应急监控业务体系，并为重大突发事件的指挥调度和决策分析、指令下达提供空间分析和决策支持，同时通过集成物联网设备设施，实现重要参数的可视化实时监控，具体包括一企一档、重大危险源管理、危化品管理、特殊作业许可与作业过程管理、风险分级管控和隐患排查治理管理、智能巡检、设备安全管理、人员定位、培训管理和应急管理等模块。

（二）构建可信的实时预警模型平台

通过宇链专有的可信物联网平台收集相关的资料信息，监控风险因素的变动趋势，同时评价各种风险状态偏离预警线的强弱程度，向决策层发出预警信号并提前采取预控对策。使用宇链科技首创的区块链安全芯片可以确保数据上链安全。首先，构建链上可信预警系统评价指标体系，并对指标类别加以分析处理；其次，依据预警模型，对评价指标体系进行综合评判；最后，依据评判结果设置预警区间阈值，并采取相应的对策。

（三）构建移动端管理平台和数字驾驶舱

系统支持当前主流移动平台Android（安卓）和iOS（苹果）的移动终端应用，实现隐患排查、作业办票、在线考试、在线学习等业务功能主要工作流程提醒和处理等系统延伸，同时支持在线视频、关键工艺报警数据信息实时监控和预警消息接收。帮助决策者及时准确地获取现场的第一手信息和资料，方便决策者对应急事故做出快速、有效的处置。

三、创新点

促进监管"降本增效"，赋能公正柔性执法，保护企业数据安全

（一）通过软硬一体化、全流程可信，实现监管人力"降本增效"

通过软硬（区块链+前端物联网硬件）一体化可实现全流程全链路可信的数据通路，可大大降低监管人员上门核查的频率，降低人力消耗成本。同时，由于数据覆盖了危化品日常使用全流程、全闭环情况，使得监管范围扩大、监管效能提升。

（二）真实、透明监管，促进公正柔性执法

通过区块链实现被监管主体和监管者账本的一致性和数据的不可篡改，使得被监管方明确自身行为记录的确定性和承担相应后果的必然性。一是方便公安执法，二是通过天然的不可篡改性避免公安面临"拟上市企业压力""走关系"等难题，三是起到固证的作用。

（三）区块链数据安全可信共享，实现权责分明"联查联改圈"

基于区块链的高可信数据共享技术，支持数据全流程高可信、高安全地共享应用，公安、应急管理、生态环境、交通等部门可实现权责分明的"联查联改圈"，实现问题相互抄送、处置相互通报和风险相互预警。

（四）数据加密，保护企业经营数据隐私安全

平台上存在大量企业日常经营数据，其中可能涉及企业的商业机密信息，为防止被其他同类型竞争企业获取，区块链可通过数据加密及链上权限控制有效地保障企业隐私数据安全。

四、效果效益

精细化安全生产管理，守护人民生命财产安全

（一）减少安全投入成本，降低事故率，提升安全管控覆盖率

项目实施以后，通过智能化的改造实现生产经营过程的智能化管控，从而提高生产效率和产品质量，降低生产成本和人工成本，提高管理水平，达到提升经济效益的目的；生产安全管理用工成本减少，每年降低用工成本20%；同时，通过人工智能算法、大数据分析，实现全时段、全流程、全要素的安全管控，有效识别隐患，提升安全事故隐患检出率，风险关口前移，生产环节非计划停车事故率降低50%。

（二）切实保障人民生命财产安全，守住安全红线

危化品安全生产数字化（区块链）智能管控平台通过对可信数据的实时监测、建模分析，有利于增强领导决策的科学性，进一步提高安全生产工作的针对性，及时解决出现的新问题和新矛盾，加强对危险因素的控制，防止重特大事故的发生。有利于推动企业加快利用安全生产信息化技术加强内部监管，实现在业务运作、人员管理、技术支持等方面进一步规范化、标准化和高效化，使安全员可以便捷、高效地开展日常工作，并且实现处处留痕，系统自动记录汇总数据，减少重复劳动，有助于"减员增效"，管理人员可以全面、实时地把控安全员的所有工作，有助于第一时间发现隐患并采取整改措施，有效保障人民生命财产安全。

（三）实现安全生产精细化管理，提升服务水平

通过危化品安全生产数字化（区块链）智能管控平台，实现危化安全生产的精细化管理。运用企业档案，可以实时跟踪了解每个企业的基本情况，以及安全生产检查情况和隐患整改情况，并可以进行纵向隐患整改情况对比分析，实现对企业的长效管控；运用视频监控，可以实现对重点企业的动态实时管控。此外，还可以实现对安全员的"一对一"式管理，提高安全员的工作水平和效率，进而提升安全生产监管工作效率，有助于实现精细化、智慧化的管理，提升服务水平。

05　基于区块链的碳排放管理综合服务应用

国网区块链科技（北京）有限公司

一、案例背景

以区块链技术赋能企业碳排放全链条可信管理，创新碳排放管理模式

随着国家"双碳"目标的纵深推进，数字技术在提升碳排放管理水平和能力方面发挥的作用日益凸显。企业作为碳排放的主要来源，在加速推进绿色低碳发展的过程中面临着技术、机制等方面的诸多挑战。一是碳排放管理对数字技术的综合运用提出了更高要求，需要区块链、大数据等技术的融合创新，以及多业务系统的综合应用，来实现对碳排放数据采集、汇聚、分析、交互等工作的全面管理；二是跨业务领域的协同减排面临挑战，在国家"双碳"目标背景下，如何运用先进的数字技术，打破行业、企业之间的数据壁垒，统筹电、碳相关数据的采集、转换、交互、共享、共用，支撑碳监测、碳核查、碳交易等业务的发展，成为能源行业协同减排的技术难点；三是数据流转过程中的隐私性、完整性和真实性保障面临技术难题，碳排放数据直接反映企业的生产情况，数据在企业、行业、第三方机构、碳市场流转过程中可能存在非法使用、敏感信息泄露等风险，同时由于部分地区及企业碳排放信息基础设施不足，且缺少准确、及时、可信、可靠的技术手段，相关部门无法精确地掌握各行业、各企业、各时期碳排放的真实情况，会误导政府决策，影响企业的碳排放战略规划。因此，构建可信、准确、安全的碳排放管理体系，服务于国家、行业、企业，已成为当今社会的共识。

区块链作为一项新兴信息技术，其群体协作、去中心化、不可篡改、公开透明等特性，与能源行业绿色低碳发展需求十分契合，通过与大数据、物联网等技术的融合应用，可实现碳排放数据采集、碳排放监测和碳排放追踪的全流程一体化管理，助力提升碳排放数据核算效率，达成电力市场和碳市场的有效衔接，服务政府监管与考核，助力能源电力行业绿色低碳发展。

国网区块链科技（北京）有限公司紧抓"双碳"发展新机遇，充分发挥电网数字化技术、电网数据等资源优势，建设了基于区块链的碳排放管理综合服务应用平台（以下简称"平台"），打造了集碳排放数据采集、传输、共享、统计等一站式的碳排放服务，为企业提供高效的碳排放管理工具，为政府提供穿透式的监管手段，助力构建支撑碳排放核查与监管技术体系，提升碳排放监测数据质量，打造更透明、更智能的碳市场环境，助推"碳达峰、碳中和"目标如期实现。

二、方案详情

依托自主可控的区块链基础设施，打造面向多类型企业的碳排放综合管理典型应用

（一）技术架构

平台通过突破区块链智能合约、共识算法、跨链等关键核心技术，深化与大数据、物联网等信息技术的融合应用，构建自主可控的区块链基础设施，面向能源电力上下游企业，打造基于区块链的碳排放数据采集、存证、查验管理、碳排放权交易履约管理、碳标签认证等数字化碳排放管理服务。

平台技术架构如图5.10所示，涵盖硬件基础设施、关键技术、服务能力、系统运维、系统管理5个部分。

系统运维		身份管理	隐私保护	数据管理	区块链治理	智能合约	跨链服务	系统管理
· 安全防护	服务能力	· 身份识别	· 隐私交易	· 数据归档	· 权限管理	· 合约管理	· 跨链网关	· 接入审批
· 系统监护		· 密钥分割	· 分区共识	· 数据缓存	· 节点监控	· 合约模板	· 验证引擎	· 业务隔离
· 本链监控		· 电子签名	· 分区交易	· 数据留痕	· 链路管控	· 合约安全	· 跨链安全	· 系统适配
· 跨链监控	关键技术	· 国密保护技术		· 异构跨链技术		· 安全传输技术		· 跨链管理
· 状态监控		· 高效共识算法		· 大规模组网技术		· 并发能力优化		· 权限管理
		· 合约执行引擎		· 数据追溯技术		· 存储优化技术		
硬件基础设施		· 国产数据库		· 区块链芯片		· 国产服务器		· 区块链加速板卡

图 5.10　平台技术架构

（二）系统平台运行机制

平台采用模块化分层设计机制，实现区块链平台之间，以及区块链平台与各业务系统之间灵活、便捷、安全的交互应用，平台设计基础层、组件层和业务层三层架构，支持超1000节点大规模同异构区块链平台的跨链交互。目前，已实现与"长安链""天平链"等平台的跨链交互。其中，基础层为跨链代理，其各

个组件可提供基础服务，主要包括日志、数据库和网络处理等；组件层提供业务流程调用的各种组件，包括通道、路由器、监听器、证明器、适配器等；业务层主要负责业务流程控制，包括多种处理接口及事务管理器。

为保障平台交互数据及运行的安全，采用可插拔的加密机制，对碳排放管理业务全生命周期所涉及的数据、用户、通信连接制定个性化加密策略，通过完全支持国密算法的多级加密机制，保证平台数据的安全。同时，设计分区共识和隐私交易两种机制，实现隐私保护。其中，分区共识支持将敏感交易数据的存储和执行空间隔离，允许部分区块链节点创建属于自己的分区，分区成员之间的数据交易，以及存储对其他分区中的节点不可见。隐私交易通过在发送时指定该笔交易的相关方，交易明细只在相关方存储，隐私交易的哈希在全网共识后存储，既能够保证隐私数据的有效隔离，又可验证该隐私交易的真实性。

（三）业务流程

基于区块链的碳排放管理通过与已有业务系统的集成应用与数据交互，支撑开展碳排放监测、汇总、统计等服务，助力构建科学的碳排放核算模型，辅助碳排报告、碳交易、碳排预测等应用开展，助力政府、企业、监管机构等全面、准确、可靠地掌握城市、企业、园区等各类场景的碳排放数据和碳排放结构。通过对碳排数据的深度分析，进一步盘活企业碳资产，服务开展精准透明的零碳闭环管理，为区域实现低碳发展战略提供量化决策依据及管理措施，助力实现碳中和。区块链+碳排放管理应用架构如图5.11所示。

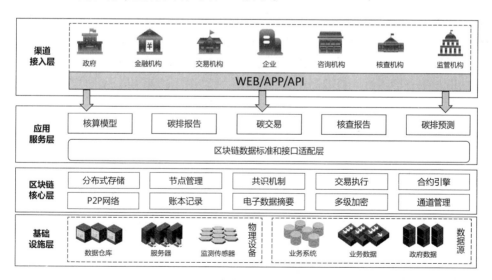

图 5.11　区块链 + 碳排放管理应用架构

1. 碳排放能耗监测信息可信存证

利用区块链技术，打通电力调度、采集、营销、生产等系统数据，推动企业能源全流程数据上链存证，构建各类能源资源的精细化监测机制，在撷取能源供给状态数据的同时，将关键数据分拣出来，满足政府、企业的监管、决策、查询、结算等需求，结合能耗采集数据及阈值，形成能耗信息监测滚动列表，对于超出阈值范围的信息进行自动预警提醒。具体功能按照能源类型可细分为以月度形式申报电、气、热、煤、油等各项监测。

2. 碳排放监测辅助分析

根据企业能耗排放量，研究用能碳排放动态系数，建立碳排放数据分析模型，监测企业动态碳排放情况，形成监测列表，根据阈值设置进行预警提醒。将能耗数据、碳排放数据形成曲线，更直观地看出能耗、碳排放波动情况。通过实时、历史两种曲线实现园区碳排放监测，结合区块链链上数据安全存证，保障监测的真实性和准确性。其中，实时曲线从访问功能时间节点开始，每接收一条最新数据即绘制一个点，逐步形成曲线，反映当前数据波动的最新情况；历史曲线主要用于历史数据趋势绘制，选定起止时间，系统自动根据时间范围形成数据曲线。

3. 能耗调节应用

根据碳排放详情数据统计企业一定周期内的碳排放总量，并与同比、环比数据进行比较，比对增量增幅，绘制碳排放趋势图，自动识别能耗高峰。根据企业各用能服务，研究典型工业用户的能耗替代方案，综合减碳需求，通过构造合理的激励、惩罚机制，按照能耗替代方案评级，分析各方案所需的代价，形成自适应奖惩机制，构建工业用户碳排放自适应调节机制，引导工业用户碳排放的合理化。通过用户参与就地消纳可再生能源响应活动，提高绿电资源利用率，降低发电侧的基础建设成本，调动市场用户的积极性。

三、创新点

创新碳排放数据管理模式，提升企业碳排放管理数字化、智能化水平

（一）构建一种适用于能源交易业务规则、弹性可插拔的智能合约技术架构

创新性设计具有低耦合、可插拔、高并发、跨平台特性的智能合约架构，建

立高效的智能合约并发、合约升级退出机制，实现智能合约的指令预编译及独立非冲突合约的并行执行，突破智能合约在面对大规模分布式交易，以及多场景模式下执行效率低、启动速度慢等难题。研发适配多种能源交易规则的原子智能合约，解决智能合约与单一交易业务的强依赖关系导致的问题，全面提升智能合约研发效率和能源交易效率。

（二）推出可服务能源行业上下游的碳排数据一站式可信管理模式

应用区块链技术实现企业碳排放数据采集、存证、管理、查验、管控链上一站式服务，推动企业碳排放数据的全流程上链存证、固化、追溯，保证了数据的真实性和可信性。应用区块链联盟链，实现企业、碳交易平台、第三方核查机构、政府监管等参与节点数据的实时同步和数据共享，实现了企业碳排放数据从生产、存储、查验、监管全环节的一致性，形成一套数据，为国家节能减排政策、环境保护提供数据支撑。

（三）提出基于数据可信采集与安全计算的碳计量方法

结合当前碳采集面临的场景各异、数据来源多样等现状，提出了基于区块链的数据可信采集与安全计算的碳计量方法，通过融合设备指纹、安全加固、密钥分割等技术手段实现对生产设备、业务系统数据的可信采集，建立了链上身份快速验证机制，确保数据来源的可靠性。结合智能合约技术将企业碳排放因子与测算进行合约化编程，实现碳排放数据在计量装置内的转换与测算，减轻区块链网络运算负载，提升碳排放测算效率，并通过装置的可插拔式接口设计，提升碳排放因子智能合约的灵活部署与替换，有效地破解了碳排放信息采集过程的实时性和真实性保障等问题。

四、效果效益

深化赋能企业数字减排，助推产业绿色低碳发展

（一）应用效果

本案例可面向工业用户、重点用能单位开展基于区块链的碳排放管理业务，提供基于区块链的碳排放数据采集、存证、履约、查验等全流程的碳排放数据管理服务，支撑企业开展碳减排核查、交易等应用。目前，已在北京、河北、河南、甘肃、吉林等地开展应用。在北京地区，服务 50 余家工商业用户及近千户居民用户，上链数据万余条，支撑履约主体计算碳排放量 2000 余吨、碳减排量 50 余吨。

在河北地区，基于区块链电碳协同应用，实现了对发电、石化、钢铁等重点行业碳排放数据实时感知、碳排量分析、碳排放结构分析，解决了双碳管控工作的零散化问题，为政府双碳政策制定提供数据支撑。在河南地区，落地兰考县园区企业碳排放管理，完成兰考县域 300 余家园区企业数据接入，接入数据 31832 条，上链数据达 5000 余条，实现碳排放全生命周期管理，提升碳核查效率超 50%，降低成本约 40%。在甘肃地区，基于区块链汇集数据与分析，指导平凉海螺水泥厂开展节能降耗工作，实现企业节约标煤 27 万吨，减少二氧化碳排放 67 万吨。在吉林地区，为白城市 20 余家重点排放企业提供基于区块链的碳排放监测、碳资产核查服务，碳排放管理数据年存证量 100 万条，辅助企业减少二氧化碳排放量 1160 吨。

（二）经济与社会效益

基于区块链的碳排放管理综合服务平台以区块链技术为底座，融合大数据、人工智能等先进的信息技术，汇聚多方数据资源，有效地实现了能源产业资源高效调配、信息有效共享、数据可信融通。同时，积极践行国家深化先进低碳技术应用的发展战略和行动方案，全力推动低碳技术的创新发展，以先进数字技术助力优化碳排放管理过程中的采集、交易、核算等市场机制，强化在碳排放管理中企业、部门间的协同能力，对于加快构建绿色低碳、安全高效、城乡一体、区域协同的现代能源体系建设具有良好的推动和示范作用。平台通过对能源行业多源数据的整合、统计、分析，可直观地展示企业、园区的碳排放情况。通过区块链智能合约算法融合人工智能技术，可周期性地测算出企业的能源消耗和碳排放管理水平，发挥平台的监测管理作用，为企业做好碳排放管理监测、评估。根据测算数据横向对标市级碳排放水平，提出相关建议及下一步的应对措施，为企业摸清碳家底、实现能耗"双控"，助推产业转型升级，提供了新型解决方案。

06 基于区块链的5G网络共建共享协同管理实践

联通数字科技有限公司

一、案例背景

共建区块链跨运营商网络协同管理基础设施，中国联通与中国电信联合打造高质量信息通信网络

基础设施的共建共享可以让参与主体分享公共资源，节约建设成本，减少重复建设。另外，基础设施共建共享也可以促进创新和可持续发展，通过合作，参与主体可以共同研发和推广新技术，促进资源合理分配和互利共赢。

5G作为新基建的领头羊，是新型基础设施的底座，是云网融合的最佳实践。党中央、国务院高度重视5G发展，多次就加快5G商用、推动5G共建共享做出重要部署。

中国联通和中国电信作为"新基建"的5G技术先行者、5G建设实践者，积极开展5G网络共建共享，认真践行创新、协调、绿色、开放、共享新发展理念，推动供给侧结构性改革，扛起企业数字化转型标杆旗帜，肩负5G赋能千行万业重任，助力国家早日实现社会主义现代化强国之目标。

然而，随着共享网络规模的扩大，在电信网络基础设施协同运营工作过程中逐渐凸显出一系列问题，包括数据互通缺乏可信保障、管理行为缺乏可信依据、业务优化缺乏可信协同、运营权责缺乏可信监管等，这些问题制约着双方合作效率的提高。

为解决上述问题，2021年，中国联通与中国电信启动了基于区块链的共建共享生产调度云平台建设项目。在双方5G共建共享工作组的统筹下，联通数字科技有限公司与天翼电子商务有限公司组成联合研发团队，承担了区块链模块的开发工作；与此同时，中讯邮电咨询设计院有限公司与德特赛维技术有限公司负责联合规划、联合建设调度分析、联合办公工具研发等工作。

2021年9月，基于区块链的跨运营商网络协同管理云平台正式上线，通过整合中国联通与中国电信双方的数据资源，统一数据标准口径及规划方案的上报与审核，打通了电子协作办公流程，实现共建共享工作中联合网络规划、联合建设调度、联合运营分析的全流程全周期管理。

二、方案详情

以"平权分治，协同共管"的理念开发三类区块链协作应用场景，共建"BaaS联邦"协作体系

（一）针对业务痛点，在三类场景实现区块链技术应用

区块链技术具备数据防篡改、可追溯、重隐私等特性，在多方协同、可信互联等场景中具有独特优势，有望解决运营商共建共享双方数据互信痛点，落实合作互信机制，提升网络共建共享、共维共优效率。具体而言，基于区块链的共建共享生产调度云平台，在以下三类场景中通过区块链技术实现了业务高效协同与数据可信共享。

场景一：关键数据存证核验。实现关键网络资源和业务数据上链存证，并支持实时进行查验和数据同步，确保配置数据无法被篡改，方便对关键网络资源使用情况进行监管，实现事中监督、事后溯源。

场景二：工单调度双边确权。首先通过区块链技术实现工单双边确权，同时保证工单进程在双边能实时做追踪，同步故障原因定位、修复时间计划、实施情况等关键信息，提升网络运维的及时性，提高信息的透明度，降低双方运维沟通成本。

场景三：基于智能合约的资源调度。依据共建共享双方达成的网络资源分配规则，构造区块链智能合约资源自动分配引擎，最大化降低人工处理时延，提升资源调度效率。

（二）结合业务流程，实现架构设计创新

在业务流程上，中国联通和中国电信共同构建的联盟链与双方现有各类运营系统实现对接，为网络分配、资源调度与业务运营等场景提供各自记录、账单等数据的存证和溯源能力，通过智能合约保障网络优化逻辑的自动可信执行。基于区块链的共建共享生产调度业务流程示例如图5.12所示。

在平台架构层面，中国联通和中国电信依托云、大数据、区块链三大技术底座，在三类场景实现区块链技术应用，合作进行了联合数据管理、联合网络规划、联合建设调度、联合运营分析、联合办公协同等五型创新能力建设，支撑双方"集团—省—地市"三级架构的共享网络管理和运营。共建共享生产调度

平台架构如图 5.13 所示。

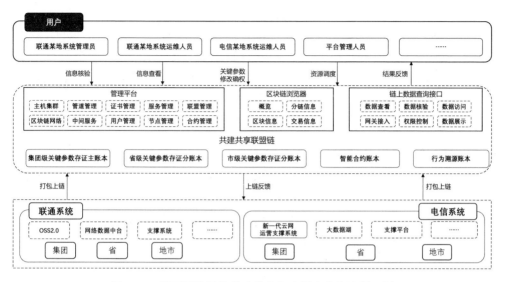

图 5.12 基于区块链的共建共享生产调度业务流程示例

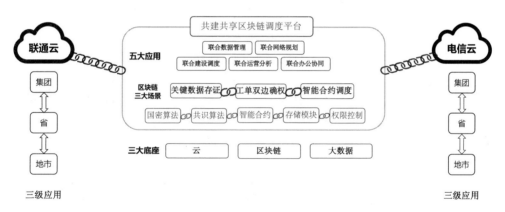

图 5.13 共建共享生产调度平台架构

此外，平台还创新性地制定了可落地的多 BaaS 平台分布式协同行业级标准，实现了多参与方对系统安全和权利对等的诉求，以自研的自主可控联通链作为区块链底层框架实现联通云与电信云的跨云部署。这种异构云间的协同组网治理，保障了共享网络架构下区块链网络的高可靠性与服务的稳定性。共建共享生产调度平台跨云分布式 BaaS 架构如图 5.14 所示。

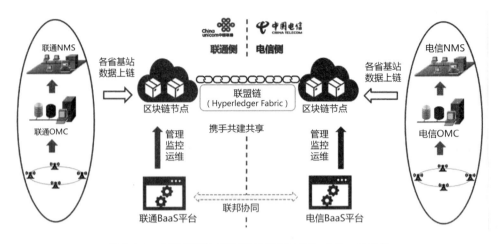

图 5.14　共建共享生产调度平台跨云分布式 BaaS 架构

（三）以"BaaS联邦"关键技术创新实现"平权分治、协同共管"

单一 BaaS 平台掌握了所有参与方的计算资源及账号密码等信息，存在单点失效和系统崩溃的风险，区块链系统数据的不可篡改性无法得到保证（BaaS 平台部署方有机会直接修改所有参与方的数据库）。

为此，共建共享区块链调度平台创新性地提出了"BaaS 联邦"的整体设计思路和框架，实现了多项关键技术突破，以"平权分治、协同共管"为设计理念，构建起不同 BaaS 平台间的互通协作体系。"BaaS 联邦"总体设计思路如图 5.15 所示。

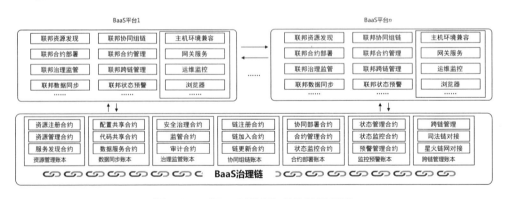

图 5.15　"BaaS 联邦"总体设计思路

在技术细节上，通过在 BaaS 治理链上维护一个资源管理账本，并部署服务发现与注册合约，以及资源管理合约，实现 BaaS 平台之间的资源快速定位及资源的可信管理与协同。不同 BaaS 平台的租户可以协同实现注册合约、创建网络及其他各类操作。比如，邀请或拒绝其他租户加入网络，以及在网络运行过程中动态添加新的节点等。此外，BaaS 治理链上部署有源码同步合约和协同部署合约，用户可以通过源码同步合约将合约源码上传至治理链，并通过协同部署合约实现单合约在多平台的部署。

在安全治理与监管设计上，BaaS 治理链上还设计了治理监管账本，并部署了安全治理合约和监管审计合约。当有新的 BaaS 平台下的组织想要接入 BaaS 联邦时，联邦内的参与方通过安全治理合约进行投票，投票结果符合规则时方可加入，以此实现跨 BaaS 平台下组织的动态接入与管理，满足 BaaS 联邦的安全治理需求。同时，监管审计合约可遍历 BaaS 治理链上的数据，形成审计报告，满足监管需求。

三、创新点

安全互信技术创新、区块链服务管理平台创新、跨域协同复杂网络组链技术创新——实现多个业内首创

（一）安全互信技术创新，夯实互信协作管理技术底座

中国联通与中国电信双方搭建的可跨云部署、跨云组链、异构云协同的区块链基础设施，满足了约定共识、承诺、协议等执行过程中需要自证或者他证的需求，进而减少因信息不对称产生的误解和沟通成本，提高协作效率。这一全球首创基于区块链的跨运营商 5G 运营调度系统夯实了互信协作管理的技术底座，全面提升了运营商间电信基础设施共建、共享、共维、共管的能力与效率。

（二）区块链服务管理平台创新，便利大规模分布式协同

基于区块链的分布式协同管理平台创新性地制定了可落地的多 BaaS 协同企业级标准，实现了在联通云与电信云环境一键部署区块链节点及构建跨域的区块链网络，同时可以对区块链网络、组织结构、成员进行动态管理。此外，平台也为原创设计开发的三类区块链应用场景提供了标准、统一的对接流程。

（三）跨域协同复杂网络组链技术创新，降低协作网络的复杂度，同时提升安全性

深度融合高安全、弹性可伸缩的跨云组网技术创新云化平台跨云部署，打造

云网融合区块链基础设施网络，实现了在联通云与电信云资源环境无边界、高效区块链组网和业务协同。同时还有效降低了跨网协同的网络复杂性，将网络通信复杂度从 N 降为 1，提升了整体的安全性及可用性，为未来百万级共享基站服务与数据管理奠定基础。

四、效果效益

"降本增效"实施效果显著，5G 网络运营效率提升一倍以上，同时减少千亿资金投入

截至 2022 年底，基于区块链的分布式协同管理平台已实现纳管的中国联通与中国电信 5G 和 4G 共享基站总数超过 200 万座，共建共享关键参数每日上链参数超两千万条，实现网络建设运营数字化管理和资源联合调度运营效率提升一倍以上。平台目前已支撑全国 31 省市自治区的参数核验存证、双边工单确权、资源调度三大场景的数据上链和业务协同工作，在需求协同和争议处理方面也极大地提升了协同工作效率，释放了更多的生产力。

（一）发挥协作优势，降低建设运维成本，带动5G大规模商用

5G 网络的基础设施建设投资巨大，依靠单一运营商之力很难在短时间内实现大规模网络覆盖。随着中国联通和中国电信 5G 共建共享的全面展开，双方开始在全国范围内合作共建一张 5G 接入网络，充分发挥双方网络资源优势，降低网络建设和运维成本。5G 共建共享项目为国家节省投资超 2700 亿元，节约运营成本约 300 亿元/年，减少碳排放超 1000 万吨/年。

5G 共建共享网络建设及运维成本的降低，也将带动 5G 大规模商用，推进5G 端网业协同发展，促进我国 5G 全产业链领先，以网络建设促进 5G 标准成熟，推动共建共享、大带宽、大容量、高性能 5G 设备研发，促进行业整体实力提升，保持技术领先。

（二）响应国家战略需求，赋能数字化建设，推动产业创新发展

5G 已上升为国家战略，中国联通与中国电信认真贯彻落实习近平总书记关于网络强国重要论述和 5G 发展重要指示，践行"创新、协调、绿色、开放、共享"新发展理念，深入落实工信部、中央巡视组、主题教育指导组关于加强协同的要求，推进供给侧结构性改革，积极实施网络共建共享，对实现行业高质量发展具有重要的推动作用。

中国联通和中国电信双方协作开发管理的是全球最大的 5G 共建共享网络，将有力推进 5G 行业应用融合创新发展，高效满足人民群众更优质的通信体验需求，赋能千行百业的数字化转型。

同时，双方共建共享的电信基础设施也包含诸多区块链技术应用重要创新，为万余基层工作人员提供了区块链技术和平台使用规范的培训工作，培养了更多相关领域的专业人员，对于加快推动区块链技术和产业创新发展有着重要的意义。

07 基于区块链 + 物联网的可信粮食监管体系实践

河南中盾云安信息科技有限公司

一、案例背景

粮食供应链企业融资难，区块链电子仓单破局限

河南是农业大省、粮食大省，承担着粮食"压舱石"的重任，粮食安全对河南而言是政治任务、也是政治责任。然而，近年来随着河南经济持续快速发展，粮食供应链行业发生了深刻变化，资金流成为粮食产业最大的痛点。一方面，在收购粮食期间，粮食收储企业、用粮企业普遍存在资金不足、原粮收购困难等问题，找银行等金融机构融资又因缺乏有效资产，无法获得金融贷款；另一方面，银行等金融机构面对粮食收储企业、用粮企业的资金需求，因自身缺少动态风控手段，不敢向其发放贷款，这就造成了整个粮食供应链上下游企业融资难、融资贵等问题。

针对上述痛点，河南中盾云安信息科技有限公司打造了基于区块链 + 物联网的粮食仓单质押平台。该平台立足于"新基建"的本质思想，以技术创新为驱动，以信息网络为基础，利用物联网、区块链、大数据等前沿科技手段，完善用粮企业物联网系统基础管理、可信接入，并及时采集物联网数据，实现粮食产业全流程可视化，赋能供应链金融的风控管理，在保障银行资金安全的同时，创新性地解决了粮食产业链上相关企业融资难、融资慢的问题。同时，平台可直接推动粮

食行业加快信息化基础建设，提升农业企业信息化经营与管理水平，促进数字农业、智慧农业的建设进程。

二、方案详情

多技术融合打造标准电子仓单，降低银行金融风险及风控难度

（一）技术架构

基于区块链＋物联网的粮食仓单质押平台整体技术架构如图 5.16 所示。

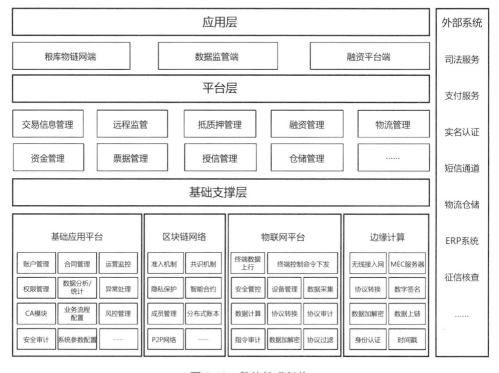

图 5.16　整体技术架构

基于区块链＋物联网的粮食仓单质押平台主要以核心企业的上下游为服务对象，以真实的交易为前提，使用联盟链技术构建整体信用网络，包括数字身份、分布式账本、智能合约、点对点网络和共识机制等。使用物联网技术，包括通信协议、数据加解密、终端设备、物联网网关、边缘计算和服务器共识节点等，将终端设备采集到的数据上链，为平台内各种资源、信息和资金的沟通交易提供有效的帮助。通过边缘计算技术，实现身份认证、数字签名、数据加解密和协议转

换等服务。通过对区块链、边缘计算、物联网和数据安全等方面技术的应用分析，可以从应用层、平台层、基础支撑层和外部系统了解平台的基础框架。

平台融合物联网、边缘计算、区块链和密码学等技术，主要涉及的是终端数据的采集与安全、协议转换、边缘计算、共识机制和分布式存储等。边缘计算层和网关作为轻节点、云平台部署共识节点，业务平台数据与链上可通过业务编号、实体数字身份唯一 ID 进行关联。

将联盟链和边缘计算及物联网作为基础设施。联盟链作为各参与方信任的底层技术支撑，通过物联网网关确认连接者的实体数字身份，并将数字身份对应的资产凭证通过共识后上链存证，实现了平台各参与方的快速确认和实时共享同步；通过物联网技术保障业务真实、可视监管、实时审计、风险可控，实现业务全过程链上留痕、不可篡改。基于智能合约实现业务规则自动化执行，规避人工操作风险。基于区块链可以打通资金方、监管机构和企业等多个机构系统，实现数据高效可信共享与交换，提供有效的链上监管手段，保障平台的合规性。

（二）系统平台运行机制

1. 平台功能

平台功能具体包括云仓管理、智能安防监控、出入库监管、数量检测管理、远程锁具管理、电子围栏、风险预警、授信管理、仓单生成、仓单管理、质押管理、解押管理、合同管理和区块链数据上链等。

2. 配套管理机制

该平台主要分为 3 部分：粮库物链网端、数据监管端和融资平台端。制定管理规范，满足各模块的管理需求，通过设置不同的角色赋予不同的权限，对系统进行日常管理和维护，保障系统稳定、有序、安全、高效运行。

（1）粮库物链网端：制定粮库物链网端管理机制，设置设备维护员、监管员角色。设备维护员按照管理规范进行日常设备巡检维护，监管员可对设备维护员进行日常监管督导。

（2）数据监管端：制定数据监管端管理机制，设置系统运维、数据审计角色。按照管理规范，系统运维对平台进行日常管理维护，保障系统安全、稳定地运行。数据审计员可对平台物链网端上传的数据进行日常审计。

（3）融资平台端：制定融资平台业务规范和管理机制，设置融资方、资金方、平台方、监管方及系统运维等多个角色。各参与方根据业务规范开展融资申请、授信审批和放款等业务，监管方可根据管理机制进行平台和业务监管，保障业务的合规性，系统运维根据运维规范对系统进行安全运维，保障系统安全、高效地运行。

（三）业务流程

业务流程如图 5.17 所示。

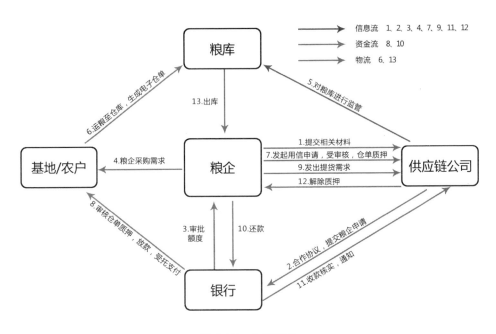

图 5.17　业务流程

通过此项目的物联网技术，在粮食收购环节生成资产凭证，把原有的非标准资产标准化，为用粮企业（简称"粮企"）提供资金融通、支付结算和流程优化等综合性金融服务，并将所有的资产凭证通过区块链技术分布式存储，保证真实、不可篡改，规避风险、增强信用，实现粮食供应链金融的健康发展。

在粮企提交融资申请后，供应链公司审核并且报送银行做额度审批。待银行给粮企审批用款额度后，粮企可向农户采购粮食。待将粮食运到粮企的粮库，并质押给供应链公司后，银行以受托支付的方式把粮款支付给农户。卖粮出库之前，粮企回款给银行，供应链公司解除质押，并通知粮库放货，粮企的粮食方可出库销售。而在粮食入库、在库保存期间及出库环节，供应链公司对粮库的粮食做实时监管，并保证粮食的安全。

通过数据加解密、物联网、区块链等多技术集成融合与创新应用，收集、传输和接收多点数据，实现远程、全面、有效的货物监管，赋能供应链金融服务。物联网设备采集的数据通过具有不可篡改性区块链技术的存储，得到业务参与方的信任。这降低了货物监管的人员成本，增强资产管理方对质押品的风险管控能力，从而实现仓单质押融资业务的健康发展。

三、创新点

创新粮食仓单监管模式，实现供应链信任传递、价值传递

（一）技术创新

1. 创新提出基于物联网网关＋区块链轻节点模式构建物链网网关

该网关能接入多个传感器节点，采集粮库各类传感器数据。在网关中部署区块链系统轻节点服务，将采集到的数据进行协议转换、分析处理及签名加密打包处理，进行预上链保护，防止人为篡改，最终完成数据的上链存证，从而保障粮库原始数据的真实性，银行等金融机构可实时进行监管。

2. 创新提出基于区块链分级分类访问控制方法的隐私保护机制

实现云、网、边、端、雾结构下的数据安全共享、无感接入和非授权防范。

3. 多技术创新融合

以区块链技术为主，融合数字身份认证、时间戳等功能，可以快速实现各功能模块的安装与部署；采用数据加解密、身份认证、SSL链路加密、证据保全和数据库等多技术融合。

（二）模式创新

1. 服务模式创新

该项目通过物联网技术，获取粮食上下游企业的动态数据，包括粮食交易、粮库安防、粮食物流及出入库数据，形成立体式远程监管；针对关键数据，利用区块链技术形成不可篡改的电子仓单，进行电子仓单质押，从而形成创新的供应链金融服务模式。

2. 创新司法应用

此项目可将业务系统提交的信息对接司法系统，进行电子证据验证和保存，并且为业务系统用户提供在线数据可信验证服务，妥善管理和保存验证记录，为

电子数据的司法取证提供支持。

（三）流程创新

1. 使用区块链前

对粮食收储企业和粮食深加工企业来说，普遍存在抵押物少、抗风险能力有限等问题，面临融资难、融资贵的困境；对银行/金融机构来说，给用粮企业和储粮企业贷款存在风险高、管理难度大、坏账率高、虚假骗贷等一系列问题。

2. 使用区块链后

（1）担保机构通过平台，配置金融产品，管理客户，并进行授信管理、质押管理、担保审核、合同管理、资产管理，实现远程监管，线上动产质押，以及开展融资性担保业务。

（2）银行可以通过平台进行授信管理、贷款管理，监管资产，顺利下款和收款。

（3）储粮、用粮企业可以通过此平台，完善粮食仓储的物联网基础设备，打造金融监管仓，解决融资难问题。

（4）农户可放心拿到卖粮款（银行受托支付给农户），并且实时查看粮食价格波动。

（5）监管部门可通过物联网监管平台掌握粮食购销、仓储、质量等大数据，防范系统风险，维护国家粮食安全。

（6）物流仓储服务企业可通过平台获得更多的匹配信息，解决供需不平衡、信息不对称问题。

四、效果效益

构建智慧可信的粮食监管体系，维护国家粮食稳定安全

该平台于 2019 年 11 月 15 日正式上线，可应用于粮食监管、供应链金融、大宗商品监管等场景。目前，该平台已在中国农业发展银行河南省分行、河南粮食产业投资担保有限公司、郑州粮晟供应链管理服务有限公司、河南中原资产供应链管理有限公司等机构复制推广，覆盖河南省 100 多家粮库，累计为价值 43 亿元人民币的 160 万吨大宗粮食提供可信监管数据支持，解决粮食产业链上相关企业融资难、融资慢的问题，拥有良好的市场前景。

（一）经济效益

目前该项目已具备产业化推广基础，已在多个粮库进行试点应用。经济效益具体包含以下几方面。

（1）产品推广收益：该案例相关产品的使用方包括粮食供应链运营方，目前每套产品售价 30 万元，按照每年增加 20 个供应链运营方，年均收益达到 600 万元左右。

（2）数据集成服务收益：该案例在为粮食供应链运营方创造价值的同时，还需要对监管仓库进行数据集成服务和数据维护工作。数据集成费用 3 万～6 万元，按照每年可服务 100 余家企业，可收取相应的数据集成服务费用 300 万～600 万元。

（3）智能化粮库改造收益：为实现数据的真实性、及时性和完整性，需要企业根据风控标准进行智能化改造，预计每年可改造 50 余家企业。费用根据改造工作量另行商议。

综上，该项目相关产品每年的销售收入可达到 900 万～1200 万元，较为可观。

（二）社会效益

（1）满足粮食供应链各方融资需求：响应及贯彻国家政策，落实解决粮食产业链中小企业融资难、风控难、监管难等诸多问题；有效地消除了银行对资金用途是否真实的疑虑及贷后监管管理难的问题。

（2）维持粮食产业链稳定发展：连接上下游，在积累一定数据的基础上引导上游合作社及农户开展金融普惠、智慧农业、以销定产，对符合国家农业供给侧种植结构的调整、产业扶贫政策项目上链支持助力。

（3）保障国家粮食食品安全：使用物联网、区块链技术，可真正实现产品可溯源、责任可追溯，为粮食食品安全溯源提供数据保障支持。

（4）优化农业供给侧改革：最终实现农业大数据平台，对省内外各地域的可耕地情况、种植结构及产量、农户经营情况进行数据入库。为农业供给侧改革、优化农业种植机构提供数据支持和参考依据。

08 基于区块链的数字乡村大数据综合服务应用实践

广西国信云服科技有限公司

一、案例背景

整合共享区域内的数据要素，缩小城乡数字鸿沟

基于区块链的数字乡村大数据综合服务平台在广西壮族自治区国家数字乡村试点地区，围绕国家乡村振兴战略实施的20字方针——"产业兴旺、生态宜居、乡风文明、治理有效、生活富裕"，综合运用区块链、大数据、云计算等信息技术手段，建设数字乡村大数据综合服务平台；构建统一、健全的人口、经济、产业、资源等基础数据仓库，实现部门数据资源整合共享与利用，缩小城乡数字鸿沟；打造综合调度中心，通过"一个中心"综合展现农业产业、乡村的治理情况，为领导层及产业规划布局提供决策支撑；将技术、产品、制度创新应用于农业产业，推动地方产业转向高质量、高水平发展，全面提升区域治理、产业、生态等领域的信息化能力和现代化治理能力，试点已取得较为显著的成效。

二、方案详情

"数据全整合、业务全融合、资源全调度"的农村数字基础设施

（一）整体架构

数字乡村综合服务平台整体架构如图 5.18 所示。

以"数据全整合、业务全融合、资源全调度"为目标，建立农村数字基础设施，推进涉农数据系统资源共享及整合，构建采集、监测、共享、分析、预测、预警、决策、指挥、服务一体化平台，解决农业数据建设滞后、内容不全，数据打架、标准不一，业务不协同、存在壁垒等问题。以区块链技术为基础，建立数字乡村应用链，打通政府、生产主体、经营主体的信息流通渠道，各主体之间能够平等对接，链上可信共享所有资源和信息。依托区块链、物联网、大数据等技术，构建全产业链数据资源体系，实现数据的自动采集、动态更新、多源数据存储，为农产品溯源、产业链协同、政府精准决策等提供支持。

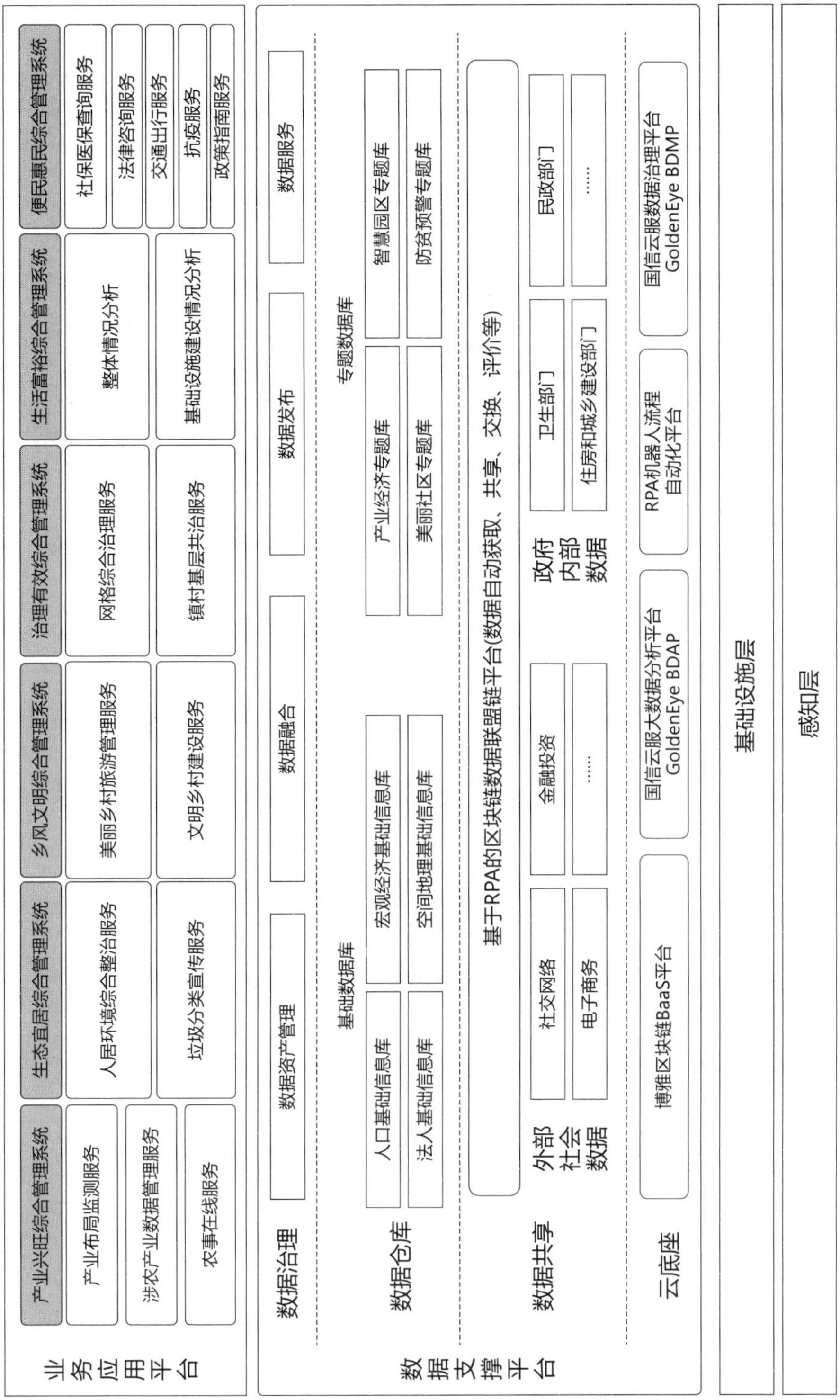

图 5.18　数字乡村综合服务平台整体架构

（二）业务场景

1. 以"产业强"为核心宗旨建设现代化农业产业体系

在"产业兴旺"方面，以蚕桑、土鸡养殖等当地突出产业为重点提升对象，采集养殖数据上链存证，形成区域内农业产业"一张图"，实时跟踪各个生产环节，实现农业生产高度自动化。以果化镇为试点，采用无人机倾斜摄影、高分二号遥感影像、多时相 Sentinel2 卫星遥感影像等技术，对区域内已有耕地地块、基本农田种植类型和范围进行判读解译，形成最终农业产业资源数据库，夯实数字农业基础，对永久基本农田实行动态监测，为农业产业奖补申请提供科学数据依据，形成区域内农业产业"一张图"。这些数据是来自区块链平台的可信数据，助力农业产业精准决策。面向涉农产业中的上规企业、龙头企业和村集体合作社等重要主体，提供产业数据采集和管理功能，通过集成涉农产业重要主体的生产数据、种养殖数据、加工数据和经营数据，助力政府主管部门统筹管理企业生产经营数据，掌握产业发展状况，合理制定并推进落实各项产业发展政策。平台整合各类涉农服务事项，提供涉农服务事项政策、产业奖补、农机作业情况和各类补贴情况等信息，逐步完善涉农服务的网办功能，为农民、企业提供一站式办理服务。

2. 以"农村美"为基础保障建设现代化宜居和美乡村

（1）在"生态宜居"方面，重点提升乡村人居环境，实现农业农村污染防治、农业绿色发展。人居环境监测平台针对乡村环境存在的"脏、乱、差"现象，面向多角色（如部门、乡镇巡检员、群众等）提供环境问题发布模块，依据创建文明城市的标准，在监督和巡检过程中发现乡镇出现不卫生等情况，上传图文资料，系统自动通知对应乡镇，可查看前后整改进度和比对，问题、响应情况及时上链存证，以便作为后期干部工作考核时的凭证。对各乡镇整治数据进行统计分析，多维度呈现环境整治成效排比情况。提供线上的垃圾分类宣传、教育平台，引导群众积极做好垃圾分类的工作，将废弃物分类处理，变废为宝，共同参与打造生态宜居的美丽乡村。

（2）在"乡风文明"方面，由当地文化和旅游部门牵头，整合各大热门景区旅游资源信息，完善旅游配套资源信息采集（农家乐、民宿、路线指导），拓展线上旅游推广渠道，激发旅游新业态、新模式，打造一批高品质的乡村旅游经典景区和精品线路。通过乡镇定期收集图片、影像及宣传文案，呈现各乡镇的文明实践中心和文明建设内容，如政策理论宣讲、教育文化活动，展现各个社区文明建设的新风貌。

（3）在"治理有效"方面，以"网格化"为治理思路，按照"网格覆盖、条块融合、责权明晰"的原则，将管辖地域划分成若干网格状进行"人、地、物、事、组织"等分类管理，实现人口、住房的精细化、主动化、可视化、移动化管理。建设数字乡村治理平台，提供三务公开、通知公告、民情反馈、邻里生活圈功能服务，形成良好的现代乡村治理的制度框架和政策体系，健全村级议事协商制度。

3. 以"农民富"为关键目标建设现代化共富发展模式

在"生活富裕"方面，采用区块链、大数据等技术，帮助领导层监测和分析经济发展、产业发展、民生发展、城乡建设、生态建设等综合数据，协同相关部门对城乡基础设施建设情况的相关统计数据，如光纤、宽带、5G 的覆盖率，水利、公路、电力、物流、冷链建设的通达率等情况。目前已监测基础设施建设项目、城乡建设项目 200 余个，总金额过百亿元。聚焦群众日常生活的实际需求，积极运用"数字乡村"，依托信息化推动基本公共服务向农村下沉，实现群众零跑腿，打通服务群众"最后一千米"的惠民服务，如社保医保查询、法律咨询服务、交通出行、抗疫服务、政策指南等。通过优化基础设施、便民服务等与群众息息相关的方面，保障落后地区和农村也可以充分享受现代化、数字化基础设施，能极大地提高群众的幸福感，在高质量发展中促进共同富裕。

三、创新点

基于区块链打造乡村振兴发展模式

（一）基于区块链打通全流程农业产业链

数字乡村是乡村振兴的战略方向，也是建设数字中国的重要内容。数字乡村特色场景将综合运用区块链、大数据、云计算等信息技术手段与防返贫动态监测，与帮扶、农业产业发展和乡村治理等三农重点工作领域深度融合，进一步提升试点地区数字乡村建设成效，积极探索打造具有地域特色的乡村振兴发展模式，为国家全面推进乡村振兴战略持续进行数字化赋能。

一是建立基于区块链的农事辅助决策能力，改善数据统筹利用不充分现状。在农业生产环节中，存在智能装备研发滞后、基础设施薄弱、农业专用传感器缺乏、农业农村大数据统筹利用不足等问题，但可信的作物生长质量参考指标（如生长条件、位置环境）对作物种植、仓库、加工、销售等环节具有重要的参考意义，作物种植各个环节完整、可靠的流转数据也是后期进行种子优选、灌溉策略、是非策略、虫害预警等研究的重要基础。平台通过物联网技术实现对农业产品全产业链数据的自动采集、动态更新，利用大数据进行分布式存储和数据治理，通过区块链溯源技术，可以对各项数据指标的可信度提供有效监管，并为农产品溯源和农业产业链发展奠定良好、可信的信息基础。

二是利用基于区块链的产业链辅助分析，解决农业产业链内部信息交流不畅通现状。信息差距、信息真实性不足等问题导致产业链主体在协作中的地位和权力不对称、利益分配不均衡等弊病，产业链主体之间合作受阻，难以建立协同发展的模式。平台利用区块链数据透明、不可篡改的特点消除了信息不对称，保障信息真实性，有效指导生产、加工、流通，促进生产和市场平稳运行，提供可信的农村全产业链服务。当地政府也可全面掌握各项农业产业基础数据，逐步将地区的农业产业资源条件优势转化为产业经济优势，形成可持续发展的地区优势产业经济。

（二）基于RPA打造安全可信区块链数据联盟链平台

应用基于RPA（Robotic Process Automation）的区块链数据联盟链平台提供一套安全、可信的多方数据自动获取、交换、共享、评价机制，实现多方数据共享开放、有效整合。一是基于RPA机器人流程自动化平台实现7×24小时不停歇的非侵入式跨系统数据集成；二是基于博雅RegChain联盟链基础平台，提供数据共享机制，利用区块链"多方共识、公开透明、交易溯源、不可篡改"的特性，保障数据安全、保护数据隐私，实现数据交换全流程留痕、全链路可信、全节点可证；三是基于博雅区块链BaaS平台，提供数据共享评价、数据上链存证服务，作为数据共享绩效评估重要的参考依据。

四、效果效益

建立区块链数字化基础设施，助力乡村振兴高速、高质发展

（一）充分利用数字乡村发展契机，助力乡村高质量发展

在推动乡村振兴方面，农业产业数字化建设全面铺开以后，可以使政府全面掌握各项农业产业基础数据，逐步将地区的农业产业资源条件优势转化为产业经济优势，形成可持续发展的地区优势产业经济，激励农村青壮年劳动力返乡创业，守住青山绿水，守住乡情亲情。目前，链上交易数据已超10万条，主要包括农业生产数据、产业及经济数据、人文环境建设数据等。

（二）推动落后地区和农村建立现代化、数字化基础设施

通过提供产业发展、农业养殖、气象信息、农产品溯源、生产预警等生产指导方案和服务，一是能提高生产效率，降本增收，通过数字化手段，实现精细化

生产，达到提高产量的目的，同时减少化肥、农药、人力成本。

（三）精细化乡村生产，再造绿水青山

基于区块链技术赋能精细化生产和精准化管理，可以从根本上杜绝滥用肥料、农药等粗放型生产模式下的不良行为，进而遏制土地贫瘠化、板结化、酸化造成的自然生态破坏，真正实现"绿水青山"与"金山银山"和谐发展。

09 基于区块链的小微企业信用服务实践

金蝶信用科技（深圳）有限公司

一、案例背景

信用缺失导致小微融资难，小微金融服务急需解决数据可信问题

中国小微企业是实体经济的主力军，占总体企业数量高达 95% 以上。当面临资金周转难题时，小微企业受制于自身信用不足、缺乏抵押物、数据不可信等信用因素，往往难以获得融资，这成为其发展面临的常态化瓶颈制约。

随着大数据的飞速发展，大数据征信在企业信用评估领域得到广泛应用，但其脆弱、易篡改的特性也带来了数字信贷风控难题，没能从根本上解决小微企业与金融机构之间信息不对称、数据不可信的问题。

目前，小微企业的数据信息往往是碎片化地分散在本地或隔离保护下的云端的，无法确保外部机构获取到连续经营且不可篡改的记录。在金融机构进行融资评估时，即使通过授权能够获取到小微企业账单某个时刻的全部数据，也仍然会担心存在临时创建账套、篡改数据等造假欺诈风险。

从金融机构来看，金融活动离不开信用数据资产和动产资产的真实性等，如应收账款的融资，其主要风险来自于账款的真实性问题。因此，在传统模式下，金融机构往往要求小微企业提交或授权全套账本信息和大量第三方证明材料，并

且进行严格的担保资质等调查。比如，在应收账款融资中，往往只有提供核心企业的票据才可能得到较快速度、较高额度、较低利率的贴现。

小微企业和金融机构都迫切需要一个可信任的企业数据存证、授权与验证平台。

在企业 ERP 软件场景中，金蝶信心链创新性地将区块链技术应用于小微企业信用增信服务，提出了"基于区块链平台帮助小微企业存证可信账本、安全灵活授权、稳步增强信用"的解决方案，为小微企业生成金蝶信用分与企业信用报告，帮助其建立信用资产。

基于区块链"去中心化、开放及匿名性、不可篡改性、可追溯性和支持可编程智能合约"的五大特点，可以为融资活动的信用构建和信用流转提供技术支撑。通过区块链建立起安全的多方可信计算环境，可以实现在数据资源不泄露前提下的数据多源交叉验证与共享。一方面解决小微企业信用积累的难题，另一方面解决金融机构验证数据可信性的难题，从而极大地降低数据存证、流通、授权和验证成本，提升小微企业在贷款融资活动中与金融机构等多方的协同效率。

二、方案详情

基于多角色、多层次的区块链数字身份体系，实现数据可存证、可授权与可验证

（一）案例技术架构

金蝶信心链方案基于金蝶自主研发的区块链，即服务平台 KBaaS 和智能合约引擎，建立分角色、多层次的区块链数字身份体系，方便小微企业、征信机构、金融机构等业务参与方在通过认证后以多中心化的方式灵活接入。

平台满足企业级联盟链的多方参与、安全组网与持续演进的需求，以金蝶为发起方，逐步引入行业核心企业、金融机构等联盟参与方，通过联盟章程的方式对链下违规行为进行监督，定期调整联盟参与方权益。方案支持多种数据交换模式，可以支持加密密文数据交换和共享，支持基于数据目录、数据授权的共享，也支持基于数据模型、数据计算的数据共享。

信心链方案总体架构设计如图 5.19 所示，利用可自定义数据结构和高效对象化存储的征信数据存证智能合约，利用联盟链技术构建数据共享平台，在

数据共享的各方部署可信节点，连接数据使用方、数据提供方、建模服务方、监管方等，共同组成可信的区块链网络，帮助金融机构更全面地了解企业经营状况。

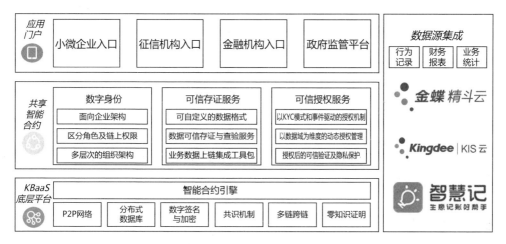

图 5.19　信心链方案总体架构设计

利用数据所有权设计和数据授权智能合约，在小微企业需要融资服务时，以上链数据为锚定基础形成可验证数据域，向特定的金融机构申请贷款。金融机构在获得更多可信数据源的条件下，可以更快地对放贷对象进行审核评估，从而为具有良好信用的小微企业提供一站式的解决方案。

（二）系统关键设计

1. 分角色、多层次、权限安全的数字身份体系

首先需要建立基于区块链和数字签名技术的数字身份智能合约，并支持不同角色和多层次的组织架构，基于角色和组织明确相应数字身份的系统权限，确保数据的所有权和权限安全。

2. 确保用户数据所有权，支持格式自定义的数据存证合约

每条上链数据都具有严格的用户所有权标志，从而基于所有权控制对数据的查验、授权等权限进行系统的、安全的管理。信心链平台在预设部分上链数据类型的同时，征信机构、金融机构等数据需求方还可以根据自身需要定义数据格式，由小微企业按需选择并匹配上链。

3. 基于"知晓你的客户"（KYC）模式和事件驱动的授权许可合约

"知晓你的客户"（KYC）是金融审慎监管的重要一环。授权许可合约中引

入了 KYC 模式，在确保小微企业对自身数据的完整所有权的同时，金融机构等数据使用方通过可验证的方式获取可信数据。

4. 可支持零知识证明的可信验证

信心链平台可以支持基于零知识证明的可信验证，小微企业可以加密相应的数据，通过智能合约产生一条可验证的"证明数据"上链存证。金融机构等可以在不获取企业实际数据的情况下，可信地验证其是否满足条件。

5. 对已有成熟产品的"一键上链"式快速集成与易用性设计

信心链平台为金蝶精斗云、KIS、智慧记等产品提供标准的上链工具包，产品用户可以在产品中实现"一键上链"。最大限度地减少对用户使用产品和操作业务的影响，同时在信心链平台提供一站式的上链信息查询统计、信用分及信用报告查询等功能，满足小微企业增值服务的需要。

6. 引入时序知识图谱增强模型稳定性

信心链平台引入时序知识图谱，采用对抗训练与增量学习相结合的方式增强模型的稳定性；针对可疑票据上下游企业的风控问题，基于时序知识图谱表示学习模型研究可解释风控算法，设计频繁规则挖掘算法对风险样本中的频繁子图进行挖掘，输出风险规则对票据和企业风险进行解释，并形成风险规则库。

（三）业务流程

信心链的主要角色包括小微企业、产品端、征信机构、金融机构。信心链主要业务角色及核心流程如图 5.20 所示。

首先，客户在软件中完成实名认证后，可以选择授权类型对行为数据、财务报表数据、业务统计数据等进行上链存证。同时，征信机构可以基于上链数据，搭建面向小微企业的信用评估体系，作为企业授信额度及信用能力的参考指标。

最后，企业在有贷款需求时，通过信心链平台接入的相关金融机构，在通过金融机构对数据查验的授权请求后，可以一键申请并获取相应的授信额度。

对于核心业务数据，将一律采用单向加密或非对称加密方式，避免链上数据的隐私泄露，同时所有数据基于数字身份匹配唯一数字签名，确保数据的所有权和权限安全。

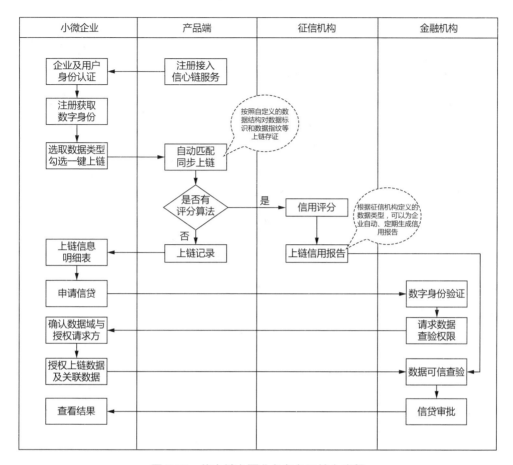

图 5.20　信心链主要业务角色及核心流程

三、创新点

"信用评分即授信额度"，打通企业与金融机构信贷服务通路

（一）服务创新："信用评分即授信额度"，推出"区块链+金融服务创新"模式

　　针对小微企业面临的融资难、融资贵的问题，金蝶信心链创新提出"信用评分即授信额度"，为小微企业打造了"区块链＋金融创新服务"的完整服务流程。即根据企业历史数据测算出来的信用评分，选择平台接入的金融机构，按照授信核验所需的数据要求对存证的数据进行授权，在便捷享受融资服务的同时又能确保数据的隐私安全。

（二）技术创新：采用多类技术组合，有效提升数据可信度和系统准确率

1. 微服务化和可定制化的特性支持业务快速、灵活地拓展

在技术方面，金蝶信心链平台采用完全微服务化等云原生架构开发，基于金蝶自主研发的 KBaaS 底层区块平台及智能合约技术，满足对小微企业领域细分场景多、产品复杂条件下快速灵活上链的需求，并且利用可自定义和易上链的功能，支持可定制化的对新业务的拓展和新业务节点的接入。

2. 新增日常行为记录等维度，有效提高小微企业信用水平

在业务方面，为小微企业的信用报告新增了日常行为记录等维度。过去金融机构即使能够获取到小微企业某一个时刻的全套账本数据，也仍然不能完整地确认其可信性，因为账套可以随时创建、修改。而通过区块链同步记录小微企业的日常业务行为，把企业正常的、持续的经验反映在链上信用报告中，可以为小微企业提供一种新的、可信任、可验证的信用维度，增强金融机构对其经营状况的可信度。

3. 与知识图谱学习模型结合，提高系统准确率

系统在国内率先引入了基于异质交互聚合的时序知识图谱表示学习模型。相比于现有的知识图谱表示学习模型，首先它可以通过对主从关系的建模，处理不同维度的信息。其次使用连续的时间建模，能够保证避免离散快照式图学习所带来的信息损失，长短期记忆的聚合方式与关系指导的注意力能够实现基于关系本身的时间周期性与关系之间的关联性两种不同维度上的信息聚合，以提高下游任务的准确率。

四、效果效益

提升小微金融服务的可得性、精准性及可持续性

（一）助力解决小微金融获客精准性问题

金蝶经过 29 年的开拓，形成了全覆盖大、中、小微企业的产品线，特别是金蝶精斗云、云星辰、KIS、智慧记等产品专注面向小微企业服务，因此非常关注小微企业的经营痛点。

信心链这套平台，能够帮助小微企业打通业务、财务、税务数据一体化，通过对企业物流、现金流、信息流的可信、安全、隐私记录，从更多维度建立企业经营信用，探索面向小微企业的信用金融服务的新模式，支撑金融机构提供更加精准、快捷的金融服务和创新业务，也让小微企业享受更便捷、快捷的金融服务。

项目上线至今，已有数万家企业经营数据上链。

（二）应用于供应链金融场景中，覆盖链上每一个小微企业

以金蝶云·星空产品为例，针对批发行业的小微企业，以区块链的生态链接逐步打通行业上下游，从一些单点企业上链逐步扩展到一个链条、一个网络的企业上链，并陆续引入行业龙头企业与大型金融机构作为联盟链成员，深度参与治理，从而完善信心链整体的可信生态。其中，基于区块链底层技术，金蝶征信帮助广东省广物控股集团有限公司（简称"广物集团"）打造了数字供应链的金融科技平台，集数字化管理、信用管理、数据风控、智能决策和融资服务于一体，协助广物集团实现各系统间的数据信息互通，让这些数据的传输变得透明、清晰、不可篡改。目前，广物集团每一个链上的小微企业都有一个数字身份证，上下游企业都可以在平台上看到自身的信用，且能与银行进行链接，上下游企业可基于自身的信用评分便捷地获得信用贷款，成功赋能企业数字信用建设。截至目前，金蝶信心链已帮助众多核心企业实现了对其产业链上下游数十万家合作伙伴的信用管理，快速回笼现金流。

（三）增强市场公平性及可持续性

区块链技术的透明性和数据不可篡改性，可以保证所有企业在信用评估过程中得到公平对待，让失信企业无法享受"信用"带来的各项便利，促进企业诚实守信经营，优化实体产业营商环境，建设健康可持续的市场。

10　基于中移链的"一物一码"绿色供应链平台实践

中国移动通信有限公司研究院

一、案例背景

供应链产业绿色低碳发展，高效可靠信息化模式亟待形成

在 30·60 "碳达峰、碳中和"（2030 年实现碳达峰，2060 年实现碳中和）

目标的大背景下，如何做好国家"双碳"目标的应用落地，通过"数字化碳中和"为企业发展打造第二曲线，越来越成为各企业发展、经营和运营的重要目标。然而，整个供应链产业在绿色低碳的大趋势下，依然面临如下多项挑战。

一是供应链领域缺少可操作的碳排放计算方法。供应链是多环节组成的复杂业务场景，一直以来缺乏可操作的碳排放计算方法，"怎么算、如何算、算得准"等问题成为目前企业实施碳减排的主要障碍。

二是碳排放数据与报告缺乏可靠防伪技术手段。2022年上半年，生态环境部披露一批碳排放数据信息与核算报告违规造假企业名单，数据生成层面和数据复核层面出现造假问题，势必严重影响碳排工作的公正性、严肃性和权威性，既影响科学决策的出台，也有损节约减排政策的执行，甚至危及我国政府的公信力及国际声誉。

三是"双碳"管理工作尚未形成高效的信息化模式。目前，国内大部分企业对于双碳的管理工作仍主要以传统的纸面记录方式进行，在碳核算与碳核查工作中邀请第三方机构进行为期多日的现场核算与核查工作，致使企业过度依赖第三方机构进行"双碳"工作，自身碳排管理能力低下与碳排人才培养缓慢，同时因未有信息化碳排管理系统，企业不能实时了解自身碳排情况，无法进行对生产要素的及时调整与决策，造成极大的资源浪费与经济损失。

基于中移链的"一物一码"绿色供应链平台是集供应商、运营商、物流企业和施工单位等多方协作的供应链与碳排管理平台，实现物资全生命周期在线化管控，通过结合区块链等技术并融入碳核查、碳资产管理等理念，实现供应链产品碳数据的可信采集、可信核算、可信溯源、核查报告校验等功能，为建立绿色供应链碳核算体系和标准奠定基础。

该项目由中国移动通信有限公司供应链管理中心、江苏移动牵头，中国移动通信有限公司研究院、中国移动紫金创新院负责设计实施。目前，该项目已入选由中央网信办、国家能源局等十七部委组织的国家区块链创新应用试点计划"区块链+能源"特色领域，并被收录为中央网信办"双化协同"、中国电子学会"数字经济赋能绿色发展"优秀案例，受到社会广泛关注。

二、方案详情

"区块链+"实现可信质检能力，覆盖物流全生命周期碳排放和碳足迹

基于中移链的"一物一码"绿色供应链平台提供"智能链路+"可信质检能力，

满足多场景多维度企业碳排放监测，对物流全生命周期碳排放和商品碳足迹全覆盖。灵活配置多种生产任务模板，制订质检任务计划，触发采样管理与智能审核，智能数据监控、高效数据共享，提供多端接入能力，助力企业实现绿色供应链系统高质量发展。

基于区块链的绿色供应链平台架构如图5.21所示。

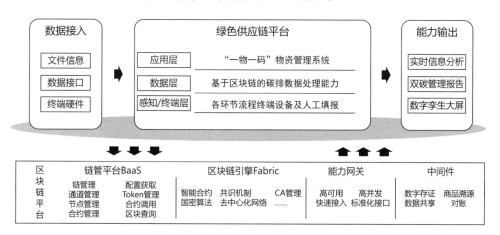

图5.21　基于区块链的绿色供应链平台架构

（一）区块链中台能力

1. 存证功能

区块链平台提供存证功能。由于区块链交易包含的数据量较小，因此数据量较大的数据或文件不适合直接提交，这就需要按照数据大小采用不同的存证策略。

数据直接上链：对于数据量小、查询需求高的信息，如摘要、编号和时间等，可直接写入区块链。其中存在保密需求的数据，在上链前先进行加密。

数据哈希上链：数据量较大的文件，首先将文件存储到协同的数据存储系统中，得到一个唯一的访问标识；再使用哈希算法计算文件哈希值，将哈希值与访问标识和其他关联信息一起上链。

2. 取证功能

存入区块链测评数据管理系统的数据，可保证不被篡改，可用于对测评数据进行真实性验证。主要包括3种不同安全级别的验证能力。

数据比对：由于区块链测评数据管理系统中保存了原始的测评数据，包括摘要、编号之类的短小信息，以及图片、扫描文件等数据量较大的文件，可用于与待验证数据的直接比对。

哈希验证：对待验证数据计算哈希值，并与区块链测评服务数据管理系统中获取的哈希值进行比较，两个哈希值相同表示待验证数据未被篡改。对于未以哈希方式存储的短数据，由区块链测评服务数据管理系统在接收查询时，由智能合约计算并返回哈希值。

链上验证：将待验证数据提交至区块链测评服务数据管理系统，由区块链智能合约对数据的真实性进行验证。

（二）绿色供应链平台功能

1. 碳数据采集

基于"一物一码"物资可溯管理平台现有数据收集方式，结合区块链可信存证能力，增加商品全生命周期碳排相关数据可信存储功能。绿色供应链平台功能体系如图 5.22 所示。

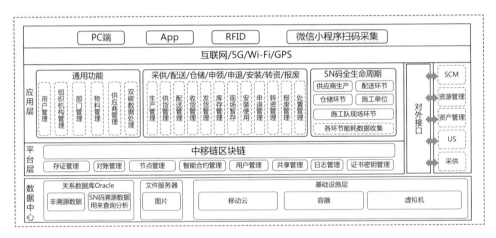

图 5.22　绿色供应链平台功能体系

2. 商品碳排查询

利用区块链可信存证平台，查验商品周期节点碳排放数据，对于商品碳排计算结果进行实时呈现，做到实时对商品碳排量的查阅与摸排。

3. 数据分析处理

严格按照目前国内外碳核查数据标准 ISO 14060 系列，对数据内容进行分类与清洗，为数据计算奠定基础。

4.定制化数据展示

可根据自身需求，对各类商品碳排信息进行定制化展示，随时掌握自身商品碳排信息。

5.物流碳数据计算

根据本项目的需求及核算目标，组织和运营边界为核算产品从仓储物流部门的仓库到实际使用地在物流环节内的排放。排放源主要包括：直接碳排放、间接排放和其他碳排放。平台根据国际主流及国内相关部门发布的核算方法与指南，基于碳排因子对数据进行计算。

6.一键生成调查报告

支持企业生成符合国家相关部委、行业标准的碳排报告。利用区块链技术，数据的查看和修改权限严格受控，防止企业核心数据及资料的泄露。同时，做到历史信息可追溯，保证核查认证全流程的可信度。

7.工业标识解析技术

将每一份产品碳排报告赋予工业标识编码，以二维码的方式展现在报告中。基于工业标识编码的唯一性，完成对碳排报告的国家级认证和数据真实性背书。企业用户扫描报告上的二维码，可以在线查看该份报告的签署日期、评测机构等基本信息。监管机构也可以通过国家标识公共平台，对标识进行解析查看，来校验报告的真实性。

8.灵活配置生产环节碳排放监测模板

支持企业各部门在区块链节点上注册，负责数据的存储和验证，同时每个板块灵活配置生产负责人、碳信息披露人、项目管理人、生产项目、碳排放预算和实际碳排放等信息，使项目的每个环节都可以追溯到责任人。

9.支持碳排放多监测源，智能数据监控

企业生产环节的碳排放参数借助各项探测技术获得，支持直接碳排放、间接碳排放和其他碳排放等多监测源，可信记录碳排放质检任务计划、类型、频次、传感器及采样数据等源数据，实现可信质检全覆盖。

10.解决碳审计抽样偏差，极大地降低碳审计风险

区块链技术与云计算、大数据等审计技术的配合使用，从总体上进行数据分析和数据挖掘，有效释放数据价值，克服碳信息质检审计的抽样偏差，降低重点排放企业的碳审计风险。

三、创新点

智能化、一体化平台建设，实现从核查到认证的全流程信息化的一站式服务

本案例的创新点和先进性如下。

（一）智能化和自动化的业务流程

现场人员通过移动侧微信小程序完成企业物资流转数据的采集，数据采集小程序如图 5.23 所示。在每个作业环节完成后，相关作业人员填报记录数据；每日作业结束后，由专人审核并修正数据后，系统自动上传到"一物一码"区块链平台进行上链存证，平台核算系统中完成数据清洗与建模，生成相应的产品碳排结果与报告，报告经中国质量认证中心盖章认证后，可直接赋予工业标识编码，由中国移动标识解析二级节点同步至国家顶级节点，完成对碳排报告的国家级认证和数据真实性背书。

图 5.23　数据采集小程序

（二）可信数据入口和一体化建模

绿色供应链产品平台可完整记录所有原始数据、算法、文献，极大地提高数据收集、评审、更新的效率；对于清单数据的录入，支持手工录入和导入；适用于处理多产品系统进行多分配方法对比计算，同时在一个单元过程中可录入多组数据，方便不同数据源的对比计算。

基于中国移动物资全生命周期管控的探索，构建物资从需求开始到最终报废

处置全过程的数据采集体系，不同环节采取不同的建模和数据采集方式，确保数据的准确性和可信度。产品可支持用户构建任意形式的生命周期流程图，适用于各种产品的生命周期建模；可支持废物处理过程框和浮动运输过程框的建模方式，可满足各行业供需全过程数据的有效采集和对接输出。

（三）全周期管理和多维度分析

产品支持多基准流对比计算，对产品的全生命周期含国内本地化评价指标和生命周期节能评价，以及提供贡献分析图表展示、多方案计算结果图表对比分析和敏感度分析，力求寻找最有效的改进方向。

提供多种数据图表和数据选项，用于分析和显示各项计算结果，同时也提供自定义图表对比分析多种条件下的多套计算结果。

（四）权威性认证

支持企业生成符合国家相关部委、行业标准的碳排报告，使用区块链技术与第三方权威认证机构的认证流程深度融合，实现从核查到认证的全流程信息化的一站式服务。

四、效果效益

协助减少数十万吨碳排放，优化物流配送打造核算标杆

项目作为中国移动集团入选国家区块链创新应用试点特色领域试点（"区块链＋能源"）在江苏的试点应用项目，截至目前，累计减少了 13.58 万吨碳排放。该项目将逐步推广至中国移动全国 8 家地方公司，并在企业自身使用该平台的情况下带动上下游企业进行碳核查，摸清"碳家底"，制定出适合供应链全链条的节能减排之路，其积极意义可辐射至上千家企业。该技术成果先后被工信产业网、C114 通信网、现代快报等多家媒体进行报道与宣传，起到重要的行业引领作用。

2022 年上半年，充分发挥该项目的技术优势与功能特点，中国移动通过与供应商协同优化物流配送方式，使用循环再生材料替代木质等高能耗包装，减少木材消耗 1.32 万立方米、减少运输量 24.71 万吨千米。通过"一物一码"绿色供应链实时追踪通信物资的全生命周期信息，促进物资的盘活与利用，全省盘活物资近 3.4 亿元，涉及光缆、电缆与天线等物资，并及时与环保企业回收处置铅酸蓄电池 6570V（万 Ah），极大地节约了物资能源与减少温室气体排放，助力企业降本增效。华东物流中心园区现场调研如图 5.24 所示。

图 5.24　华东物流中心园区现场调研

为进一步落实国家"十四五"节能减排要求，中国移动与地方政府合作，在江苏省南京市溧水区的中国移动华东物流中心园区共同打造绿色供应链试点项目。通过打造园区绿色低碳循环新服务模式和管理理念应用，促进绿色低碳产业、技术、人才、数据等资源聚集，助力园区企业实现节能降碳模式创新、高效运营，从而培育壮大物流绿色发展新动能，促进物流领域绿色可持续发展。

最后，本案例还丰富和完善了碳排放核算标准体系。面对企业供应链碳排放核算国家标准缺失的现状，开展了原创性研究，基于江苏移动物资供应场景，研究补全了核心企业供应链的碳排放核算方法论，提出了碳排放核算建模和计算公式，制定了合理的排放系数。

项目开展试点范围包括中国移动江苏省库及 13 个地市综合仓库，超 60 家通信物资供应商、施工单位，超 600 个暂存点，2000 多个施工队。每日上传数据超过 3000 条，总区块高度已超过 100 万。目前，全国范围内已有新疆、甘肃、西藏、宁夏、青海、天津、江西、苏州研发中心 8 个地方公司引入使用。

11　基于区块链的数字乡村综合应用实践

赣州新链金融信息服务有限公司

一、案例背景

乡村数字化产业建设面临痛点问题，区块链建立城乡资源要素融合新机制

高质量发展是"十四五"乃至更长时期我国经济发展的主题，加快推动乡村高质量发展、促进数字化乡村建设是跟上社会主义现代化国家建设步伐至关重要的一点。

（一）建设阶段面临的问题

（1）信息化平台使用率低：很多乡村已经部署了信息化平台，但针对基层中老年管理者不友好，操作不便利，学习成本高，直接导致基层管理人员不愿意使用，需要增加额外人员进行操作，反而成了负担。

（2）村民群众的参与性低：虽然有针对村民群众的用户端产品出现，但村民的注册率远远没有达到智能机在农村的普及率，村民不愿意使用、操作太烦琐、流程太复杂、易用性低、学习成本高，村民不愿意参与到数字乡村建设的这项工作中来。

（3）数据不互通，监管难度大：信息平台建设独立，很多在前期都没有考虑到数据融合互通共享的情况，导致最后需要进行数据对接时，各信息化承建商的接口标准不统一，数据无法达到互联互通和多方共享，导致监管监督能效低。

（4）地方品牌价值挖掘不够，群众获利少：数字信息化技术的运用是需要站在村民群众的利益点上的，只是增加群众负担，而没有给群众带来利益，群众的认可度自然就低、满意度也低。

（二）"数字乡村链"建设

"数字乡村链"项目的建设是围绕农业、农村、农民的网络化、信息化和数字化而内生的现代化发展和转型进程，主要涵盖乡村治理数字化、乡村产业数字化和乡村服务数字化等。数字乡村链是赣州新链金融信息服务有限公司基于区块链，结合物联网、大数据和元宇宙等数字技术构建的数字化基础平台，基于数字乡村链可以构建各种乡村数字化应用，促进乡村经济社会的全面发展。

二、方案详情

基于区块链的成熟技术平台和丰富业务应用系统，打造安全、标准、全面、规范的数字乡村基础设施

（一）技术架构

南康"数字乡村链"作为数字乡村综合应用平台数字化底座的重要部分，为数字乡村多个应用平台的建设发挥了基础性作用，各个应用平台无须深入关心数

字乡村应用底座的具体实现，只需对所面向领域的业务非常熟悉，并且能够基于数字化底座快速地进行调用和二次开发，从而构建出一个个具体的数字乡村应用平台。数字乡村综合应用平台的整体框架如图5.25所示。

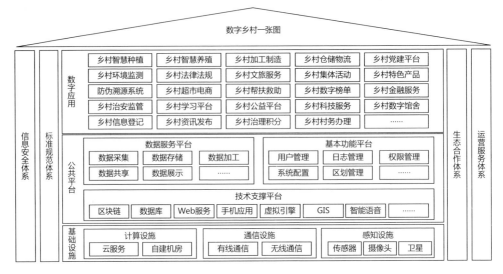

图 5.25　数字乡村综合应用平台框架

数字乡村应用底座为数字乡村的各类应用提供了平台构建基础、平台运行基础及平台运营基础。数字乡村应用底座包括3个基础设施（分别为计算设施、通信设施和感知设施）和3个基础平台（分别为技术支撑平台、数据服务平台和基本功能平台）。

（二）应用实践

1. 乡村治理积分制应用

乡村治理积分制应用平台建设的目标是通过引入信息技术手段，构建公开透明、协同互助的乡村治理机制，促进政府和社会各界的参与，提高农民的自治能力和自我管理水平。平台提供身份认证服务，保证村民、村管理员等各种身份的高效认证，将积分发行与应用记录、电子荣誉证书等信息不可篡改地上链存证，保证有据可查。

乡村治理积分制应用平台将乡村的众多事务、评议设置为积分项目，鼓励村民申报和完成项目，从而获取乡村积分。这些积分既可以作为兑换物品等物质奖励的介质，也可以作为评比优秀等精神奖励的依据，还可以作为村民进行信用贷款、参军入学等的重要参考。通过乡村积分的引入，大大激活了村民的积极性，成为乡村工作推进的有效抓手，为形成良好的村风村貌、促进乡村经济发展发挥重要作用。

2.乡村土特产溯源应用

乡村土特产溯源应用平台建设的目标是利用区块链等信息技术，搭建透明、安全、不可篡改的全流程溯源信息记录、查验平台，为消费者提供真实、可靠的农产品供应链信息，保障消费者的健康和权益。平台主要为特色农产品提供防伪溯源服务，建立商品上下游多对象之间的关联关系，形成一张关系清晰的溯源网络，从原材料、种植/养殖加工场所、生产过程、生产人员，到土特产包装、仓储、物流，再到用于制作下游产品等全过程监管。

乡村土特产溯源应用平台在提升产品信息透明度、保障产品质量和安全、提高消费者信任度、促进乡村经济发展和打击假冒伪劣产品等方面发挥着重要作用。它为消费者提供可信赖的产品溯源服务，同时也为农民和乡村企业提供了一个推广和销售产品的渠道。同时，围绕土特产、面向金融机构形成的增信数据服务，保障金融机构面向村企发放精准的普惠金融贷款。

3.乡村环境监管应用

乡村环境监管数字化平台利用区块链、物联网、大数据和 AI 分析，搭建高精度、高可控和高能效的乡村环境监管平台，通过通信技术，对乡村环境数据进行采集、分析，实现数据化、可视化、智能化的监管手段，解决传统乡村环境管理中管理不清晰、数据不实时、落实不精准等问题。平台提供多类型用户注册认证服务，以及环境状况存证服务，将乡村环境状况进行存证存储。同时，结合积分激励方式，让村民参与到环境治理工作中来，提升村民环境保护意识，并通过工单派发体系，将乡村环境问题派发至职责部门进行解决，形成乡村环境问题闭环管理，减轻监管部门的管理难度，提升管理能效。

乡村环境监管数字化平台通过数字化管理手段，建立了全面、准确的乡村环境数据监测系统，实现数据测量、数据分析和数据共享等功能，提高决策效率和治理效果。通过利用人工智能和大数据技术，对乡村环境质量问题进行更加精细化的管控，实现科学治理、数字化管理和协同治理的目的。同时，促进了村民监督和民主参与度，提高治理的透明度和公正性，增强居民安全意识，促进环境保护和可持续发展。

4.乡村文旅服务应用

乡村文旅服务应用平台是采用了区块链、数字孪生、数字人、大数据、AI分析等众多数字化技术构建的数字文化旅游服务平台，能有效地链接政府、景区、企业、游客的互动关系，是乡村旅游和文化体验的集中服务平台。平台提供详细的乡村旅游景点介绍、景区数字人导航和导游服务、乡村旅游活动和体验的票务服务，以及数字化村史文化馆游览等众多文旅场景服务。

乡村文旅服务平台为游客和乡村旅游经营者提供便捷、全面的文旅服务，推动乡村旅游业的发展和乡村文化的传承。通过乡村文旅服务平台的应用，游客可以更便捷地了解和参与乡村旅游活动，感受乡村的自然风光、文化底蕴和特色美食。同时，平台也为乡村旅游经营者提供了市场拓展、宣传推广和用户管理的渠道，促进乡村旅游业的发展和可持续经营。

平台的建立将促进当地文旅产业的发展，增加地方的旅游收入，通过对游客评价的收集与分析，提升当地文旅产业的服务质量，推动乡村文旅联动产业的发展。不仅促进了旅游业的发展和收入增长，还推动了乡村产业的发展，提升了服务质量和用户满意度，为乡村经济注入了新的活力。

三、创新点

数字化创新推进数字乡村工作建设，带来多业务场景创新做法和启示

（一）利用数字化技术着力构建乡村治理绿色体系

通过乡村治理数字化转型，让治理工作的"上传下达"渠道更加便捷，对村民群众的诉求了解更及时，让不同治理主体之间协同联动，实现跨部门协同治理，提升工作效率，让村民诉求得到快速解决。

（二）构建多维度、多元化监管路径，赋能政府监督管理

运用数字信息化管理手段，转变监管工作理念，提高工作执行能力，保障村民群众的知情权、参与权和监督权，助推乡村治理"最后一千米"成效，形成每个村民群众都能参与和监督的乡村治理新氛围。

（三）提升村民自治水平，完善乡村人居环境治理体系

通过数字信息化平台建设，促进乡村治理方式由传统的政府主导管理方式向数字化村民自治管理方式转变，激发村民群众参与乡村治理的积极性和创造性，整体提升乡村治理水平。

（四）利用数字化技术保障当地特色农产业高质量发展

通过提升乡村农产数字服务能力，推动农特产品产业经营方式转变，完善农特产品质量安全范围溯源体系，提升地区农特产品的竞争力，形成成熟、有效、增利的地区农特产品电商销售体系。

四、效果效益

激发基层村民的参与热情和积极性，打造美丽乡村蓝图

（一）案例应用效果

南康"数字乡村链"平台的运用，可以激发基层村民参与热情和积极性，巩固提升农村人居环境整治成效，持续提升乡村治理数字化水平。同时，构建网格化治理新格局，提升管理者的治理效率，增加管控路径，打造生态宜居、产业兴旺、乡风文明、治理有效的美丽乡村蓝图。

（1）在乡村治理方面，解决了乡村治理工作中的诸多痛点、难点，充分发挥了基层管理者的工作引领作用，增强了党组织的凝聚力和组织力，推动了乡村振兴工作的落地，提高了村民群众参与乡村治理工作的积极性。截至2023年4月，平台试点赣州市南康区累计注册村民69.67万人、累计实名认证村民69.28万人、已部署村社区295个、开办线下积分超市279家、发布积分项目共计8354条、发放奖励积分累计2199万分。

（2）在特色农产品赋能层面，解决了数字化水平低、产品信息不对称、供应链环节数据不完整、关键信息真实性无法保证、数据孤立无法及时共享等问题，通过将主要环节流程的数据信息上传，达到了数据共享、透明、互认的效果，提升了产业链上下游的协作效率。截至2023年4月，平台累计入驻农产业种植户8.03万户、赋区块链防伪溯源码7638万个、消费者扫码221万次，平台通过数据支撑，帮助果农实现金融机构贷款额度达到5.6亿元。

（二）社会效益

（1）利用数据支撑，辅助领导精准决策：利用数据赋能，实现各级领导者的"一键知天下，一屏览全局"。

（2）释放基层压力，减轻基层负担：打造全民参与、多元共治的场景，利用大数据、数字信息化能力作为支撑，减少基层人员投入，减轻政府压力，提升管理效率。

12 基于区块链的数字非遗产业综合服务应用实践

云南云链未来科技有限公司

一、案例背景

建水紫陶产业面临痛点，"区块链+X"多技术融合促进提质增效

建水紫陶是中国四大名陶之一，历史悠久，自宋末年间开始生产，至今已有900多年的历史。目前，建水紫陶已经被国务院列入国家级第二批非物质文化遗产保护名录，"建水紫陶"品牌也成功申报成为中国地理标志证明商标，受到国家《地理标志产品保护规定》的保护。

建水紫陶文化产业是建水县重点发展和打造的产业，经过项目团队的深入调研，该产业虽然整体发展向好，但仍然存在痛点。

（1）缺乏消费洞察。大多数传统技艺传承人远离市场，不懂消费者的喜好，囿于传统思维，很难创新，市场接受度不高。

（2）营销能力有限。很多非遗产业以线下销售渠道为主，只能与线上的广大消费人群失之交臂。

（3）品牌建设不足。多数非遗产业生产以传承古法为主，现代化创新能力有限，品牌打造能力弱，市场竞争力不足。

（4）知识产权保护意识薄弱。在非遗产业生产主体中，普遍缺乏知识产权保护意识，高质量艺术知识产权资源难以确权利用，不仅难以产生收益，还容易被抄袭滥用。

（5）产业市场混乱。非遗消费产业存在鱼目混珠的乱象，山寨假冒产品扰乱市场，导致消费者认知成本很高，在很大程度上制约了非遗产业突破规模。

（6）产业化水平低。在产业分布中，仍然以第一产业为主，加工服务业发展缓慢，龙头企业较少，难以形成规模优势。

（7）产业引导困难。产业数据统计滞后，相关管理部门不具备监控产业状况的能力，缺乏洞察产业趋势与市场动态的手段，难以科学地引导产业发展。

（8）文化继承者缺乏。多数非遗产业过于小众，很少出现在大众视野中，年轻人知之甚少。此外，文化传承与学校需要投入大量时间成本，学生学成后获得的经济收益有限，投资风险大，难以吸引年轻人参与。

为解决上述问题，云南云链未来科技有限公司推出了"数字紫陶"区块链综合应用项目，旨在综合应用区块链、物联网、大数据、云计算和 XR 等技术，以产业大数据价值利用为切入点，构建紫陶产业从原料生产到消费的全流程追溯体系，利用多链路数据分析，为产业数据治理和产业数字化转型提供可信抓手。同时，项目也在探索"区块链+X"多技术融合赋能实体经济，包括 VR 数字店铺、AR 互动等多元化数字营销手段，丰富消费者的体验，并通过消费者画像提升市场营销精准度，助力紫陶产业经济发展提质增效。

二、方案详情

以数字化的手段优化产业业务流程，重构非遗产业商业模式

（一）方案简介

"数字紫陶"区块链综合应用项目针对上述产业发展及监管痛点，以非遗产业数字化、数字产业化为主线，建设了"1+5+N"的整体项目系统，以数字紫陶区块链综合管理云平台为核心，以 5 大应用体系主模块为主要内容，以 N 个产业应用决策引擎为重要组成部分。同时，项目借助溯源等数字化方式，帮助政府和企业规范行业数据格式，理清紫陶产业的供应链、产业链、资金链、价值链、数据链和治理链，以数字化的手段优化产业业务流程，重构商业模式和政府治理方式，为非遗产业的数字化转型开创了新的实践方式。

（二）技术架构

本项目综合应用区块链、物联网、大数据、云计算和 XR 等技术，构建紫陶产业从原料生产到消费的全流程追溯体系。

（1）以云服务器、云数据库和对象存储等为系统底层基础设施，为系统提供云计算能力。

（2）以 Hyperledger Fabric-1.4.3 联盟链为区块链底层架构，为系统提供安全可信的数据环境。

（3）大数据层采用 Kappa 架构，使用 Kafka+Flink 构建流计算数据架构，Kafka 对接 ElasticSearch 实时分析引擎，提高数据分析能力，为系统产业大数据平台及新零售用户画像提供大数据分析能力。

（4）采用 Unity 2020 LTS 版本 URP 渲染管线，基于 ARfoundation 开发手机端 AR 体验内容应用程序，为用户提供新颖的用户体验。

（5）采用二维码、NFC、RFID 等物联网技术，以"一物一码"的形式给每个紫陶产品赋予"身份 ID"，保障产品的唯一性，防止假冒伪劣。

数字紫陶 1+5+N 系统架构如图 5.26 所示。

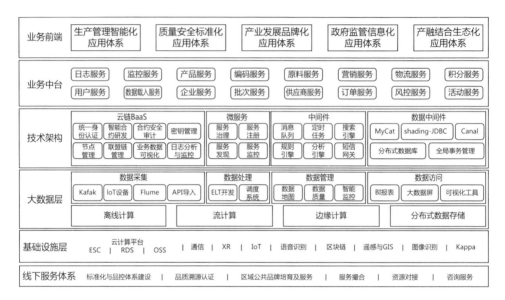

图 5.26　数字紫陶 1+5+N 系统架构

（三）业务流程

项目以建水紫陶单产业为最小单元体，构建涵盖生产管理智能化、质量安全标准化、产业发展品牌化、政府监管信息化、产融结合生态化五大应用体系的子应用系统。通过项目应用系统，收集从原料生产、设计加工、检验检测、包装仓储到运输销售的全生命周期的可信数据，并将其上传至区块链固定存证，保证数据真实可信。数字紫陶区块链综合应用项目业务流程如图 5.27 所示。

同时，这些产业可信数据将被汇总至产业大数据平台，项目利用数据智能分析等手段提炼数据价值，助力相关管理部门获取产业动态，整合产业数据，赋能以产业振兴为核心目的的统筹规划与政策制定，实现产业数据采集利用的良性循环，促进整体产业提质增效。在项目中，知识产权数据也将被汇集在产业数字资源库中，为非遗文化保护与传承提供数据基底，以数字化体系的建设实现建水紫陶非遗产业的全方位提升。

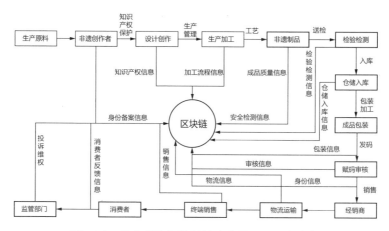

图 5.27 数字紫陶区块链综合应用项目业务流程

三、创新点

应用区块链、物联网、大数据、云计算和 XR 等技术，实现紫陶产品全生命周期数据追溯

（一）产业区块链大数据平台

项目通过应用系统广泛采集产业链各端的关键数据，将采集的可信产业数据在产业大数据平台中汇总，并在平台中进行智能化分析，赋能政府进行产业动态监控，为政府指导产业生产发展、规划产业发展路径提供有力抓手。建水县数字紫陶区块链大数据平台示例如图 5.28 所示。

图 5.28 建水县数字紫陶区块链大数据平台示例

（二）"区块链+X"多技术融合

项目融合区块链、物联网、大数据、云计算和 XR 等技术，实现紫陶产品全生命周期数据追溯，建设紫陶产业大数据平台，赋能政府产业数据治理。数字紫陶的整体规划设计原则如图 5.29 所示。

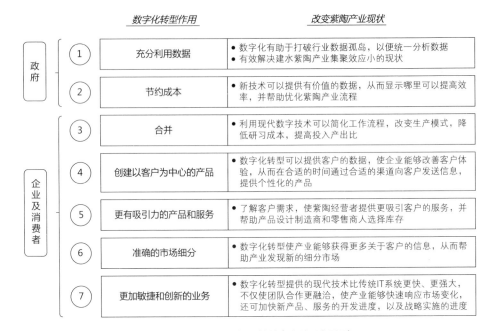

图 5.29　数字紫陶的整体规划设计原则

（三）IoT+区块链+新零售用户画像+产业发展补链图谱

项目为每件紫陶产品都配备了专属加密芯片，芯片类型涵盖二维码、RFID、NFC、量子云码、刀口、激光二维码等多种形式，用于记录存证产品关键生命周期环节数据，并以"一物一码"的方式保障产品的唯一性，防止假冒伪劣，同时通过数据分析构建用户画像，帮助企业了解客户需求，使其从"以产定销"向 C2M 柔性制造模式转变。数字紫陶追溯页面示例如图 5.30 所示。

（四）陶瓷三维模型库+区块链数字资产

结合 AR 技术，持续进行紫陶三维模型制作，逐步构建陶瓷三维模型库。项目通过区块链知识产权存证追溯，留存紫陶区块链数字资产，实现非遗文化资源保护与利用。

图 5.30　数字紫陶追溯页面示例

四、效果效益

实现数字经济系统健康循环运行，推动产业可持续发展

（一）经济效益分析

1. 打造非遗数字应用典范，联动整体产业数字化转型发展

本项目是为非遗产业量身定制的数字化应用项目，其中县域单产业子项目系统具备较强的可复制性，首个项目应用模板建成后，即可针对不同产业情况对模板进行定制化开发，并将其推广应用到其他非遗产业中，构建以"高新技术示范引领＋产业模式可复制推广"的创新模式为特色、三产融合的发展模式为核心的非遗产业数字应用体系，实现数字化产业纵深化发展。目前，已经落地的首个县域单产业子项目——"建水数字紫陶区块链综合应用项目"作为样本案例，已经获得云南省创新创业大赛一等奖、工信部 5G 绽放杯应用征集大赛三等奖。

2. 以全生命周期视角，推动产业多链协同下的数字经济发展

在经济效益方面，项目通过供应链数字化应用基础设施建设、产业链多参与方的协同合作，以及对人、货、场三大生产要素领域的数据采集利用，构造了"取数据于产业，用数据于产业"的数字化闭环，实现了产业资金链、价值链、数据链的有效闭合、互联互通与深度融合。同时，项目为技术、人才、资本、数据等提供各类产业资源的泛在连接、弹性互补和高效配置，能够促进各行业深度融合、上下游联动，帮助更多企业实现新旧动能转换，以降本增效促进产业经济发展的

133

整体提升。

3. 打造数字经济循环，实现产业可持续发展

项目应用构建了"政府引导、市场主导、多方参与"的共建共投共享机制。项目能够持续提高参与方的经济收益，系统运维方也能通过提供数据服务、咨询服务、广告服务等获得收益，再将收益用于项目的扩建，发挥"有为政府"和"有效市场"的协同作用，实现数字经济系统健康循环运行，推动产业可持续发展。在疫情期间，建水紫陶产业中的商户利用数字紫陶项目应用实现了逆势增长。2021 年，建水紫陶注册登记生产销售企业和个体户 2246 户，其中，紫陶生产销售企业 384 户，同比增长 11.63%；登记注册个体工商户 1862 户，同比增长 22.5%。建水紫陶全年产值突破 40 亿元大关，同比增长 15.14%。

（二）社会效益分析

1. 为产业调查、发展和振兴提供全新的思路

项目通过系统应用中的产品溯源码，为产业提供了新的数据采集手段，能够采集产业全生命周期各个终端的数据。同时，数据被上传至区块链固定存证，能够在保证数据真实可信的前提下，提供更广的数据维度。这些可信数据将通过政府产业大数据平台进行汇总、清洗、建模、深度分析等，赋能政府监控产业动态与制定政策，将产业数据价值发挥出来，实现大数据治理从数据汇总到深度数据分析的发展，有效推动政府产业振兴工作提质增效。

2. 推进"数字政府"建设，强化数字治理能力

项目系统建设完成后，系统内直接采集的可信数据将在政府产业大数据平台中实时展示，极大地节省了政府产业数据摸底的工作成本。同时，还可将数据表单一键导出，节省数据资源传递、核对的时间成本。系统还能协同多部门工作，构建有效的跨部门业务协同模型，促进数字政务系统从部门独立运作向部门间协同治理转变。同时，项目内数字应用设施已经拓展延伸到产业链前端的生产销售企业、消费者等基层社会治理单元，能够细致洞察产业动态及各方发展趋势，以强大的数据分析监测能力，为基层社会治理赋能。

3. 落实非遗产业资源保护，提供非遗文化发展新动力

非遗文化的保护与发展传承是核心要义，项目基于非遗知识产权数据构建非遗数字资源库，能够在提供数据基底的同时，支持非遗文化资源的流转与产业协

同，保障珍贵的非遗文化资源长久流传。项目结合多种数字化形式，在实现非遗产品消费体验提升的同时，也已抵达多端消费者的触点，实现非遗文化传播的覆盖面拓展，提高非遗文化在年轻消费者群体中的曝光度，为非遗文化的传承与发展带来全新动力。

13　基于区块链的企业服务实践——雄安新区产业互联网

雄安新区智能城市创新联合会

一、案例背景

打破信息壁垒，构建统一的产业服务平台，为企业提供主动式、精准式服务

营商环境就是生产力，企业服务就是竞争力，围绕高端高新产业发展定位与重点目标，如何加快打造一流硬件设施环境、优质公共服务环境、创新开放政策环境，实现支撑疏解、开发繁荣经济等功能，是雄安新区近年来工作部署的要点。

为加快推动传统产业转型升级，雄安新区陆续出台了《传统产业转移升级工作的实施方案》《关于支持传统产业抗疫纾困转型升级的若干措施》等一系列文件，促进传统产业向数字化、智能化、绿色化转型发展。2021年12月，通过对雄安新区企业进行调研，我们了解到企业最关注政策奖补、银行贷款这两个核心问题。在政策方面，政府最担心企业骗补，中小企业反映不了解政策，政策支持总被几家头部企业获得；在贷款方面，由于雄安新区的企业普遍没有抵押物，银行对企业的经营数据不信任，企业无法获取金融产品的补助。

企业反馈的两个核心问题背后的原因其实是政府、银行、企业之间的信息不通、信息不对称造成的信任问题，传统的企业服务中心加信息化网站的服务方式已经不能解决这两个问题。

在雄安新区管理委员会改革发展局的组织和委托下，雄安新区智能城市创新联合会联合中国农业银行雄安分行建设了雄安产业互联网平台，充分利用区块链技术的"增信"和"连接"属性，以各类支持政策串联企业数据，以企业数据匹配金融产品，搭建了政府、企业和金融机构之间的可信桥梁，实现企业政策申请不见面，通过从政策兑现到资金融通的一站式、精准式、主动式服务方式，实现了基于区块链技术的产业服务新模式。

二、方案详情

区块链成为政、银、企组织信任的基石，助力建立可信沟通的桥梁

雄安新区产业互联网平台通过区块链连接了政府、企业、金融机构等，以企业数据账户为核心，解决了政务数据和企业数据安全隐私、受控共享等问题，通过区块链对数据增信，为各方搭建可信沟通的桥梁，形成政府、企业和金融机构等多主体数据共治格局，可有效提升对企业的精准服务和主动服务能力。

通过区块链解决政府、银行、企业之间因信息不通、信息不对称造成的信任问题，是雄安新区产业互联网平台的核心工作。区块链可以在如下4个方面发挥巨大的作用。一是互联互通。区块链上的记录不可篡改，有助于达成长期稳定的一致性共识，进而构建起可信网络。在实现互无隶属关系的企业数据集成方面，区块链的效果优于数据中台。二是保护隐私。运用区块链可以非常方便地开展隐私计算，实现数据"可用不可见"，保护企业的商业秘密。三是平台以城域区块链为底座，通过设置企业数据账户，政策激励，鼓励企业主动使用，以应用链接入的方式实现企业数据的汇聚，以企业授权的方式实现对数据的管理。四是通过区块链实现政府公共数据运营赋能实体经济发展。平台通过数据三权分置策略，建构相应的制度规则来予以规范，利用区块链技术管理整个共享交换的过程，促进建立一个政府主导、多方监管、共同协作的更加开放、完善的公共数据运营系统。

目前，产业互联网平台围绕服务企业、政府、银行，提供了企业数据账户、政策计算器和金融直通车3个板块。雄安新区产业互联网平台数据架构如图5.31所示。

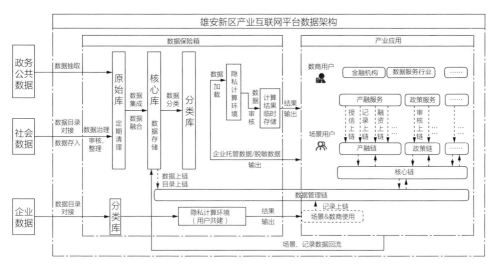

图 5.31 雄安新区产业互联网平台数据架构

（1）企业数据账户：让企业掌握数据主动权，打造企业数据"银行"。在企业注册完成后，雄安新区产业互联网平台将自动获取企业公开数据，在后续企业申报政策和金融服务时，无须再次填报，提升了服务效率。对于合同、财务等敏感数据，企业填报后，平台通过企业密钥加密存储，未经企业主动授权，任何第三方（包括平台）都无法获取，保障了数据安全。此外，数据保险箱建立多维度企业成长五级培育模型，同时帮助企业查缺补漏，还数于企，为企业的成长之路保驾护航。

（2）政策计算器：打造了政企连接的高速公路。政策计算器为企业提供政策匹配、政策解读、政策申报等一站式服务，企业只需简单填写信息并提交，即可匹配可享政策，并根据匹配结果实现快速申报；为政府提供政策发布、政策审核的全方位管理模式，政府办公人员根据图形界面引导，以"所见即所得"的方式快速发布政策，根据高度结构化的企业上报数据进行比对，实现便捷审核。此外，政策计算器将企业信息标签化处理，对满足政策条件的企业进行精准推送，将政策服务模式从"企业找政策"变成了"政策找企业"。

（3）金融直通车：构建了企业和金融机构的可信桥梁。企业选择满足自身资金需求、利率合适的金融服务产品；金融机构实现对科创企业授信、受理、审批、放贷的全生命周期管理。基于链上可信数据，金融直通车可降低金融机构的风控难度，进而降低企业融资成本，助力在信任环境下各类新型金融产品与服务的创新，进一步实现了对企业的精准信贷支持。

三、创新点

通过区块链与政府公共数据结合，优化流程，还数于企，实现数据增信

（1）打通部门壁垒，优化服务流程。平台将国家级、省级、新区级、区县级各部门政策统一到一个端口，逐项列出政策的申报对象、奖补政策、兑现方式、受理时间、审批流程、咨询电话、相关文件及申报材料。企业在填报相关信息后，平台自动保留相关数据，企业在申报其他奖补政策时无须重复填报，大幅提升了政务服务水平，实现了奖补政策一口网上受理、全程不见面审批。

（2）串联企业数据，建立企业画像。借力奖补政策的一口网上受理，平台可完善各类企业的真实数据，将企业数据、奖补政策参数结构化，利用大数据手段对政策和企业进行逐一匹配，对满足政策条件的企业进行精准推送，将政务服务方式化被动为主动。雄安新区产业互联网平台企业画像功能如图5.32所示。

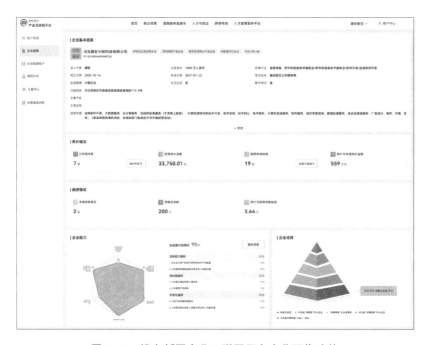

图5.32　雄安新区产业互联网平台企业画像功能

（3）匹配金融政策，搭建可信桥梁。企业可在平台选择满足自身资金需求、利率合适的金融服务产品。在区块链技术和政府奖补政策数据的双重背书下，金融机构可以了解企业真实的经营情况。平台搭建了企业和金融机构的可信桥梁，让企业以优质信用为依托，将数据变资源、资源变资金。

（4）创新运营模式，打造共赢平台。雄安新区产业互联网平台采用政府统筹、银企共建、第三方运营的新模式，即雄安新区管委会统筹规划、上线政策，以提升政务服务水平，雄安新区智能城市创新联合会、中国农业银行雄安分行搭建服务平台提供技术支持，有关企业建立账户填报信息享受优质服务，三方打破信息壁垒，构建了亲清和谐共赢的关系。雄安新区产业互联网平台通过数据赋能、三方共建的模式对公共数据运营起到了示范作用，对各地政府公共数据要素市场应用的落地具有极大的参考性。

四、效果效益

链接多方，共治企业服务链，破解企业服务难题，全面优化营商环境

（1）政策服务初步实现不见面审批，一网通办，主动推送，精准服务。

（2）金融服务直通，贷款投放持续增加。平台采用"数据变信用"机制将中国人民银行货币政策工具、贷款贴息政策、金融机构产品与企业融资需求有机融合，实现企业一键申请、银行在线办理、中国人民银行全流程监督、财政贷款贴息的数字化服务闭环。

（3）为企业提供跨境电商公共服务。平台采用区块链技术链接关、检、汇、税和金融机构。2022年5月，跨境电商出口海外仓（9810）业务模式在雄安新区落地实施。

（4）实现科技创新券秒兑付。平台采用数字人民币＋区块链智能合约的创新形式发放科技创新券，相较于传统科技创新券兑付方式，兑付时间从"月结"提升至"秒结"，实现了实时兑付，极大地简化了用券流程，提高了企业科技创新的积极性。

14 "丝路云链"大宗贸运数字平台推动供应链数字化转型实践

航天信息股份有限公司

招商局能源运输股份有限公司

一、案例背景

推动大宗商品供应链数字化，增强行业风险抵抗能力，提高产业链上下游企业协同发展水平

中国是全球大宗商品进口和消费大国。大宗商品作为基础性资源，对稳定经济、预防输入性通胀具有重要意义。目前，国际大宗商品供应链的主要问题有4个。一是产业链信息共享难。大宗货物产业链条长，环节多，分工细化，数据不联通，形成大量信息孤岛，存在信息不对称、信用不对称的问题，极易产生纠纷。二是行业主体间信用传递难。大宗贸易周期长，流程复杂，上下游企业间缺少数字链接触点，主体间大量依靠中间人进行信息对接和信用背书，产生大量中间成本。三是行业标准化程度低。集装箱的EDI已经普及多年，但大宗行业仍大量依赖纸质文件、单证，格式、标准不统一。四是企业间协同效率低下。企业信息化、标准化程度低，交互方式传统，多采用传统邮件方式协同，多方协同效率低下，影响货物、资金的周转和流动。

为解决大宗商品供应链面临的问题，航天信息股份有限公司（简称：航天信息）联合招商局能源运输股份有限公司（简称：招商轮船）共建本项目，期望利用区块链技术赋能传统行业绿色转型，推动构建新型大宗商品数字生态系统，打通大宗商品贸运关键业务环节，汇聚全程信息，增强行业风险抵抗能力和产业链上下游企业协同发展水平，提升综合治理及社会服务能力，力争到2025年实现以铁矿石、粮食等大宗商品贸易运输为主要落地场景的应用。

二、方案详情

基于区块链技术构建"丝路云链"，实现大宗商品贸易运输全程数字化、智能化

"丝路云链"大宗贸运数字平台融合线上、线下双重优势，吸引产业链的服务提供商（船公司、租家、船代、货代、租船经纪、银行、贸易商）加入平台，整合大宗货物供应链各环节资源，为客户提供大宗货物的在线交易、租船运输、仓储物流、支付结算、金融保险及移动应用等服务，形成资源整合与共享的大宗商品产业完整数字化生态圈。平台主要提供"贸易合同签订—租船—运输合同签订—装货—航行—卸货"这几个阶段的信息流转和单证服务，通过调用单一窗口等接口接入海关、港口等部门，覆盖货物运输的整个流程。

平台业务范围覆盖进口铁矿石和粮食等大宗贸运全链条，涵盖贸易、物流、金融、监管等业务领域。平台基本业务流程以大宗交易为起点，当贸易双方达成交易后，平台提供金融和物流服务，支撑双方完成支付结算和货物交付。同时，端到端的数字化服务为有效监管提供全流程商流、物流、信息流、资金流等多维度的真实业务数据支撑。

"丝路云链"大宗贸运数字平台包括底层的跨境大宗商品可信服务网络，中间层的"丝路云链"应用、第三方应用和"丝路云链"整合框架，以及上层的生态圈参与方信息系统，如图5.33所示。跨境大宗商品可信服务网络由区块链网络、业务智能合约和业务API组成，区块链基础设施通过业务API为上层提供服务；"丝路云链"整合框架为参与方接入业务提供兼容整合能力，支持不同标准、不同数据格式和不同数据源（业务系统、IoT等）的接入；"丝路云链"应用包含区块链单证体系、大宗货物在线交易平台、端到端数字化智慧物流服务、大宗商品产业链跨业务领域全程协同平台、金融创新服务等，实现整个大宗贸运全链条全周期的数字化联通和协同；应用市场和生态圈参与方信息系统通过API接入跨境大宗商品可信服务网络，利用网络生态、关键业务规则智能合约与其他国际大宗商品参与方进行数据交换、业务协同。

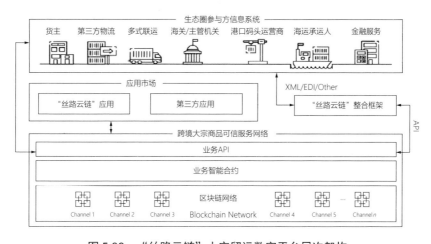

图 5.33　"丝路云链"大宗贸运数字平台层次架构

平台已构建云链海运、云链提单、云链合同和云链驾驶舱等功能模块，覆盖船舶发布、智能匹配、租船订约、在线协同、货物跟踪和货物交付等海运物流领域业务场景，促进运力提升和港口效率优化，提升船货通关便利性，优化产业资源配置，提升产业链整体效率。平台通过云链合同实现对租船用户合约执行状况的跟踪，形成新型商业信用模式；利用云链提单、云链海运服务为贸易、海运、港口等大宗贸易关键参与方提供便利的物流服务，实现便捷、安全、高效的贸易和海运物流业务。后续平台将深化智慧物流服务建设，加快海运物流绿色化转型，构建大宗商品数字交易体系，并创新金融服务；制定混矿业务融资标准，加深与国际矿业巨头合作，提升中资船舶承运的比例，扩大人民币结算范围，提升人民币的国际影响力。

三、创新点

基于自主可控无证书和商业数据隐私保护技术，提升供应链数字化水平

（一）自主可控无证书区块链关键技术

针对当前诸多区块链平台没有全面采用国产密码算法，以及交易性能不能满足大批量高频次的应用需求问题，项目提出基于 SM2 的无证书身份认证方案和协同签名用户密钥安全防护策略，研究实现基于国产密码算法的高效交易区块链平台及服务体系，压缩了 80% 区块容量，通信损耗降低了 75%，区块链交易性能达到 10000TPS 以上。

（二）一种基于区块链的商业数据隐私保护技术

大宗商品行业高度重视商业数据的隐私保护问题。针对在多方交互网络中兼顾数据共享与隐私安全的难题，项目提出基于区块链共享账本的局部共享技术，通过灵活的数据安全策略解决多主体之间数据所有权、访问权和分发权的管理问题。

（三）一种去中心化的数字化供应链管理模型

针对传统供应链模式下信息共享难、协同难度大、安全与风险控制能力弱等问题，项目提出基于区块链的数字化供应链管理模型，突破网络化数据共享、智能化在线协作和可信安全底座等技术难点，增强数字化供应链平台核心能力，实现 100TB 的数据存储规模，提升供应链数字化水平，激发供应链数字化创新活力。

四、效果效益

推动大宗商品产业链全面数字化转型，降本减碳，助力数字经济国内国际双循环发展

（一）贸运环节互通，提升数据共享质量

每达成一笔国际贸易平均需要接近 40 份不同的纸面单证，交易各方需要交换的信息量达 200 多项，其中 70% 的信息具有重复性，这些信息需要大量的人力来收集和处理。"丝路云链"大宗贸运数字平台汇集贸易、物流和金融参与方，贯通产业链，减少产业链各方采集、整理和传递大量重复信息的成本。

（二）简化贸易流程，提升组织计划协同能力

国际大宗商品贸易具有交易数量大、交易额度高、参与方主体多、协同难度大的特点，"丝路云链"大宗贸运数字平台为产业链参与方提供的标准化数字协同参与方式，能够简化贸易流程，提升组织能力，提高执行效率。

（三）电子化海运提单，降低交付风险

在大宗散货运输过程中，伴随着物权转移经常出现无单放货、保函放货的情况，承运人往往难以核实提单合法持有人身份，这可能产生放货风险，带来巨大的经济损失和高昂的诉讼费用。"丝路云链"大宗贸运数字平台创新电子提单业务，实现数据"一次录入、全程应用"，有效规避承运人无单放货和放错货的风险，提高货物交付的安全性；快速流转帮助承运人及时收单放货，避免由于等待提单在港口长期停泊造成的巨额滞期费；将交单、审单时间由原来的十几天甚至几十天缩短到一天或数小时；电子提单实现即时合并与拆分，为在途贸易和中短途贸易链融资提供了切实的便利。

平台每年可为招商轮船节约燃油约 15000 吨，减少二氧化碳排放量约 47000 吨。依托平台建设成果，交通运输部组织编制了《基于区块链的进口干散货进出港业务电子平台建设指南》，并于 2022 年 6 月发布。

15 基于区块链的可信溯源云服务实践

合肥链世科技有限公司

一、案例背景

面对中心化存储、信息孤岛、窜货等痛点，区块链助力建立消费者"验真"和厂商"防伪"双向机制

（一）总体概况

传统溯源行业面临中心化存储、信息孤岛、窜货等痛点，合肥链世科技有限公司（以下简称：链世科技）以区块链技术为主导，结合物联网、人工智能、大数据、智能防伪等前沿技术，打造商品溯源的区块链云服务平台，通过将采集的生产、流通、营销等全信息上链，助力建立消费者"验真"和厂商"防伪"双向机制，使消费者买得放心，提高厂商的品牌可信度。

（二）案例背景

随着市场经济的迅速发展，产品质量问题不断引起消费者及监管部门的关注。《关于加快推进重要产品追溯体系建设的意见》的发布，充分体现出我国在食用农产品、食品、药品、农业生产资料、特种设备、危险品等重要行业建立完善的质量追溯体系的决心。逐步完善的产品追溯行业政策体系，将有助于产品追溯行业的健康、快速发展。如何建立高频次、覆盖范围广的商品溯源渠道，成为各大行业不可避免的研究重点。

当前，市场上传统的溯源技术可大致分为 RFID 无线射频技术、二维码和条码 3 种，三者在防伪溯源任务中各有利弊，但普遍存在可篡改性高、行业标准不一、缺乏公信力等问题，导致溯源结果尚不完全可信任，阻碍了行业的发展。

以区块链为代表的新一代信息技术水平的不断进步，为提升产品质量追溯系统的性能创造了先决条件，产品信息采集效率的提高，使得在高速生产线上实现产品追溯成为可能，这极大地拓宽了食品溯源体系的应用领域，也为食品溯源行业带来了广阔的发展前景。

作为一种以低成本建立信任机制的解决方案，区块链打造的数字化债权凭证

能够保证信息不可篡改，同时带有时间戳的链式区块结构保证数字债权凭证具有极强的可验证性和可追溯性，可有效解决溯源产业发展过程中面临的数据存储中心化、信任风险、标准性差、难以系统化等难题。

二、方案详情

区块链融合多技术建立产品"身份证"系统，赋能产品管控追溯

（一）案例技术架构

可信溯源云服务平台技术架构如图 5.34 所示。

图 5.34　可信溯源云服务平台技术架构

1. 架构简述

平台由溯源系统、数据采集系统、产品溯源标识、硬件设备、营销系统、数据统计展示等多个子系统共同组成，实现对企业产品的防伪溯源、过程追溯、精准营销、数据统计等多种功能。

2. 基于区块链保证安全可信

平台保证源头信息真实，并通过多方印证提高造假成本，确保信息无法篡改，提升客户对产品的信任度和产品形象，使监管部门可以快速进行取证执法。

3. 支持多种防伪溯源标识

平台支持多种形式的产品溯源标识，可提供从普通消费品到高端商品各个层次的产品溯源标识保障，由客户根据自己产品的需求进行选择与搭配。

4. 系统功能丰富，扩展灵活

平台支持根据客户的需求进行功能定制。平台根据功能及用户角色划分出多个子系统供不同人员使用，各个子系统职责清晰，同时预留多种接口，可与各种外部系统进行对接及数据交换。

5. 基于"一物一码"的渠道和营销管理

平台支持基于"一物一码"的营销互动活动方式，可根据不同的商业场景定制，将溯源系统与传统营销渠道、现代网络精准营销相结合，丰富了品牌厂家的营销手段。平台支持经销商管理、防窜货管理等基于"一物一码"的渠道管理功能。

（二）关键技术情况

（1）可信溯源云服务平台采用"国物（国家物联网）标识体系＋区块链"的溯源 SaaS 服务系统，融合物联网与区块链，不经人工处理直接上链。

（2）可信溯源云服务平台采用签名算法，协同使用证书体系和 TLS 协议等加密技术进行数据存储，保护敏感的商业数据。

（3）可信溯源云服务平台利用区块 Binary Log 组件来持久化存储区块的原始内容和实现重启过程中的数据恢复，实现数据永久存储、不可篡改、可追溯，提高监管效率。

（三）平台运行机制及业务流程

商品溯源需要对供应链上从来源到去向涉及的各个环节流转信息进行记录和

存储，只有保证每个环节信息传输和共享的真实性和安全性，才能获得有效的溯源信息。应用区块链的产业链流程如图5.35所示。以农产品为例，平台将加密算法和智能合约技术应用于供应链信息的存储和传输过程中，分布式账本的链式结构保证了数据的可追溯性。从企业认证到产品的统一赋码、产品供应链信息的上报等信息，全部通过区块链保存，监管部门可以从供应链源头进行正向跟踪，从区块链取得完整的产品防伪溯源信息，消费者可通过区块链的后台接口进行逆向追溯。

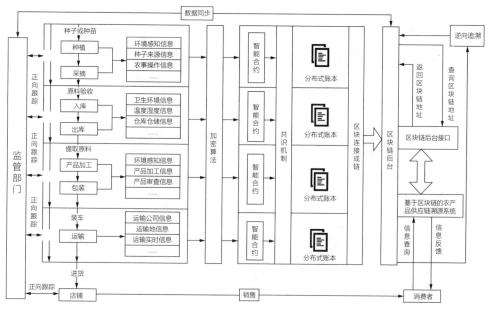

图 5.35　应用区块链的产业链流程（以农产品为例）

三、创新点

建立信任机制，保证数据的可追溯，实现监管、溯源一体化

（一）数据存储去中心化，杜绝信息孤岛，建立信任机制

与传统溯源相比，区块链因其具备去中心化的特性，在溯源中解决了信任问题。基于区块链分布式架构构建的多方面协作组网系统，一方面让多方信息授权可见，提高产品流通中信息获取的效率，实现底层数据穿透式监管；另一方面，依托智能合约等技术，以向区块链记账节点发送交易的形式进行数据流通，在交易中包含合约的代码、调用的函数及相关的参数，合约的部署和调用交易由一个

节点发出并向全网广播，再由各个节点分别执行合约，通过共识机制达成结果，并存储到区块链上。

通过去中心化实现点对点的直接交互，可以大幅度减少业务信息冗余量及信息的交互量，促使产业链条信息实现共享，杜绝信息存储方一家独大的情况，对促进企业间信任机制的构建奠定了较好的基础。

（二）链式数据结构，保证数据可追溯

区块链是一个"块链式数据"结构，类似于一条环环相扣的"铁链"，下一环的内容包含上一环的内容，链上的信息依据时间顺序环环相扣，这就使得区块链上的任意一条数据都可以通过"块链式数据结构"追溯到其本源。

基于区块链的可追溯性，通过将产品上游原料采购过程、加工过程、存储过程、运输过程及销售过程中的相关数据上链存储，可以实现产品从原料采购到消费的全链条透明化监管，保证数据来源可追溯，且相关数据一旦上链，便难以进行篡改，进一步保证了相关数据的真实性和安全性。

（三）监管机制节点有机融入，实现监管溯源一体化

目前，为解决溯源过程中监管漏洞等问题，有关部门已开始重视区块链溯源，真正实现监管、溯源一体化。以食品行业为例，2019年，《中共中央、国务院关于深化改革加强食品安全工作的意见》明确提出建立基于大数据分析的食品安全信息平台，推进大数据、云计算、物联网、人工智能、区块链等技术在食品安全监管领域的应用，实施智慧监管，逐步实现食品安全违法犯罪线索网上排查汇聚和案件网上移送、网上受理、网上监督，提升监管工作的信息化水平。

在基于区块链的溯源系统的实际应用中，监管部门可作为链条节点进入供应链。由于各个链条的数据被相关责任主体在映射中进行数字签名并附上了时间戳，一旦出现质量问题，监管部门可以将责任追溯到相关主体。

四、效果效益

实现多领域溯源和防窜货，推动有效监管赋能品牌价值的实现

平台已开发上线并完成备案，在特色农产品溯源、快消品溯源和防窜货、酒水溯源和防窜货、物流冷链溯源等农业、工业、物流领域已有应用。

（一）方案应用效果

可信溯源云服务平台将区块链技术应用于溯源行业，为每件商品设定单独的识别码来确定商品身份，结合物联网技术将商品在供应链各环节产生的信息存储在区块链上，实现上链信息无法篡改，以保证企业、消费者和监管部门在追溯商品信息时，查询到的数据真实有效。

（二）社会效益及经济效益

1. 经济效益

链世科技与华润数科签订了溯源项目合作备忘录，5 年内平台入驻企业将达到 5000 家，赋码产品 10000 个，赋码总量 500 万枚，溯源商品覆盖各大产业，形成生态规模。

2. 社会效益

（1）商品防伪。商品通过"一物一码"的标识将全过程流转的信息写入区块链。区块链上的信息不能随意篡改，商品从生产到运输再到最后销售，每一个环节的信息都被记录在区块链上，可以实现商品防伪。

（2）有效监管。商品从生产到销售，每一个环节的主体都以自己的身份（私钥）将信息签名写入区块链，信息不可篡改，身份不可抵赖。万一出现纠纷，平台可以很快地定位出问题的环节，进行举证和追责。

（3）供应链协同。区块链上的数据高效地在供应链上的不同部门之间进行共享，因此平台可以做到统一凭证、全程记录，能够有效解决多方参与协同难、信息碎片化、流通环节重复审核等问题，从而降低物流成本、提高效率。

（4）快速接入与查验。平台通过 API 及 SDK 可以实现一站式接入，支持整个溯源流程自定义，可以实现商品的快速溯源验证。

（5）精准营销。通过区块链溯源服务，品牌商可以建立终端用户的个性化连接，快速叠加个性化营销活动，实现精准营销。

16 基于区块链的邮轮票务管理服务实践

上海计算机软件技术开发中心

上海软中智链数字科技有限公司

上海软中信息技术有限公司

一、案例背景

基于区块链构建"船票生态"，有效解决航票交易的信任问题

邮轮旅游是指旅游者为了休闲和娱乐，以集合了酒店住宿、餐厅供应及休闲娱乐等功能的邮轮作为交通载具，结合岸上的目的地观光游览等活动进行的海陆结合的旅游形式。《上海市国民经济和社会发展第十四个五年规划和二〇三五年远景目标纲要》明确提出："建设国际一流邮轮港，建立健全适合邮轮靠泊通行和邮轮旅客通关出行的管理体系，完善邮轮公共卫生事件应对策略和标准体系，积极争取邮轮无目的地航线试点，完善邮轮港综合交通体系。"上海市政府出台的《关于加快推进南北转型发展的实施意见》也明确提出："宝山区以建设邮轮旅游发展示范区为引领，高标准建设具有全球影响力的上海国际邮轮旅游度假区，拓展邮轮经济产业链，打造具有国际邮轮特色、海上门户标识度的文旅新地标。"

（一）痛点分析

（1）票价透明度较差，假票难控：在传统航票交易中，消费者往往通过第三方代理机构购票。在这个过程中，代理机构可能通过加价售票、收取高额退票费、擅自变更船票使用条件等手段来达到赚取更多利润的目的，部分消费者可能买到虚假或无效船票。

（2）信息不透明、不对称：随着售票渠道的增多，各种票务系统也随之增加，每个系统之间是独立的，没有做到信息的高效传达、实时共享，导致信息不对称，票价波动较大。

（3）售票渠道多，核对效率低：售票方式较多，包括票窗、小程序售票、票务分销合作等多种渠道，每个渠道信息不统一，需要长时间的人工核对，大大增加了人工成本。

（二）区块链的价值

上海计算机软件技术开发中心联合上海软中智链数字科技有限公司、上海软中信息技术有限公司，基于区块链技术打造邮轮港票源管理系统，结合区块链不可篡改、可追溯的特性，提供票据上链和流转等服务。邮轮港票源管理系统以船票信息作为基础和核心信息，构建基于区块链的"船票生态"，对整个行业上下游开放服务，从船票开售到售卖结束，实现基于"船票"的所有信息的联通，使活动组织者能够保持对流程的控制，并设置价格限制，向船票卖家收取固定的费用，其效率远远优于使用人力治理。此外，区块链的技术规避了遭受攻击的安全风险，保护了客人的船票所有权，保证了船票的唯一性和完整性。

二、方案详情

建立安全可信的票务交易架构，提供高效、便捷的区块链服务

（一）建设目标

本方案以"规范同业、控舱稳价、拓宽渠道、实时出票"为宗旨建立行业统一的邮轮票务平台，促进邮轮市场形成合力，提高各环节效率，提升服务品质，促进市场健康、有序地发展，利用区块链技术，确保邮轮港票源管理系统交易的公信力，为外籍船公司、分销商等关联方提供安全交易保障。平台通过去中心化的区块链技术，客观真实地记录交易链路的每个节点与变化过程，发生问题便于追溯查源，最终实现船票分销的可持续发展性和有序性。

（二）技术架构

基于区块链的邮轮港票源管理系统依托互联网，充分利用分布式数据库、分布式缓存、微服务架构、消息中间件、区块链和 DevOps 等，整合信息平台与技术资源，支撑上层系统应用建设，平台整体架构如图 5.36 所示。本系统软件平台整体架构向下覆盖邮轮港的基础设施，向上覆盖各类用户，向各类参与机构节点提供全面的区块链服务，提供快速部署区块链、便捷管理链网及应用服务等功能。

基于区块链的邮轮港票源管理系统主要技术特点如下。

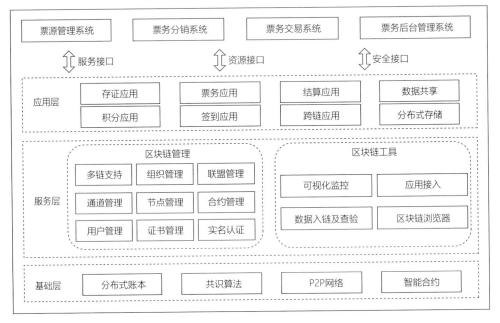

图 5.36　平台整体架构

1. 灵活新增节点网络

平台支持联盟链组织、联盟、通道、节点等参数的可视化配置，支持节点动态加入和退出，基于跨链机制的分片技术实现通过增加分片数来线性提高整个联盟链网络平台的吞吐量（TPS），便于用户随时随地增加船公司、包船商、旅行社和代理商等产业上下游节点，管控灵活。

2. 高安全性

平台采用国密算法、安全共识、数字认证、隐私保护和身份准入等多层防护机制，可有效防止共谋攻击、量子计算攻击，抵抗不超过 1/3 共识节点的恶意攻击；支持私钥离线存储，全方位保护企业私密数据。

3. 合约商店

平台支持船票分销、舱位分配、票款结算等 10 余种预设合约模板在线预览及购买，支持开发者在线开发智能合约。

4. 智能运维

平台支持区块链节点运行状态可视化、资源负载等的实时监控，保障链网运行通畅。

（三）业务流程

基于区块链的邮轮港票源管理系统采用联盟链，其主要节点包括邮轮港公司、邮轮公司、旅行社、地接社和商铺等。上链数据为船票从生成到核销的整个生命周期的数据，包括船票的创建、船票审核、生成船票、上架船票、船票登记、出票、船票使用等相关数据。在本系统中，智能合约主要运用于两个方面，一是在船票分销时，在线签订合同，并利用区块链智能合约生成电子合同，分销商公司按要求进行支付后，再按合同中约定的代理量预订票量；二是在发起包船订单时，利用区块链智能合约赋能线上交易根据线下合约自动生成电子合同，存入区块链电子合同中。

该系统下的业务流程主要分为以下几个环节。

1. 船票生成、修改和失效

系统根据锁票时的控舱情况和船票分配情况，将航线信息和游客信息组合创建为一张船票，并用操作单位及人员私钥将船票信息存入区块链中。一旦船票信息被修改或设定为失效，系统会自动将更新后的信息用操作单位及人员私钥存入区块链中，可追溯和查证。

2. 船票锁票和改签管理

系统将游客预订信息存入区块链，自动为本次预订关联唯一订单号和唯一船票号。已被锁定的船票号无法再次销售和预订，仅能通过退改签的方式对其进行解锁，预订锁票被解锁后即可继续进行售卖。最后，系统将改签信息存入区块链，便于追溯和查证。

3. 包船和分销订单管理

系统根据包船订单线下合约，利用区块链智能合约自动生成电子合同，存入区块链电子合同中，并将占座情况同步计入区块链中，可追溯和查证。系统将分销订单选座信息存入区块链中，并与区块链中存储合同及订票信息进行核对认证，并将认证信息存入区块链备查。

4. 船票验伪

系统提供船票信息的查询服务，经过准入验证的机构可查询代理销售的船票信息、船票生成进度，并与区块链中的信息做比对校验，保证无篡改；对从业机构开放船票检验接口；对个人用户可提供检验船票真伪服务。

三、创新点

票务交易公开透明，保障票据所有权

（一）邮轮船票流转全流程上链，数据透明可信

基于区块链的邮轮港票源管理系统利用区块链技术，确保票务平台交易的公信力，为船公司、分销商等提供安全交易保障。基于区块链的邮轮港票源管理系统利用区块链不可篡改、可追溯等技术特征，客观真实地记录票务交易链路的每个节点与变化过程，确保船票流转全流程公开透明、真实可信。

（二）自动化交易结算，提高处理效率和安全性

在签订与管理电子合同时，基于区块链的邮轮港票源管理系统通过区块链智能合约，自动分销处理票量和费用，最终实现船票分销的可持续发展，脱离当前通过制度约束或第三方机构的信用背书，直接实现双方的价值交换，能够有效降低交易成本，提高交易效率，排除交易中人为干扰因素，提升邮轮港综合服务水平。

四、效果效益

基于区块链实现船票全流程可信，提高邮轮港综合服务水平

基于区块链的邮轮港票源管理系统以船票信息作为基础和核心信息，通过网站、公众号和小程序等多种形式，为接船公司、包船商、旅行社、代理商等产业上下游机构提供电子船票生成、销售管理、同业交易的B2B平台。基于区块链的邮轮港票源管理系统基于区块链构建"船票生态"，对整个行业上下游开放服务，覆盖从船票产出到售卖结束全过程，实现基于"船票"的所有信息的联通，打造中国邮轮行业的信息中心，满足邮轮公司、邮轮港、服务供应商、分销代理、邮轮旅客和政府机关等行业参与者对电子交易及管理邮轮票务信息的需求。

基于区块链的邮轮港票源管理系统已在某国际邮轮港正式使用，帮助邮轮港公司完善与日常运营相关的基础信息化系统，提高企业整体运营管理能力，加强港口运行安全监控和协同应急能力，提升邮轮港综合服务水平，提高了各单位的协同运营管理和信息服务水平。基于区块链的邮轮港票源管理系统通过构建基于区块链的票务信息服务平台，实现了区港联动、口岸协同的智能调度，方便港口游客出行，为游客入港、离港提供各类指引服务；方便民众出入境通关、行李托运、港区休息和交通出行等事务；提升游客在港体验，密切政府同人民群众的联

系，树立良好的政府形象；完善了邮轮港信息化相关的技术标准和管理规范，促进了邮轮港行业信息化建设，树立了国内邮轮港口行业的标杆；为滨江区域的公共安全和社会稳定提供了保障，进一步提升了滨江区域的政府形象，提高邮轮港进出旅客的认可度及周边民众对本地区的归属感。本系统在国内率先试点邮轮船票制度，邮轮港累计接待游客数量已突破 1200 万人次，通关时间由平均 15 秒缩短为 3 秒，提升了游客的满意率。

17 基于区块链的招标采购行业信用应用

光奕科数据技术有限公司

一、案例背景

随着互联网的发展，电子招投标普及，急需保证招标、投标交易安全、透明、可追溯

在传统的招投标交易过程中，存在信息不透明、不安全、违约取证难等问题，且招投标交易过程的行为不可追溯，数据有被篡改风险，存在专家抽取不透明、不规范，电子合同签署无法律效力，供应商履约不彻底等痛点，给招标采购人带来了极大困扰，在后期的管控上耗费精力大，投入成本高。

因此，光奕科数据技术有限公司建设了享链信用链，赋能招标采购行业信用管理。享链信用链利用区块链的去中心化特征，解决了多个对等主体之间的信任问题，达到降低共识成本、提高交易实时性和交易通量的目的，具有数据防篡改、交易云存证、过程可监督、行为可追溯的特点。

总之，随着互联网的普及和电子招投标应用的广泛推广，传统的招投标方式已经难以满足现代社会的需求。通过将区块链技术应用于电子招投标中，可以有效地解决传统招投标方式存在的问题，提高招投标过程的公正性、透明度和安全性。

二、方案详情

区块链赋能信用信息甄别，实现从招标到中标的精细化管理覆盖

本案例突出将享链区块链技术应用在招投标行业的各类场景中，主要包含招标采购行业信用平台等8个平台，将招投标全过程各角色在关键环节的行为及数据进行实时区块链存证，生成数据身份证（存证哈希值）、存证时间戳、区块高度等信息，同时在任意时间节点提供数据存在性和真实性的证明，保证交易过程关键环节数据的真实和可追溯，实现真实可靠的企业资质、业绩、不良记录查询、招投标全过程追溯、可信企业信用评价等功能。本案例依托区块链技术的共享账本、可溯源等特性构建智能监管体系，提高监管数据同步的实时性，对数据异常情况进行预警，加强政府监管，为招标采购行业各角色提供优质、可信、可追溯的全流程、一体化服务。享链信用链系统架构如图5.37所示。

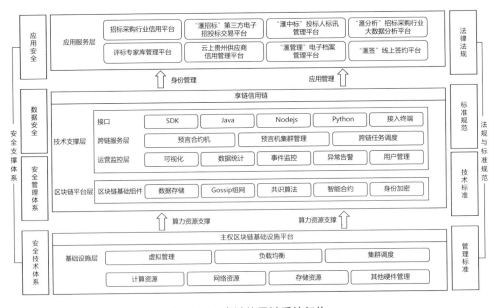

图 5.37 享链信用链系统架构

本案例包括8个具体应用场景，具体如下。

（一）招标采购行业信用平台

招标采购行业信用平台采用区块链技术进行研发，深挖行业大数据潜能，通过智能扒取加人工复审的方式优化各类信息，聚合交易流程中零星分散的信息，全面、动态地展示企业信用信息，着力提升招投标活动的效率，增强竞争的透明度，便于行业部门监督管理。部分需要企业自行填报的信息采用"自愿填报＋信用承诺＋区块链"的方式补充完善。本案例将区块链技术应用到招投标行业信用体系建设中，保证各交易主体的信息真实可靠，有效防止各主体在招投标过程中诚实守信、违法失信等信息被篡改，每次数据改动过程都将上链，实现信用数据可追溯。

（二）"滙招标"第三方电子招投标交易平台

"滙招标"第三方电子招投标交易平台面向招标人、监督部门、招标代理机构、投标人，提供电子招投标全流程交易及监管服务。"滙招标"第三方电子招投标交易平台通过扫脸认证各交易主体身份的方式及主权区块链电子签章系统，为用户提供全流程电子招投标服务，平台功能涵盖招标文件编制、招标公告发布、投标报名、投标文件编制、在线答疑、在线提交加密投标文件、电子开标、电子评标、中标候选人公示发布、中标人确定等招投标各个阶段。平台基于区块链技术，采用人脸识别授权的电子签名、签章，实现全线上投标，同时交易过程及档案采用主权区块链技术存储，线上防篡改、防遗失，确保整个交易过程不被篡改、可追溯，有效约束各方交易主体不规范的行为。平台将数据来源、用户行为轨迹等全部上链，提供查询、对比、辨、行为记录追溯等功能，可促进信用的行业监督、社会监督、政务监督，搭建事实可行、良性互动的行业可信体系。

（三）"滙中标"投标人标讯管理平台

"滙中标"投标人标讯管理平台是专门为用户推送招标信息、中标信息、数据分析、评审仲裁等服务的应用，提供及时、准确、全面的招标信息，帮助用户拓宽渠道、把握商机，提高用户的中标率。上链数据有企业认证信息、人员信息、企业资质信息、企业基础信息、征信报告、信用认证证书牌匾、签署行业自律公约信息、申报及通知信息、诚信点赞信息、失信差评信息、企业业绩信息、专家评审费用信息、社会责任公示信息和标讯信息。该平台于2018年投入市场，截至2023年年中，注册企业近6000家，活跃用户近5000家，用户留存率高，目前每日信息更新量在10000个项目左右。

（四）"滙分析"招标采购行业大数据分析平台

"滙分析"招标采购行业大数据分析平台是为投标人、招标人、代理机构提供招标采购行业交易各方行为画像的数据分析平台，主要功能是将标讯信息、招标人信息、投标人信息、代理机构信息、企业对比信息，以及各分析数据及时上链存证，并可以实时查看上链结果，保证分析数据源真实可靠，为招标人、投标人、代理机构提供可信、可溯源的分析结果。平台自 2022 年 3 月 5 日起向金融助贷机构提供数据，已实现探访企业 8000 家以上，达成中标贷业务意向企业 257 家，预计受理业务金额 3256 万元。

（五）评标专家库管理平台

评标专家库管理平台是招标采购行业专家信息管理平台，通过将专家行为轨迹，以及招标人抽取专家、代理抽取专家、对专家评价等行为上链，确保评标过程真实有效，不能被篡改，有效约束各方交易主体不规范的行为。该平台于 2021 年投入市场，已覆盖贵州省和广东省，服务于两个省份的行业协会、各大招标代理机构，实现抽取专家 3000 余次。

（六）云上贵州供应商信用管理平台

云上贵州供应商信用管理平台提供供应入库申请，平台根据供应商信用等级识别准入条件，若符合条件则成为信用库成员，若不符合则禁止入库。平台提供供应商工商信息检索、信用分值等级实时显示功能，根据招投标过程中海量的交易数据，利用大数据、人工智能等技术手段，加强了对供应商违法失信行为的识别，实现招标采购单位监督管理的智能化和精准化。平台引入市场退出机制，针对不遵守行业操守、多次失信违规的供应商实行自动出库，对符合标准达到要求的供应商实行有条件入库，实现动态良性的供应商信用管理。平台通过将供应商信用信息变动、征信分值变动、申请入库、出库等信息自动上链，确保供应商信息真实有效。该平台于 2021 年投入市场，目前入库企业达 329 家。

（七）"滙管理"电子档案管理平台

"滙管理"电子档案管理平台是招标代理机构全流程 OA（Office Automation）办公系统，提供安全可靠的电子档案存储和管理电子档案存储功能。平台通过将签署、存储电子档案的页面或文件的哈希值、汇签特征码上链，确保文件在存储期间无篡改。同时，平台支持通过哈希校验的方式对存储成功的文件进行实时电子数据司法鉴定并出具固化报告，实现电子档案可查、可比、可辨真，支持相关多方主体数据互通。

（八）"滙签"线上签约平台

"滙签"线上签约平台是为招标采购行业人员提供的专业化线上签约平台。

"滙签"线上签约平台将文件传递过程中的对比核验、人脸识别记录上链，将CA认证电子签名、签章上链，将签署合同后文件的哈希值、汇签特征码上链存证，确保签署行为和文件真实有效，签署行为可追溯。该平台于2021年投入市场，目前已应用在驾培、人力资源、电子交易、数据交易、招投标、金融等多个行业，用印量达已达10万余次。

三、创新点

一方面，平台实现了信用评价监督、履约监管，通过将企业资质、业绩、行为评价等数据通过智能合约上链，杜绝了数据造假的可能，实现了数据可追溯，提升了信用的权威性，减少了线下监督的成本。

另一方面，平台实现了招投标交易数据存证、交易透明化，提升了交易的安全性，大大提高了招标采购的公信力。在档案管理、电子签章领域，平台为信息鉴真、云存证方面提供在线取证，减少了人力成本，提升了管理等诸多方面的效益。

四、效果效益

提升了招标采购效率，降低了线下成本，推动和促进了招投标行业信用体系建设

（一）产生经济效益情况

项目为招标采购行业各角色提供优质、可信、可追溯的全流程、一体化服务，将招投标全过程各角色在关键环节的结果数据进行实时区块链存证，保证交易过程关键环节数据真实和可追溯。

各平台自上链以来，交易项目数达50万宗，累计交易额达500亿元，服务企业12万家，为各方企业提升了无纸化办公效率且降低了纸质文件凭证的成本。

（二）产生社会效益情况

项目实施后，享链信用链已服务50000个不同场景的用户，平台已收集85.5万余家企业数据，主要为招标采购行业交易过程中的招标人、招标代理机构、供应商、评审专家等信用主体提供信用画像、信用评价、电子交易、电子签章、电子档案等服务。享链信用链可以将关键环节的结果数据进行实时区块链存证，保

证交易过程关键环节数据真实和可追溯，解决评价标准不统一、各方主体信用信息作假、信用信息不对称等问题，推动招投标行业信用体系建设。

18 云南省生物资源区块链大数据平台应用实践

北京航空航天大学云南创新研究院

一、案例背景

打破对科学数据大规模开放共享和利用的阻碍

科学数据是国家科技创新发展和经济社会发展的重要基础性战略资源，是数字化时代传播速度最快、影响面最宽、开发利用潜力最大的资源。2018年，国务院办公厅印发了《科学数据管理办法》，明确提出政府预算资金资助形成的科学数据应当按照"开放为常态、不开放为例外"的原则，由主管部门组织编制科学数据资源目录，有关目录和数据应及时接入国家数据共享交换平台，面向社会和相关部门开放共享，畅通科学数据军民共享渠道。目前，我国在农业、林业、海洋、气象、地震、地球系统科学、人口与健康等8个领域建成了国家科技资源共享服务平台，初步形成了一批资源优势明显的科学数据中心。

云南省作为"动物植物王国""有色金属王国"，在生物医药、绿色农业、有色及稀贵金属等领域开展了长期的研究及数字化工作，但数据确权难、数据格式不统一、隐私安全难保证、全流程监管存在盲点等问题，仍然阻碍着科学数据的大规模开放共享和利用。2018年，云南省发布《云南省科学数据管理实施细则》，提出全省统筹、各部门分工负责，构建由不同部门、不同学科领域科学数据组成的全省科学数据管理共享服务系统。2019年，《云南省政府工作报告》提到强化顶层设计，抓紧制订五年发展规划和行动计划，以全省经济社会各领域全面数字化为目标，以资源数字化、数字产业化、产业数字化为主线，坚持特色化、差异化、协同化发展，加速推动信息技术与实体经济深度融合，大力打造数字经济、数字技术的试验场、聚集区。

为积极贯彻国家战略，推进"数字云南"建设，加快云南省科技创新步伐，生物资源数字化开发应用项目围绕生物医药和大健康产业技术创新，深入研究区块链、数据开放共享、数据生态治理、数据安全、数据资产化、数据交易等关键技术，以生物资源为试点构建数据安全可信共享与可信交易的新模式、新理念，统筹规划、逐步实施，从政策法规、组织构架、技术手段和行业标准4个方面系统推进，开展生物资源数字化开发应用项目建设，为云南省数字经济发展提供引领示范。

二、方案详情

汇聚全省生物领域顶尖科研机构，共同打造共享共治平台

生物资源数字化开发应用项目是由云南省科学技术院承担的2020年云南省重大科技专项，由来自信息技术与生物资源领域的19家单位共同参与。项目将利用云计算、区块链技术、AI、大数据、物联网等新技术，对全省分散的动物、植物、微生物、医药科学数据进行综合集成，将传统生物资源数据数字化，实现生物资源数据共享、计算和交易等功能，在生物资源领域实现数据资产化、价值化、共享共用、共研共治。

在项目中，区块链基础平台是在以联盟链为基础的支持链上应用的基础设施，OpenDATA数据资产管理平台支持数据的可信交易和链上管理。双平台共同提供区块链社区，支持链上应用的发布与使用，促进数字经济生态发展。

（一）项目参与单位

项目参与单位及组织架构如图5.38所示。

（二）方案特色

本项目以区块链为核心技术，在数据机构和监管方之间通过共识机制构建可信的分布式协作网络，并基于这个协作网络构建大数据交易平台，打破数据生产方与应用方的壁垒，实现生物大数据的价值流动。方案主要特色包括以下5点。

（1）自治性：项目基于区块链平台核心共识机制，可以使各个参与方能够基于共同利益自发地维护系统安全。

（2）开放性：项目基于区块链系统的开放性特性，各个机构在经过授权之后，可以自由地参与到区块链网络中，共同见证链上交易的流动。

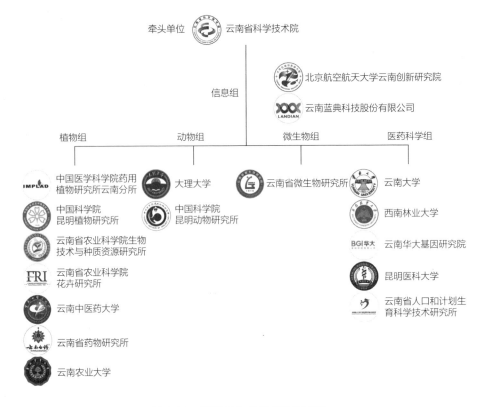

图 5.38 项目参与单位及组织架构

（3）可信性：项目基于联盟授权的准入机制，以及基于多方共识的可信算法，保证链上交易的可信性。

（4）隐私、安全性：链上采用基于数据 Hash 摘要的交易方式，无须将数据内容本身上链，从而确保数据的隐私保护。

（5）审计与监督设计：基于区块链基础平台，相关机构可以对平台上的所有数据流动进行合理合法的监管审计，针对使用情况，制定对应的治理政策。

（三）技术架构

本项目提出了通用区块链基础服务平台和大数据资产交易平台，从业务场景、核心数据、关键技术等多维度提出可行方案；充分利用区块链系统分布式、可信存储的特性，构建大数据交易平台，实现各机构数据的价值转化和流动。生物资源数字化开发应用项目门户如图 5.39 和图 5.40 所示。

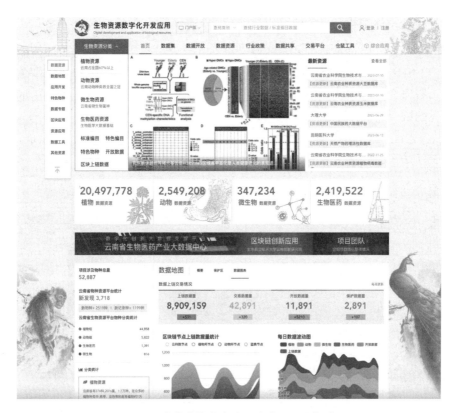

图 5.39　生物资源数字化开发应用项目门户 1

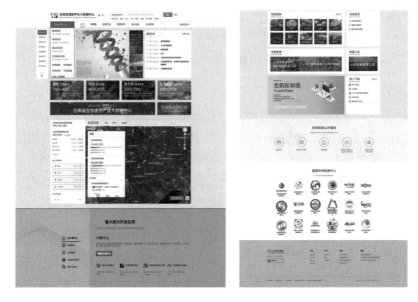

图 5.40　生物资源数字化开发应用项目门户 2

1. 平台总体架构

区块链系统通过核心的共识机制及分布式存储机制，保证部分服务器遭到非法入侵/损坏时，链上数据依然正确可信，系统仍然能够正确运行；提供多语言的链上智能合约虚拟机，以及丰富的开发对接工具，保证业务方能够快速定制开发自己的链上业务系统。平台总体架构如图5.41所示。

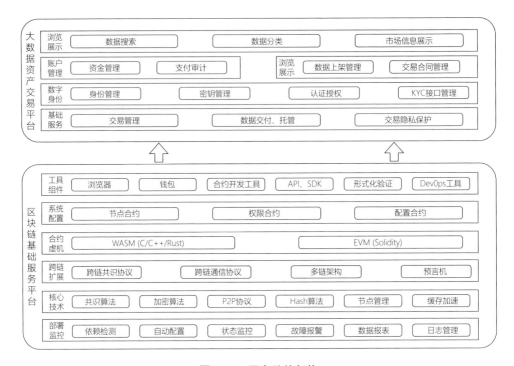

图 5.41　平台总体架构

2. 共识协议

共识协议的核心内容是共识算法。共识算法是区块链系统在多节点之间对新块达成一致的协商机制。区块链是以分布式系统来构建的，它们不依赖一个中央权威，因此分散的节点需要就确权和块的有效与否达成一致。这就是共识算法发挥作用的地方，确保所有节点都基于算法对确权和块的独立验证结果达成一致。

本系统采用DPOS+BFT的核心共识机制，来提供确定性确权执行、拜占庭容错和动态调整节点等功能，满足企业级应用场景需求。同时，系统按照模块化的设计思路，将共识协议的各阶段进行封装，抽象出可扩展的接口，方便节点调用。

3. 数据上链确权

生物资源数字化信息包含图片、视频和文本等信息，但影像、图片、文字等多种格式的数据直接在区块链上存储速度较慢，且视频或者图片文件较大，直接使用区块链的每个节点对多媒体数据进行保存需要占用较大的存储空间，存在节点泄露用户数据的风险，系统可扩展性差。

针对上述问题，我们提出了针对不同类型数据的上链方法，文本信息可分段为固定长度后直接保存在区块链上；对于图片、视频等信息，提取信息的特征值并且保存在区块链上。系统功能流程图中的数据上链确权流程如图 5.42 所示。多媒体信息可能包含图片、视频等多种格式的数据，区块链共识节点仅仅保存数据信息的 Hash 特征值，极大地提升了区块链系统的共识速度，减少了多媒体数据冗余。数据资产区块链确权系统的资产列表和资产详情分别如图 5.43 和图 5.44 所示。

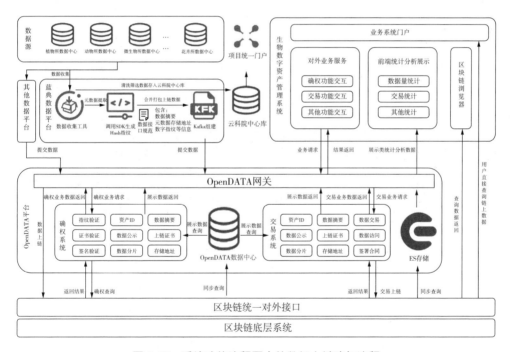

图 5.42 系统功能流程图中的数据上链确权流程

图 5.43 数据资产区块链确权系统的资产列表

图 5.44 数据资产区块链确权系统的资产详情

三、创新点

实现云南省生物医药领域的"三个成果"

平台通过以区块链为主的数字化技术，汇聚云南省内顶尖科研机构，对区域内特色动植物、微生物、生物医药科学领域数据开展资源数字化和治理，开展AI数据挖掘、可信数据资产确权、追溯、分布式存储，以及基于区块链智能合约的数字资产交易，实现三七、茶咖、野生菌、美洲大蠊等优势资源的数字化开发利用，为滇金丝猴、滇池金线鲃、绿孔雀等濒危动物的保护提供数字支撑。数据资产区块链确权系统如图 5.45 和图 5.46 所示。

（1）项目研究完成植物、动物、微生物、生物医药科学数据编目，形成省内共识标准。

（2）项目整合、汇集、治理海量一手生物资源数据，已形成 213 个数据集，包含 75 万条植物、155 万条动物、21 万条微生物及 128 万条生物医药科学数据资源。

（3）项目利用自主可控的云南省区块链技术，实现数据确权、追溯、交易，结合一手数据和人工智能（AI）算法，实现蛋白质结构预测、药物筛选和数字育种等应用。

数据资产区块链确权证书如图 5.47 所示。

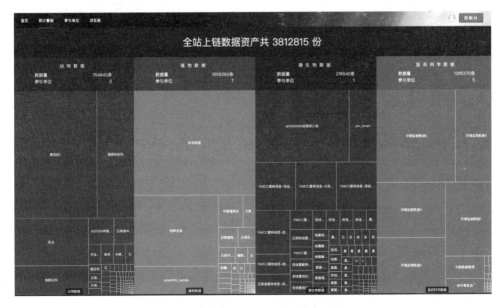

图 5.45　数据资产区块链确权系统 1

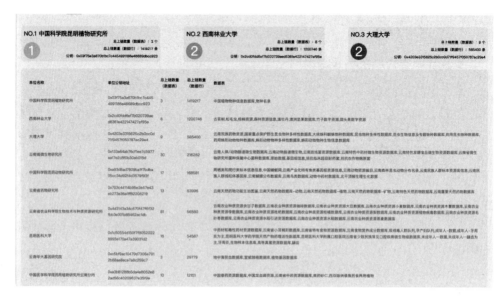

图 5.46 数据资产区块链确权系统 2

图 5.47 数据资产区块链确权证书

四、效果效益

推动科研数据产权保护，促进学术成果再利用与有价数据转化

平台依托云南省"生物资源数字化应用开发"项目，建立立足云南，服务全国，辐射南亚、东南亚的云南省生物资源数字化服务中心，围绕云南省优势生物资源，如茶叶、花卉、坚果、中药材、菌菇等，通过以区块链技术为主的数字化手段梳理产业链条上各个关键环节的数字资产，通过数据集的登记、数据资源的开放、数据资源库的建设、数据共享和交易，实现云南省生物资源发现、登记、整理、确权、共享、交易等多环节的数字化建设，为云南省生物医药产业提供权威数据资源服务、可信的数据资产确权平台、基于区块链智能合约的数字资产交易。

云南省生物资源区块链大数据中心基于"自主可控的云南省区块链底层链平台"（科技厅批复建设），将区块链技术应用在生物科研数据汇集、数据的确权、安全共享、可信交易等方面，推动科研数据产权的保护，在有产权保障的情况下进行共享，以此促进学术研究成果的再利用和有价数据的转化，深入推进生物资源的相关数据资产化。以中国科学院昆明植物研究所、中国科学院昆明动物研究所等为代表的科研机构在本项目的基础上获得了 iFlora 智能植物志、植物全息数据库，其中包含动物生物学信息、动物标本信息、动物基因信息及多个专题库的动物资源数据库等特色研究成果。

19　基于区块链的食药产业全流程可追溯应用实践

吉林省吉科软信息技术有限公司

一、案例背景

强化食品安全追溯监管，切实保障人民群众"舌尖上的安全"

面对国内食品安全现状引发的社会担忧、国家政策法规强化食品安全追溯监管、白山市绿色转型高质量发展和乡村振兴等严峻形势和紧迫任务，吉林省吉科软信息技术有限公司（以下简称：吉科软）研发了基于区块链技术的食药产业全流程可追溯平台，并应用于白山地区，建立从食药产品种植／养殖、生产加工、冷链运输、流通到消费的全链条可追溯体系，解决食品安全责任认定难、食品食材辨真难等问题，积极落实"四个最严"要求，保障人民群众"舌尖上的安全"，带动一、二、三产业融合发展与转型升级，打造行业领先的地市级别全域性、全品类的全流程追溯、全流程监管、全流程服务的食药产业全流程追溯生态链。

项目参与主体包括政府机关单位、种植／养殖主体、生产加工企业、冷链仓储企业、农批农贸市场、学校、配餐企业等。其中，政府机关单位负责项目顶层设计和执行监管；种植／养殖主体等上下游组织共同参与建设产品溯源联盟链，构建食药产业互联网生态链。

二、方案详情

构建食药产品追溯"一张网"，打通食药产业供应链上下游节点，建立绿色开放的食药生态信用网络

食药产业全流程可追溯平台底层区块链基础设施基于 FISCO BCOS 开发。FISCO BCOS 采用高通量、可扩展的多群组架构，实现动态管理多链、多群组，满足多业务场景的扩展需求和隔离需求，支持并行计算模型，基于 DAG（有向无环图）算法实现交易的并行执行，提升交易处理性能和吞吐量。存储模块引入了高扩展性、高吞吐量、高可用、高性能的分布式存储方法，避免性能下降。可插拔的共识机制，支持 PBFT、RAFT 和 rPBFT 共识算法，交易确认时延低、吞吐量高，并具有最终一致性。其中，PBFT 和 rPBFT 可解决拜占庭问题，安全性更高。在安全性方面，除了节点之间、节点与客户端之间通信采用 TLS 安全协议，还增加了节点的网络准入机制，可以限制节点加入、退出联盟链，可将指定群组的作恶节点从群组中删除，保障系统的安全性；支持国密算法，支持国密加密、签名算法和国密通信协议；增加落盘加密方案，支持加密节点落盘数据，保障链上数据的机密性；链上提供了同态加密，以及群环签名接口，用于满足更多的业务需求。

食药产业全流程可追溯项目主要服务于白山市食药产品从种植／养殖到消费各环节的主体，通过动态感知系统、区块链溯源技术、数据治理等方式，构建食药产品追溯"一张网"，将食药产业全流程的关键业务数据上链，大到生产加工、流通消费各环节，小到种子种苗、包装材料、质检合格等数据，每个过程数据都会记录在区块链中，最终生成一个唯一的区块链身份标识码，保证上链数据真实可靠且无法篡改。食药产业全流程可追溯总体流程如图 5.48 所示。

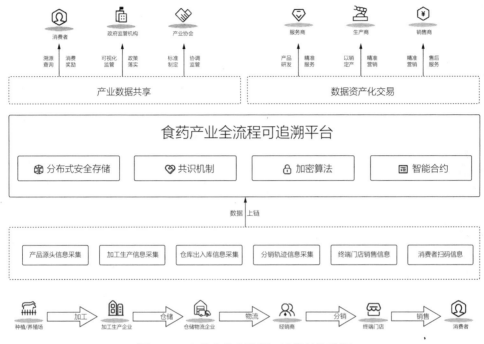

图 5.48　食药产业全流程可追溯总体流程

在流通与消费环节，主要包括商品入库与商品销售。在商品入库时，借助溯源电子秤登记商品的编码、入库数量 / 重量、商品规格及商品来源。如果商品自身已有溯源码，则直接获取溯源码中的信息，以达到入库的目的。在商品销售过程中，如果是零售给消费者的，则在消费者付款的过程中自动为消费者推送商品的生产、加工、流通的信息，同时将消费者的 ID 数据记录下来并且将数据上链，形成完整的全链条数据；如果商品是由经营主体进行采购的，例如学校食堂、机关食堂、餐饮饭店等，经营主体可通过食材采购平台完成食材的线上采购，平台借助采购行为，形成销售信息，并将采购主体名称、所属地区、统一社会信用代码、负责人、联系方式等数据上链。

食药产业全流程可追溯总体架构如图 5.49 所示。

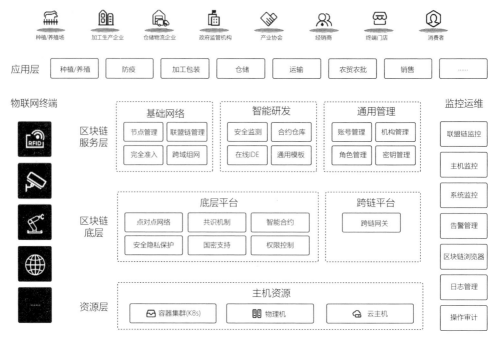

图 5.49　食药产业全流程可追溯总体架构

三、创新点

融合人工智能技术提升监管溯源能力，利用区块链实现有效完整追溯

在市场销售终端采用基于 AI 及二维码识别技术的智能溯源秤（也叫追溯秤、网络秤、射频识别计价秤），将智能溯源秤作为销售终端机，实现食品信息的录入、传递，记录食品安全信息和交易信息，并向消费者打印质量溯源凭证（追溯码），消费者凭借此溯源凭证可以通过查询终端端机、互联网、手机短信、扫描二维码或拨打热线的方式，查询自己所购买食品质量是否合格。查询结果包括食品产地、生产情况、用药情况、流通环节情况、检验检疫信息等。方案基于混合模式的食药产品质量安全可追溯系统的集成方法，而溯源秤在其中为提升食药产品质量安全管理水平提供了有力的保障。采用图像识别和条码技术对产品进行标记、信息采集和传输，使用组件技术开发系统关键模块。

本项目创新了一种全流程可追溯生态链监管知识图谱的构建方法，解决了现有的全流程可追溯生态链存在的局限性，如不能统计与产品有关的物品的信息、监管信息不明确，以及产品政策支持、法律保障和舆论环境信息缺失等。利用大数据和数据挖掘技术对产品的生产信息、物流信息、存储信息、监管信息等进行分析，将分析出的信息存储到云端服务器。采用 LSTM 网络和局部约束注意力机制对存储在云端服务器的产品相关信息进行信息抽取。例如：生产原料、运输途径、销售商家、产品舆论情况等。采用自生产向销售的构建方式，即先确定产品的生产相关信息，再根据产品的后续情况去填充具体数据，来构建知识图谱。

食药产业全流程可追溯项目是以区块链技术为主导的，结合物联网、人工智能、大数据、智能防伪等前沿技术，构建食药产品质量安全追溯联盟链，打通食品产业供应链上下游节点，建立起绿色开放的食品生态信用网络，构建全程透明、高效协同的可信区块链生态环境，使厂商不仅在生产过程中保持信息的透明、不可篡改，更能够在流通过程中做到真正的防伪、可溯源。通过项目中的区块链平台系统，可从生产源头对食品进行监控，在种植/养殖、生产加工、运输、销售各环节逐层监管产品流向，有效减少造假、售假带来的损失，全面提升企业品牌价值。

以"食药产品种植/养殖"为源头，围绕种植/养殖数据、加工数据、仓储物流数据、农贸经销数据等，"链接"种植/养殖方、生产加工企业、仓储物流企业、经销方、终端门店和消费者，实现全过程私密共享、数据不可篡改、可追溯查询、责任准确界定、资源授权共享的目标。

该项目的实施，首先，可解决各环节溯源数据的分段管理中数据分散、采集获取难、工作量大的问题。其次，由于流通环节众多，食品流通到公众手中会出现质量问题追责难度大、产品召回时间长等问题，对数据进行上链后，就可以有效解决这一问题。最后，食药产品品类多样性和来源差异性，导致难以有效完整地追溯，资质证件缺失让公众难辨产品真假，溯源信息流于表面、溯源数据造假，以及欺诈消费者的"伪溯源"等问题，都可因为数据上链得到有效解决。

四、效果效益

拉长产业链，完善生态链，提升价值链，实现"追溯溢价"和"追溯增值"

项目的经济效益，首先是帮助企业集群发展，提升追溯产品价值。传统食药产业的分散性、脆弱性和低附加值，不仅影响生产经营者的收入，而且降低了企业抗击自然灾害、疫情传播和市场周期性变化等风险的能力，是阻碍食品、肉品、水产品、中药材等产业高质量发展的关键因素。建设食药追溯平台，运用大数据连接生产、流通、消费端，将传统食药产业与数字信息化相结合，运用物联网和区块链助力产业高质量发展，拉长产业链，完善生态链，提升价值链，实现"追溯溢价"和"追溯增值"，提升传统食药产业产品的市场竞争力，必定会占据更多的市场份额，也能给经营者和从业者带来更高的经济收入。

其次，优化有关监管部门管理体系，降低管理成本。数据共享、互联互通是本项目建设的主要内容和目的。通过系统可将食药产品种植、采购、加工生产、销售信息共享给各个监管部门，随时掌握食药企业的经营情况、产品生产情况。用信息化手段，减轻政府部门工作人员的工作压力，优化政府服务体系，大大提升了管理效率，降低了管理成本。

在项目的社会效益上，一是解决了食药生产主体分散、"三无"产品多、产业链短、同质化和品牌产品少、产业稳定性和可控程度低等制约产业发展的突出问题，实现产品优质优价，农民和企业增产增收，数字追溯与食药产业深度融合。二是实现产品全生命周期可追溯，在产品供应的整个过程中对产品的生产加工、流通消费等信息进行管控，由产业链各个环节的参与者共同监督产品的质量安全，把控每个环节的品质。三是一旦发生食品安全事故，可对产品来源、流转环节和去向进行"人"和"物"的精准定位，减少排查时间，迅速找到问题环节负责人，及时召回问题产品，减少事故或疫情危害的影响范围，保证公众生命安全。四是充分发挥物联网、区块链、大数据技术在市场监管体系建设中的作用，构建统一、规范、共享的食品安全监管大数据中心，创新市场监管服务机制，初步形成政府负责、部门协作、行业规范、公众参与相结合的市场监管新局面。

整个项目打通了种植／养殖、生产加工、冷链仓储运输、农批农贸市场、居民消费和餐饮消费等环节的数据，实现参、蛙、菌、药、菜、蜂、果、牧、渔九大产品全品类全流程可追溯，构建了食品质量安全全流程、一体化、可追溯监管体系，通过产品溯源监管，提高了食药产品的质量和安全性，促进标准化绿色有机生产，实现优质优价、增产增收，促进白山绿色转型高质量发展和乡村振兴。

20 基于区块链的钒钛产业互联网平台实践——"钛融易"

攀枝花钛网互联科技有限公司

一、案例背景

立足攀西钒钛资源优势，解决产业发展痛点，彰显国企的实力与担当

（一）钒钛的地位

钒钛是具有战略意义的金属，钒被誉为"工业味精"，钛被称为"第三金属"。目前，钒钛主要用于生产含钒高性能钢和钛合金等新型工程材料，广泛应用于航空航天、高速钢轨、国防军事等高科技领域，是保障国民经济和国家安全的重要战略资源。

（二）攀枝花钒钛资源优势

攀枝花是有名的钒钛之都，拥有全国 93% 的钛储量，排名全球第一，拥有全国 63% 的钒储量，排名世界第三，还拥有全国排名第三的晶质石墨储量。此外，攀枝花还是我国四大铁区之一，拥有我国西南钢铁巨头公司，是全国最大规模的钒钛及含钒钛钢铁的生产之地，如今国内已投入运营的高铁中，有 70% 的钢轨产自攀枝花。当前，我国经济发展方式加快转变，钒钛等新材料应用领域的逐渐扩大为攀西地区钒钛产业的发展提供了重大机遇。

（三）攀枝花钒钛行业存在的问题

攀枝花拥有得天独厚的钒钛资源优势，但在发展过程中，也存在一些问题。一是缺乏市场化的交易环节。攀枝花依靠自身资源，基本建立了钒钛产业的研发生产基地，但基于全供应链的生态还较弱，未形成为客户提供一体化服务的生态圈，这阻碍了攀西国家级战略资源创新开发试验区对钒钛资源的充分利用与发展。二是数字化转型程度不高。钒钛资源开发粗放，利用水平不高，资源开采仍存在一矿多采、大矿小开、采富弃贫等现象，石煤提钒、钛铁矿提钛水平较低，伴生稀有金属未实现规模化回收。产业集中度不高，不利于推动攀枝花钒钛产业的升级。三是深加工产品未形成规模经济，布局分散，物流支撑力不足，物流成本高，产业链短。四是钒钛生产企业融资渠道单一，融资成本高，未实现产业与资本有机对接，抗风险能力弱。五是缺乏安全可靠的交易平台。攀枝花钒制品、钛白粉、海绵钛、钛及钛合金材料的产量已居世界前列，但其市场影响力与实际生产能力不匹配，缺乏定价权和话语权，需要建立统一、安全的交易平台整合资源，拥有定价权。

（四）平台建设背景

2020 年，攀枝花市国有投资（集团）有限责任公司成立攀枝花钛网互联科技有限公司（简称：钛网公司），立足攀西钒钛资源优势，本着"开放、融合、创新、引领"的理念，搭建以钒钛产业为核心的 B2B 全供应链服务平台——"钛融易"钒钛产业互联网平台（以下简称：钛融易平台）。

二、方案详情

区块链＋工业互联网——钛融易平台提供钒钛产业链一体化服务

（一）平台概况

钛融易平台按照"一个核心，两大板块，三类服务对象，五大业务中心"的思路进行构建。即以钒钛产业互联网为核心，基于大数据分析，为钒钛生产企业、贸易商、金融机构三大类客户提供钒钛产业链一体化服务，并以此为目标推进钒钛交易结算中心、仓储物流中心、金融服务中心、信息数据中心、智能制造中心五大中心建设，搭建钒钛全产业链服务体系，整合产业资源，促成产业协同，打造产业生态。钛融易平台于 2020 年 9 月 30 日正式上线运行，目前主要以钒钛产业上下游生产及贸易的中小企业为目标用户，金融机构、物流公司同步参与，以线上交易钒钛行业上下游产品为运营模式，交易钛精矿、铁精矿、钛白粉、钛渣、海绵钛等产品。钛融易平台聚集钒钛生产企业原料、产品、生产工艺优势，以及金融机构资金、规模和客户群体优势等开展合作，达到双赢的同时，为钒钛产业添砖加瓦。

（二）平台架构

钛融易平台总体架构如图 5.50 所示。

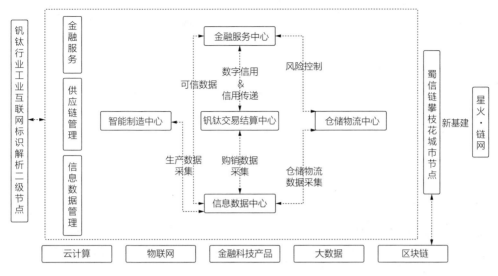

图 5.50 钛融易平台总体架构

钛融易平台包括金融服务、供应链管理和信息数据管理三大板块。其中，金融服务板块包括金融服务中心；供应链管理板块由智能制造中心、钒钛交易结算中心和仓储物流中心组成；信息数据管理板块由信息数据中心来支撑。平台深度参与供应链，致力于构建涵盖线上一体化交易服务、供应链金融服务、供应链仓储及物流管理服务、供应链标准化体系建设服务、企业数字化转型服务和企业协同发展体系建设服务的钒钛产业供应链服务体系。

1. 钒钛交易结算中心

钛融易平台为攀枝花的钒钛产业提供统一、安全的交易平台和一体化交易服务。钒钛交易结算中心为客户提供订单交易、竞价交易、网上商城等多种交易模式，轻松完成线上交易确认、合同签订、交易结算、货款支付、交易统计等全部环节，方便快捷、一体化的交易结算系统有助于控制资金支付流向。同时，钒钛交易结算中心和金融服务中心、仓储物流中心及信息数据中心互联互通，高效协同运作。

通过大数据、区块链和物联网等信息技术赋能，钛融易平台的各参与方获得增值，推动钒钛产业供应链高效协同合作。在不断迭代、创新的同时，优化和完善平台标准，培育和建立具有自主知识产权的知识库，使其具备复制和转移的能力。

2. 仓储物流中心

钛融易平台通过建设自有智慧仓储系统，实时反馈仓储物流信息，实、虚仓结合，保证货物全程可视可控，有效监管货物，便捷信息沟通。仓储物流中心借助物联网等技术将货物信息数字化、同步化，实现仓储物流信息协同。此外，仓储物流中心提供仓单质押监管服务，为金融服务提供快捷通道。

仓储物流中心和金融服务中心对接，实现金融机构对企业的动态贷后控制，如货权控制和货物处理等，从而降低风险，提高效率。具体而言，企业将货物放入钛融易智慧仓库，钛融易平台对货物进行动态监管。

3. 金融服务中心

金融服务中心链接金融机构和实体企业，通过金融科技实现对传统企业的信用重构与持续赋能，改变以固定资产为核心的传统信用体系，建立基于真实交易、全流程监管的以流动资产为核心的供应链金融信用体系。

4. 信息数据中心

信息数据中心直接链接其他4个中心，通过大数据、云计算和区块链等技术采集和整合仓储物流数据、购销数据、生产数据和可信数据等，负责整个钛融易平台的信息数据管理，是钛融易平台的信息集合中心。

5. 智能制造中心

智能制造中心基于区块链及物联网等技术，协助钒钛产业中小型生产企业进行生产设备互联及智能化建造，并通过信息数据中心，帮助生产企业真正实现数字化。

三、创新点

区块链＋多技术整合钒钛产业数据链条

钛融易平台采用自主可控多链架构联盟链技术，有效地促进了钒钛产业互联网管理创新；通过在信息数据存储、信息数据验证和仓储物流等场景下嵌入区块链等技术，为金融机构和企业的直接对接提供信任机制；利用区块链的分布式对等结构和公开透明的算法，以低成本建立互信生态，打破信息孤岛桎梏，促进信息横向流动和多方协同。

金融机构可以全程监控货物和资金流，做到线上贷前筛选、线上和线下贷前调查和动态贷后控制，贷款流程更加快捷、直观和安全，降低风险。同时，钛融易平台利用这一特点将企业线上交易形成的债券数字化并整合到区块链上，成为链上的数字资产，在区块链上存储、转移和交易，增强了链上企业资金的灵活性和流动性，真正做到解决中小企业融资难的问题，最大限度地发挥了供应链的金融作用。

四、效果效益

钛融易平台的运行已初具成效，解决了行业痛点，促进了产业发展

（一）应用效果

钛融易平台对攀枝花钒钛行业具有极大的价值。一是为企业提供了一体化服务的生态圈。二是可为钒钛中小企业提供数字化转型升级服务，为产业赋能。三是加强了产融互动，为产业与资本提供对接机会，解决企业融资难、融资贵的问题，提高了企业抗风险能力。四是打通了钒钛全产业链，降低了物流运输成本。五是为攀枝花钒钛行业提供了统一的、安全可靠的交易平台，整合资源发展。

钛融易平台的运行已初具成效。交易结算中心功能较为完善，线上交易确认、合同签订、交易结算、货款支付、交易统计等全部环节的功能全部具备，支持钒钛行业多产品的线上交易及结算，截至 2023 年 4 月，线上用户企业 92 家，线上累计交易金额超 40 亿元；金融服务中心框架搭建完成；仓储物流中心实现了交易系统与智慧仓储系统链接，在钛融易平台可实时共享货物入库、存储、出库等数据信息，实现了监管业务线上化操作，形成标准化数据。

（二）经济社会效益

钛融易平台从物流服务、供应链金融、大数据分析，以及相关售后服务等方面创造了收益。一方面，平台通过物流点对各个订单进行信息匹配等服务，收取相关的信息服务费。另一方面，平台致力于对供应链上下游的企业提供相关金融产品服务，从中收取相应的手续服务费。

钛融易平台在钒钛产业中运用最新信息科技发展成果，对产业信息化建设和信用社会建设有良好的促进作用，符合政策导向和科技发展方向，具有较好的社会效益。

21 基于区块链的"平阴玫瑰"区域特色品牌服务实践

浪潮云洲工业互联网有限公司

一、案例背景

利用区块链与标识解析技术打造区域品牌服务平台，树立"平阴玫瑰"特色品牌形象，推动产业发展

平阴县是我国玫瑰三大主产区之一，玫瑰花种植遍布全县 8 个镇街，总面积达 6 万多亩，占全国的 28.6%。平阴县玫瑰花种植户普遍年龄较大，加工企业信息化程度不高，受基础设施建设弱、经济发展水平落后和网络改造普及程度较低等的影响，玫瑰特色产业的数字化运营、管理和产业融合的效率有待提高，在区域特色品牌建设领域仍有较大的提升空间。

为加强"平阴玫瑰"产业管理，提升"平阴玫瑰"的区域品牌价值，浪潮云洲工业互联网有限公司基于区块链与标识解析技术打造了区域品牌服务平台。通过对基地、企业、标准、检测进行存证，实现"平阴玫瑰"品牌认证的线上化管理，打通种植、采收分级、加工、销售等各个环节的数据溯源，锁定责任主体，服务"平阴玫瑰"产业数字化转型，为"平阴玫瑰"品牌提供动态质量监管能力，提升区域特色农业品牌形象。

二、方案详情

以码为载体打造全流程数据关联体系，提升生产、管理和协同水平，助力区域特色品牌建设

（一）案例技术架构

"平阴玫瑰"区域特色品牌服务建设案例应用浪潮区块链 BaaS 平台作为可信分布式数据体系，涉及的区块链设施技术情况如下。

1. 区块链架构设计

项目区块链架构设计图如图 5.51 所示。

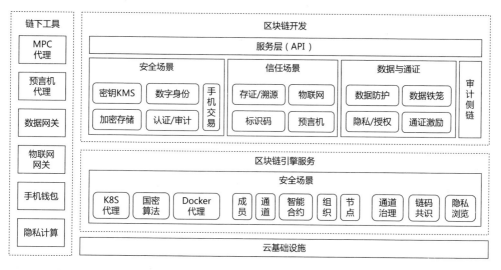

图 5.51　项目区块链架构设计图

2. 共识机制和智能合约

浪潮区块链平台选择的共识算法是权威证明（PoA），可监管性比较好。平台提供平台预制智能合约和定制开发智能合约两种模式，支持上传、部署和调试等开发智能合约的相关工作。企业或者个人开发者可以使用智能合约管理组件检索、查看预制和定制开发智能合约。

3. 数据安全

数据安全防护的对象包括链上数据和链外数据。平台支持通过数据网关控制数据的访问权限及范围，数据安全防护规则主要依靠智能合约，基于数据安全防护基础的智能合约库完成对数据访问的认证、授权和审计。

4. 跨链技术

平台跨链时序图如图 5.52 所示。

支持分布式接入形式拓展链群生态，通过新型区块链分布式互联协议，实现体系内各链互联互通，采用分布式接入方式，区块链可根据业务需要接入生态中的任何一条链，不仅可根据主 - 子链群架构形式配置，也适合平等共治的区域 / 行业应用拓展。

（二）平台的功能和运行机制

平台建设思路如图 5.53 所示。

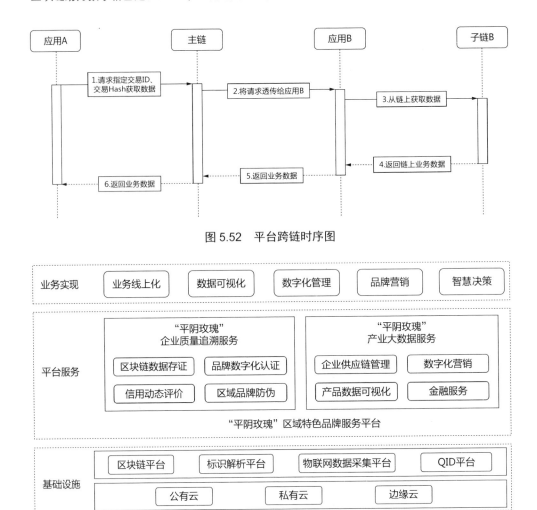

图 5.52　平台跨链时序图

图 5.53　平台建设思路

平台以浪潮云洲区块链平台为基础，融合标识解析、区块链、商用密码和IPv6 技术，发挥区块链多主体、高安全性的特点，为企业提供质量追溯和产业大数据服务，实现业务线上化、数据可视化、数字化管理、品牌营销和智慧决策等业务功能。

企业质量追溯服务主要分为 4 部分。一是区块链数据存证。通过数据存证＋多方共识，确保数据真实有效、不可篡改。锚定数据责任主体，锁定认证机构和品牌企业等相关主体的责任，确保认证、评价过程公平、公正地开展，传递品牌信任。二是区域品牌数字化认证。所有数据在平台上进行存证，数字化流程可以大幅度提高企业认证效率，减少人力成本。数据存证锁定认证机构和品牌企业等主体的责任，防范品牌认证乱象。三是信用动态评价。运用区块链技术，实现对企业供应链运营数据确权存证和动态监控预警，构建企业信用评价模型。运用大数据、人工智能等技术，对企业自动进行信用等级评价，支撑政府部门分级、分类监管，深化信用数据在金融、采购、政策扶持等领域的应用。四是区域品牌防伪。物理防伪层面通过标签防伪技术提高品牌标签的辨识度，防止恶意篡改和仿制。数据防伪层面基于区块链数字身份锁定数据责任主体，以国密算法随机生成非连续质量码，增加仿造成本与难度，降低品牌被侵权风险。

平台产业大数据服务首先落实企业精细化供应链管理，串联各环节质量要素数据，形成完善的数据链条，解决企业内系统间的数据孤岛问题，实现人、机、物全要素信息互联互通和动态管理。然后结合区块链可信数据支撑体系，打造品牌权威公示通道，实现产品数据可视化。以"一物一码"为手段，可以实现码上数字化营销功能，通过质量数据塑造品牌高质量形象，提升用户消费体验。同时，支持红包返利、抽奖等多种形式的营销活动，利用扫码购、附近购等功能拓宽产品销售渠道。企业通过分析、沉淀产品质量评价数据，可以进行产品迭代、调整营销策略、优化生产运营体系等。

通过产业全流程数据沉淀，平台运用区块链技术对企业供应链运营数据确权存证和动态监控预警，联合银行、保险公司等金融机构设计金融服务方案，基于数据和授信评估模型确定融资额度，实现线上申请、审核和放款等一体化服务，满足企业在生产、加工、销售中的资金需求。另外，平台还可以联合保险机构等，提供产品责任险和质量保证险，保障消费者权益。

金融服务业务模式如图 5.54 所示。

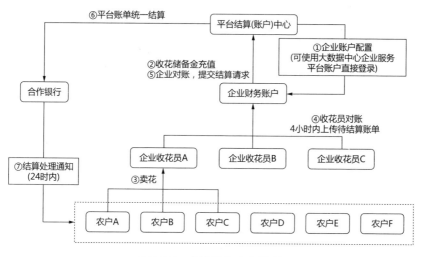

图 5.54　金融服务业务模式

（三）业务流程

赋能数字化管理能力，通过网格化管理，依托标识解析体系及物联网设备，实现数据自动采集及信息自动关联。通过区块链进行数据存证，锚定责任主体，确保数据不可篡改。集成作物长势模型和测土配方施肥数据应用，对花期采收及产量进行预判，通过 AI 处理分析给出最佳数据决策。

提升智能化生产水平，实时监测设备运行状态及玫瑰鲜花加工状态，柔性化控制玫瑰排产，形成玫瑰烘干数字化标准。基于区块链多方共识的特点，实现各环节数据互认，确保数据真实有效，结合生产端自动传送转速调节装置，提升鲜花烘干效率与品质。

推动网络化协同，依托标识解析技术，以码为载体打造全流程数据关联体系。开展"平阴玫瑰"区域品牌认证，基于区块链实现跨行业、跨主体间的数据互联，打通品牌、质量、企业与消费者的链接通道，构建企消信任关系。以品牌为抓手深化产业延伸化服务，助力"平阴玫瑰"区域特色品牌营销推广。

三、创新点

聚焦区域特色品牌建设，赋能产业升级，探索"平台＋服务"的商业模式，向有共性需求的特色产业进行推广

（一）运行机制创新

平台的创新性在于利用区块链、标识解析等新一代信息技术建立数据全链接体系，实现质量追溯和监管。通过农户身份标识、收花企业身份标识、收花流程在线化的有效调整，提升全流程运行效率和精准度，解决产业数据融合互通的难题。利用区块链技术实现数据存证和多方共识，确保数据真实有效、不可篡改，提升数据可信度。通过锚定数据责任主体，解决数据确权及安全问题。

利用标识解析技术，通过质量码对产品全流程数据进行跟踪和溯源，加强质量监管。产品营销和宣传重视强调"平阴玫瑰"区域特色标识，以数据和平台服务推动品牌建设。

（二）带来的新机遇

1.分享制造模式：搭建加工分享制造云

以玫瑰产业为例，总结华玫产线智能化改造和平台工业模型应用经验并进行

复制，逐步向更多企业开放平台和应用的使用权限，全面赋能"平阴玫瑰"品牌。持续对制造模式和平台模型进行优化迭代，向不同地区的不同产业进行推广，赋能区域特色品牌发展。

2. 产融合作创新模式：搭建金融服务平台

项目与平阴县农商银行达成合作，建设鲜花交易统一结算和金融服务平台，设计应用"玫瑰卡"，实现从企业收购到农户卖花款到账的 24 小时结算；联合银行、保险公司等金融机构，将交易数据作为授信参考数据，结合财政优惠政策，推出玫瑰产业定制化金融服务产品。可将此模式推广至更多产业，与金融机构合作进行"柑橘贷""生猪贷"等金融产品创新。

3. 先进制造业集聚模式：大数据应用服务

从企业、品种、种类等多维度提升产业数据分析能力，对接天元大数据、阿里电商大数据等数据来源，进行更全面的"平阴玫瑰"产业产品的市场情况分析。在夯实"平阴玫瑰"产业高质量服务的基础上，探索"平台＋服务"的商业模式，将"平阴玫瑰"高质量发展路径封装成服务产品，面向全国其他有共性需求的特色产业进行推广。

四、效果效益

利用平台推动"平阴玫瑰"产业质量追溯、品牌监管和数字化建设，促进综合产值 3 年内增长约 30 亿元

（一）方案应用效果

1. 实现信息共享，减少建设成本

通过平台建设，汇聚特色农业产业大数据，形成全产业统一的信息数据库。既能够促进信息资源跨部门交换，整合产业信息资源，实现信息共享，又能有效避免重复建设，减少信息获取成本和系统运行维护费用支出。

2. 支撑特色农产品品牌质量标准动态化监管

基于区块链技术，对特色农产品品种、种植、企业、标准、检测数据进行存证，实现对农产品区域品牌质量认证标准的线上化管理。打通生产经营全流程数据，锁定责任主体，逐步形成特色农业产业全链条动态大数据库，为区域品牌提供动态质量监管能力。

3. 构建特色农业产业全程质量追溯体系

整合监管部门的产品质量信息和流通信息，构建高度共享的数据中心，消费者可通过互联网查询产品溯源信息、质量信息和真伪信息。系统还为信息公开提供了技术支持，通过健全诚信公示制度，增强企业规范经营意识。通过加强知识宣传、满意度调查和质量信息公布等手段，为评价、投诉举报等维权行为建立畅通的信息揭示服务，实现长效化和社会化监管服务。

4. 实现企业供应链精细化管理

平台通过产业标识解析体系的建设，解决企业内系统间的数据孤岛问题，实现特色农产品的全供应链质量追溯。全面汇集数据，实现信息集中管理，形成企业个性化数据资产服务与业务。通过实地调研和方案优化，该服务可拓展应用于更多特色农产品供应链主企业，节省加工产线人员成本，提高产线综合效益。

5. 支撑特色农业产业数字化决策

通过平台服务体系和产业规划大数据中心，可获取特色农业产业全链条的数据，对市场发展趋势、价格波动影响因素、网络舆情和外部环境等进行分析，为特色农业产业发展决策提供数据支撑，助力产业数字化转型。

（二）社会经济效益

截至2022年底，项目在平阴县28000余亩种植基地划分了6个网格节点，铺设15套物联网设备集群。区域特色品牌服务平台利用区块链和大数据技术，为全县1.3万余户玫瑰种植户配套收花卡，提供采收建议和收花服务，提高采收效率超30%，交易结算率超90%。服务玫瑰加工销售企业44家，建立玫瑰合作社43处，助力当年玫瑰鲜花（蕾）采收加工2万余吨，为30余种玫瑰产品赋码100多万次，促进全产业综合产值3年内增长约30亿元。

平台建立了覆盖全县1.3万余种植户的数字化档案，通过采集种植、加工生产、流通销售、营销等全生命周期的产业数据，找出品质控制关键部位，进而稳定和提升产品质量。搭建企业运营管理看板，为企业提供运营管理决策分析，实现产线综合降本增效约30%。搭建产业大数据监控大屏，为产业中心提供产业发展决策支撑。延伸产品在流通环节的服务链，向经销商和消费者提供质量追溯和数字化营销服务，助力区域特色品牌高质量发展。

22 西藏众陶联交易区块链系统应用实践

西藏众陶联供应链服务有限公司

一、案例背景

推动西藏参与全国统一大市场，拓展经济发展新途径

（一）西藏发展经济的新途径

西藏众陶联交易区块链系统是林周县委、县政府为了探索西藏地区高端服务业高质量发展的一个招商引资工程，是利用国家关于"飞地经济"发展的新型发展模式，通过"西藏＋区块链＋实体经济"的方式，利用信息工程技术和藏区独特的招商引资政策，探索西藏深度参与全国产业转型升级的新路径。即以互联网的新技术构建产业发展平台，组建产业集群，服务产业，落地西藏，充分调动藏族青年参与高新技术服务的积极性，拓宽藏族青年的就业舞台，扩大新经济快速发展规模，拓展西藏地区经济高质量发展的新路径。

（二）西藏参与内地产业遇到困难的新解决方案

西藏参与内地产业转型升级遇到的瓶颈——真实性验证困难。

第一，《中共中央、国务院关于加快建设全国统一大市场的意见》为西藏参与全国产业高质量发展的行动创造了条件。

第二，西藏具有制造产业薄弱，远离东部大产业集群的特点，如何甄别验证交易平台上交易的真实性，成为西藏构建电子商务平台、构建产业生态面临的重要课题。

第三，区块链技术具有开放、保密、共享、不可篡改的特性，是解决交互模式问题的最佳技术方案和解决方案。

（三）藏族青年就业舞台新空间

我们响应政策号召，在西藏建立数字经济发展园区，形成线上线下融合的新发展模式，建设线上服务中心、结算中心、验证中心、技术中心、大数据中心、产业推广中心和产学研究中心，让藏族青年与专家、企业家、企业高管形成联系

和互动，构建广阔的就业舞台，解决藏族青年就业单一、就业级别不高、就业发展空间不大的问题。

西藏众陶联供应链服务有限公司在西藏研究开发区块链系统，以新的技术、新的模式、新的解决方案推动西藏与东部产业的融合，推动西藏数字经济的高质量发展。

二、方案详情

充分利用区块链构建政企信任环境，以及东企西融的沟通环境

西藏众陶联交易区块链系统由 3 大子系统组成。

一是西藏明数越通交易证据采集系统。

二是西藏众陶联交易系统。

三是西藏众陶联区块链系统。

西藏明数越通交易证据采集系统是针对产业末端场景下交易过程数据难以采集的问题，将技术与场景融合，采用软件与硬件相结合的方式构建出来的交易证据采集系统。

西藏众陶联交易系统是针对产业交易运营过程不规范的问题，采用线上线下融合的方式构建出来的产业上下游交易协作系统。

西藏众陶联区块链系统通过智能合约匹配和验证源于西藏明数越通交易证据采集系统与西藏众陶联交易系统的数据，利用区块链的可溯源、不可篡改等特性构建可信的数字凭证与数据资产的生产环境。

西藏众陶联交易区块链系统运行关系如图 5.55 所示。

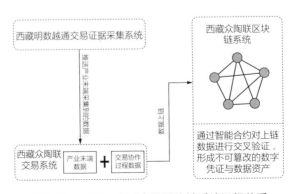

图 5.55　西藏众陶联交易区块链系统运行关系

（一）西藏明数越通交易证据采集系统

西藏明数越通交易证据采集系统是应用于产业末端场景的交易证据采集系统，建立了数据入口的采集标准，划分数据责任。操作部门（如采购部、财务部、生产部、物流部、质检部、销售部、经营部等）将操作工具下沉到产业买家、卖家末端，及时有效地采集交易链条上的凭证。

终端系统使用移动端应用设计，在操作界面、用户交互等方面做了大量的优化工作，具有界面友好、用户体验优、高效录入和低错误率等优点。不同的场景有不同的终端应用，例如，给货车司机的是司机端小程序，给货主的是货主端小程序，给场地管理员的是带有拍照和打印通功能的 PDA 一体机，给车间工人的是三防 PDA 手持设备等。每一种设备和应用与终端场景都是高度吻合的，与终端工人的操作习惯也是高度相符的，从而能够高效准确地采集到相关凭证。

西藏明数越通交易证据采集系统还具备凭证交叉验证功能。例如，通过对接中交兴路的 GPS 数据，验证货车司机录入的送货单是否符合 GPS 轨迹；通过诺税通系统进行交易发票的验证等，确保采集凭证的真实性。

（二）西藏众陶联交易系统

西藏众陶联交易系统是面向全产业链的交易平台，产业的供应商、采购商和服务商等上下游通过平台进行交易。

系统制定了 27 项交易标准及相关表单。交易标准的制定使得系统上的交易都能形成统一标准的交易数据，并且通过产业特有的上下游交易逻辑，把采集到的凭证串成交易证据链，为进一步的数据上链和形成数据资产提供了有力的保障。

（三）西藏众陶联区块链系统

西藏众陶联区块链系统对接西藏明数越通交易证据采集系统与西藏众陶联交易系统，通过智能合约匹配和验证交易凭证数据。验证通过后，将交易数据固化上链，生成链上交易数字凭证和交易双方的数据资产，形成链上存证依据。

西藏众陶联区块链系统对金融机构和政府管理机构开放，金融机构和政府管理机构可加入区块链系统，成为其中的节点，同步链上数据。通过一定的授权机制，相关机构可获取链上真实可信的交易数据。通过智能合约的开发，可形成产业供应链、产业信息交互和产业信任机制等各种创新应用。西藏众陶联交易证据链证书交易看板如图 5.56 所示。

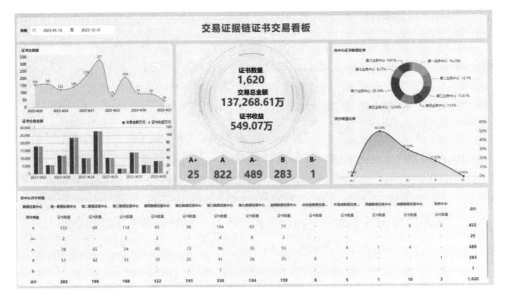

图 5.56　西藏众陶联交易证据链证书交易看板

（四）三大子系统的技术特点

1. 云原生架构

云原生是基于分布部署和统一运管的分布式云，是以容器、微服务、DevOps 等技术为基础建立的一套云技术产品体系。西藏众陶联交易区块链系统的 3 大子系统——西藏明数越通交易证据采集系统、西藏众陶联交易系统和西藏众陶联区块链系统，均按照云原生架构搭建。云原生具有弹性和分布式优势，以及实现快速部署、按需伸缩、不停机交付等先进技术。

2. 交叉验证技术

西藏明数越通交易证据采集系统运用了交易数据交叉验证技术。验证的前提是对接不同的第三方数据，这涉及各种不同的数据结构和数据接口。对此，我们开发了 UCA-Link 数据集成引擎，抽象出统一的数据标准接口和服务，并针对不同的第三方开发数据对接模块，通过热插拔的方式接入到引擎，实现数据对接的高效、灵活和可扩展性。交叉验证的逻辑来源于行业 Know-How，是在对产业末端场景深刻剖析后进行的技术实现。我们开发了 UCA-Rule 规则引擎，把不同场景的验证逻辑固化成规则，不同的凭证数据通过引擎加载执行不同的规则来校验其合法性，实现高复用和可扩展性。

3. 多群组架构的区块链底座

西藏众陶联交易区块链底座基于多群组架构，实现了强扩展性的群组多账本，基于清晰的模块设计构建了稳定、健壮的区块系统。

西藏众陶联交易区块链底座架构如图 5.57 所示。

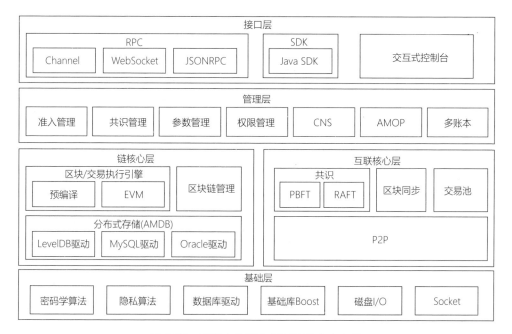

图 5.57　西藏众陶联交易区块链底座架构

西藏众陶联交易区块链底座具有以下优势。

①支持可插拔的共识算法：基于多群组架构实现了插件化的共识算法，不同群组可运行不同的共识算法，组与组之间的共识过程互不影响，具有高事务吞吐量（TPS）和低延迟，能够支持大规模的交易处理。

②支持智能合约并行执行：智能合约引擎基于 DAG（有向无环图）执行引擎，能并行执行区块内的多笔交易。根据 DAG，无相互依赖关系的交易可以并行执行，获得比传统执行引擎更高的执行效率，从而获得更高的 TPS。

③支持区块落盘加密：区块落盘加密在机构内部进行，在机构的内网环境中，每个节点的硬盘数据是被 SM4 加密算法加密的，每个机构独立地对节点的硬盘数据进行加密。当节点所在机器的硬盘被带离机构，并让节点在机构内网之外的网络启动时，硬盘数据将无法解密，节点无法启动，进而无法盗取链上的数据。

④支持国密算法：遵循国产密码学标准，实现了国密加解密、签名、验签、

191

哈希算法、国密 SSL 通信协议，实现了对国家密码局认定的商用密码的完全支持，智能合约编译器使用国密 Solidity 编译器。

提供了丰富的开发工具和 SDK，支持多种编程语言，如 Java、Go 和 Python 等，这使得开发人员能够使用熟悉的编程语言来构建应用，降低了开发门槛。

三、创新点

从产业中来，到产业中去，解决产业深层次的矛盾

（一）四链融合

产业链、标准链、供应链和数据链四链融合，推动产业线上线下融合，构建产业数据环境。西藏众陶联供应链服务有限公司基于产业底层场景，研究、分析产业链的短点、痛点、难点和堵点，建立物料标准、交易标准、生产标准、检测标准、付款标准、信用标准和数据化标准，形成统一的准则。构建数据入口，搭建供应链交易平台，推动交易上平台，推动数据互联互通，为区块链发挥作用提供条件。

（二）线上线下融合解决数据质量提升的难题

提升数据质量采用线上线下融合的解决方案。比如，针对细分产业场景，完善审核制度、业务面谈与会审制度、业务现场稽核制度和业务持证上岗制度；实现系统磅单查重、车辆轨迹校验、企业信息查验和光学字符识别（Optical Character Recognition，OCR）数据抓取等技术升级；开展产业教育工作，开展内部周四大讲堂培训，推动产业标准化、程序标准化和业务标准化，提高业务办理质量。

（三）区块链成为生产数据要素及数据资产关键基础设施

区块链运行的目标是为产业生产数据要素及数据资产，区块链上的交叉认证成为实现目标的重要环节。

（四）应用链上技术，推动产业数据多维互联互通

区块链技术与众陶联产业数字大脑相互依托，个体数据、行业数据和公共数据相互融合，支撑区块链应用更加广阔地发展。

通过创新，打通国家政策与产业、线上与线下、政府精准服务与产业提质增

效、产业行为与数字资产的鸿沟，区块链技术采用交叉验证技术、隐私计算技术、国密算法和智能合约并行执行等先进技术，形成整套技术体系、整套解决方案及整套应用场景。

四、效果效益

搭建藏族青年参与产业发展大舞台，"新基建"给西藏带来了新机会

（一）社会效益

西藏众陶联交易区块链系统将推动林周县服务产业发展能力的提高，确保林周县参与产业高质量发展的可持续性；推动技术实体化，使西藏众陶联交易区块链系统技术成为西藏乃至全国最前沿的产业领先技术；推动"新基建"系统进一步完善；推动各项功能更加完善，使客户服务体系、结算体系和金融体系形成整个产业的布局，打造藏族青年长久参与产业发展的大舞台，成为全国的标杆，并在技术上成为世界的标杆，在模式上成为产业的标杆。

（二）行业效益

产业链集中度提升，现平台产业端客户加盟 85641 家，客户在产业端的覆盖率接近 63%。平台客户客诉率从原来的 8.9% 降为 1.02%，平台客户规范运营率从原来的 68% 提高到 99.3%，客户订单从 55.3 万元提升到 89.2 万元，提高了61.3%。

（三）"新基建"给西藏带来了新机会

西藏众陶联供应链服务有限公司自 2018 年成立以来，以线上线下数字商务融合发展的模式，深度参与产业新动能的构建，集群建设的联盟区块链需要强大的数据存储服务器及强大的超级计算能力。为了适应数字经济的发展规模，西藏众陶联供应链服务有限公司投资建设了国家三级等保的混合云机房，成为林周县"新基建"的重点项目。云机房以高标准、高可用性、高可靠性、高安全性、高可扩展性、技术先进、可科学化管理为原则来建设现代化混合云基础设施，希望成为西藏自治区机房建设的标杆。

为了提升共享机房的存储能力、超级计算机的计算能力和云桌面的管理处理能力，西藏众陶联供应链服务有限公司把云机房建成混合云，针对政务互联网、医疗互联网、教育互联网、兴农互联网、交通互联网和产业互联网等研究云解决方案，形成线上产业城市，以区块链作为基础设施，形成了线上管理的新模式。

西藏众陶联交易区块链系统是"西藏＋数字经济＋产业转型升级＋区块链技术"的创新实践，是东西部产业融合应用新技术的有效探索，是线上线下融合难题的解决方案，是藏族青年立足本土参与高端服务业的就业、创业、乐业的广阔舞台。

23 "长数链"赋能居民碳普惠综合服务应用实践

数金公共服务（青岛）有限公司

一、案例背景

以"长数链"区块链服务平台为依托，打造"青碳行"全民碳普惠平台

2020年9月22日，国家主席习近平在第七十五届联合国大会一般性辩论中宣布："中国将提高国家自主贡献力度，采取更加有力的政策和措施，二氧化碳排放力争于2030年前达到峰值，努力争取2060年前实现碳中和。""碳达峰、碳中和"目标既是生态文明建设的主要构成部分，又是一场广泛而深刻的经济社会的系统性变革。

《"健康中国2030"规划纲要》中指出，"健康是促进人的全面发展的必然要求，是经济社会发展的基础条件。实现国民健康长寿，是国家富强、民族振兴的重要标志，也是全国各族人民的共同愿望。"不断推行健康文明的生活方式，营造绿色安全的健康环境，坚持共建共享、全民健康，坚持政府主导，动员全社会参与，是建设健康中国的实现路径和基本目标。

在此政策背景下，数金公共服务（青岛）有限公司全资子公司佰业绿色科技（青岛）有限公司研发了"绿色出行、健康中国"的碳普惠项目，以区块链技术为依托，将"碳达峰、碳中和"与"健康中国"相结合，推出"青碳行"App，将居民的低碳行为和健康行为以"碳积分"和"健康积分"的形式，进行具体量化并予以激励，核证为可用于交易、兑换商业优惠或获取政策指标的减碳量和精力值，"长数链"区块链服务平台解决了碳普惠传统模式下行为权属不明、认定方式缺乏公信力、权益管理标准不一致，以及碳减排量计量标准不统一的问题，

利用市场配置推动数字生活惠民领域节能减碳，倡导简约适度、绿色低碳的健康生产生活方式。

二、方案详情

以区块链技术赋能碳普惠平台，实现碳资产全生命周期管理

"长数链"（Longevity-digital Blockchain Platform）是由数金公共服务（青岛）有限公司推出的基于长安链、FISCO BCOS 等国内自主可控开源技术的区块链服务平台，致力于为用户提供差异化的区块链，包含联盟链部署、可视化监控运维和智能合约研发，为"区块链＋生态"提供全流程场景服务和技术赋能。平台通过自主研发，具备快速接入、场景化服务、可视化管理、高效稳定、安全可靠及访问灵活等特性。在产品功能方面，支持一键式联盟链组件、节点可插拔管理、智能合约全生命周期管理，以及可视化运维和区块链浏览器等丰富的功能。

（一）技术架构

在技术架构上，"长数链"采用多层架构设计。"长数链"平台架构如图5.58所示。

资源层：组合公有云、私有云及混合云资源，完成用户在不同环境下的定制化部署。同时，通过 Docker+K8S 技术，完成虚拟化升级，节省用户部署成本及资源开销。

存储层：以 LevelDB 数据库为主，以 MySQL 关系型数据库为辅，完成区块链账本数据的分布式存储。同时，结合 IPFS 等去中心化文件系统，提升整个平台的数据扩展能力。

基础层：采用国内自主可控的开源技术体系长安链（ChainMaker）和金链盟（FISCO BCOS），保障技术的安全性和可控性。

BaaS 层：整合国内主流开源且技术自主可控的联盟链项目，提升平台的兼容性和扩展性。

应用层：通过业务整合进行合理抽象，分离出对应的业务应用模板，供用户一站式场景化使用。同时，对复杂的区块链治理和部署开发流程进行产品化封装，完成可视化管理。

用户层：通过平台接入，整合业务主体、合作机构、管理机构、监管部门及行业分析企业，形成生态效应，加速平台发展。

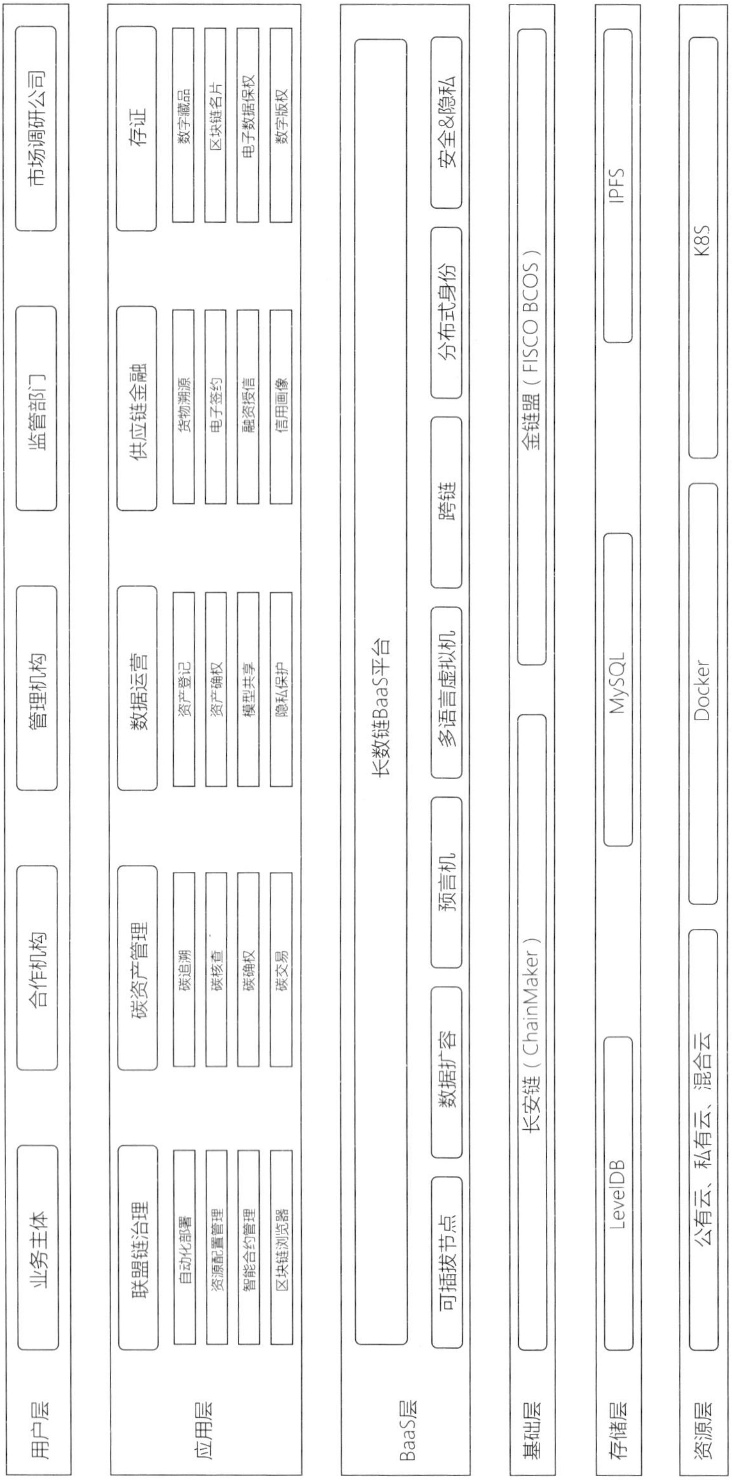

图 5.58 "长数链"平台架构

用户层

业务主体 合作机构 管理机构 监管部门 市场调研公司

应用层

联盟链治理

- 自动化部署
- 资源配置管理
- 智能合约管理
- 区块链浏览器

碳资产管理

- 碳追溯
- 碳核查
- 碳确权
- 碳交易

数据运营

- 资产登记
- 资产确权
- 模型共享
- 隐私保护

供应链金融

- 货物溯源
- 电子签约
- 融资授信
- 信用画像

存证

- 数字藏品
- 区块链名片
- 电子数据保权
- 数字版权

BaaS层

长数链BaaS平台

可插拔节点 数据扩容 预言机 多语言虚拟机 跨链 分布式身份 安全&隐私

基础层

长安链（ChainMaker） 金链盟（FISCO BCOS）

存储层

LevelDB MySQL IPFS

资源层

公有云、私有云、混合云 Docker K8S

（二）碳普惠联盟链

以"长数链"为底层支撑的数金公共服务（青岛）有限公司的"青碳行"产品，通过多业务方参与的联盟链搭建，实现平台碳账户管理、碳减排行为收集、碳资产核算、碳资产确权及碳资产兑换等功能，实现全流程可追溯。

"青碳行"项目融合了"区块链＋数字金融"技术，将居民的低碳行为（如公共交通出行、节水节电、垃圾分类和植树造林等）通过碳普惠减排方法对应核算形成的"碳减排值"，将骑行、步行等健身活动形成的"精力值"，以分布式记账技术记录在具有金融级安全和高稳定性的区块链联盟链上，以数字人民币作为计价和支付手段，利用市场配置推动居民日常出行和生活领域节能降碳，倡导简约适度、绿色低碳、健康的生产生活方式。

整个碳普惠联盟链由 5 个节点组成，各节点的功能和作用如下。

（1）运营节点：作为业务运营方，组织联盟搭建，主导联盟治理，为 C 端用户提供链上碳账户注册、碳资产管理和碳资产查询等功能。

（2）公共出行节点：通过自身的管理员证书对用户地铁和公交出行里程进行签名后上链，背书用户里程数据的可信性。

（3）共享出行节点：共享出行节点通过自身管理员证书对共享出行用户的行驶里程及方式进行签名上链，背书用户共享出行数据的可信性。

（4）方法学节点：主导各类碳减排规则以智能合约的方式上链，同时参考UTXO 模型，对每一次出行产生的碳资产进行存储保管，当用户发生兑换和资产转移行为时，通过智能合约进行拆分和找零操作。

（5）核查节点：通过区块链浏览器对碳资产的链路进行追踪和检查。

三、创新点

区块链应用、方法学、隐私安全三维创新助力"3060"

"长数链"区块链服务平台整体架构设计可以概括为：搭建一个平台，满足两种需求，体现三个结合，做到应用创新、方法学创新及隐私安全创新。

"搭建一个平台"指依托区块链技术搭建"青碳行"全民碳普惠平台，公众可以注册成为平台用户，参与绿色出行和健康活动等具体行为，获取数字人民币激励。当前该平台从构建青岛市碳普惠城市综合解决方案入手，为未来数字金融和绿色低碳协同发展提供城市级实施方案样本。

"满足两种需求"是指同时满足"绿色出行"和"健康中国"两种战略需求，以公众绿色出行为切入口，尤其提倡公交、地铁等"低碳"出行方式，以及步行、骑行"健康"出行方式，实现绿色出行和健康共得。

"体现三个结合"是指个人、企业和国家三方获益。"青碳行"碳普惠平台通过让个人以低碳出行获益的市场行为，积极引导公众参与低碳出行。同时，将个人的减排与所在企业的排放相中和，使得绿色出行占比不断提升，助力国家早日达成"3060"目标。

在具体创新方面，平台围绕区块链应用创新、方法学创新及隐私安全创新3个方面进行平台开发建设。

（一）区块链应用创新

（1）数据可信存证。利用区块链做数据的可信存证，让参与上链的各方以共识算法来确保数据不可篡改、不可抵赖，解决了数据多方信任的问题，极大限度地激发了合作多方参与的可能性和积极性。此外，可吸引金融企业作为区块链的共识监督节点，在确保碳减排量的真实性、准确性和唯一性的前提下，放心地为市场参与方提供相应的绿色金融服务。

（2）全生命周期管理。以区块链的智能合约技术为支撑，依据碳减排核算的方法学完成对应的智能合约开发，部署上链。所有碳减排计算均由智能合约实现，让整个碳减排核算过程更加透明、可信，杜绝任何人为干预，保证其真实性和可信性；同时，以智能合约打造一套碳账户管理智能合约，完成碳减排的产生、收集、核算、核查、转让及中和的全生命周期管理，实现每一次碳减排的可追溯。

（二）方法创新

"长数链"所支撑的"青碳行"碳普惠平台创新性地将低碳出行与公众健康相结合，在以燃油车出行作为基准计算出的公众绿色出行对应碳减排量的基础上，鼓励公众保持健康的生活方式，如骑车、步行，由平台向公众给出精力值，使得这部分公众保持健康的生活方式，不回退"高碳出行"，以形成良性的城市低碳减排体系。

（三）隐私安全创新

通过高性能的隐私保护技术，保护用户的数据隐私，对数据做脱敏处理，在绿色出行方面，平台只采用和留存个人用户的出行距离，不采用和留存用户的具体行程的起始地点。以技术手段打消公众参与平台活动时对隐私泄露的顾虑，利用技术、制度等手段真正让绿色低碳行为可度量、可见和可信，一切从用户出发，设计和推出易用、安全、有效的应用。

四、效果效益

结合数字人民币创新与区块链技术打造全新的碳普惠商业模式

基于区块链的碳普惠平台，解决了各类碳减排行为产生的数据没有明确权属概念、碳资产确权和碳资产的唯一性缺乏公信力和公允性的认定，以及用户产生的碳资产数据易被篡改、易丢失，导致碳减排数据不具备交易条件，从而无法实现碳资产全生命周期监管的问题。平台通过区块链的证书机制和签名技术解决了身份冒用问题，并有效地确定数据和碳资产的权属。通过区块链的链式数据结构，可以快速、有效地实现碳资产溯源检查。结合区块链的不可篡改特性，提升系统中数据的安全性与可信性，让参与多方透明并分布记账，有利于形成合力和共识，实现碳资产确权的唯一性和可信性，解决了碳资产全生命周期监管的困境。

"青碳行"App自2021年6月28日上线以来，先后在财富论坛大会中受到各央媒的充分关注和报道；在青岛市发改委节能减碳周启动仪式上被作为典型案例进行介绍；在中国国际服务贸易交易会上，"青碳行"App设置了"低碳1分钟"减排骑行互动区，得到了社会各界的高度关注和一致好评；连续两年结合绿色出行宣传月和公交出行宣传周系列活动，以"青碳行"App为主要活动载体，开展了"绿色出行"个人挑战赛，通过引导市民以低碳的绿色公共交通出行方式，积攒碳积分兑换数字人民币，增加市民参与低碳绿色出行的参与感和获得感。此外，"青碳行"App举办多次绿色低碳宣传活动，包括"互联网＋全民义务植树""世界地球日""520为爱奔跑""青碳行绿色生活节""青碳行冰雪运动"等，得到了国家、省市各级行业主管部门的首肯与认可。

2022年7月30日，青岛市地方金融监督管理局代表市政府以数字人民币的形式购买"青碳行"App的公众碳减排量，用于中和2022青岛·中国财富论坛会议产生的碳排放，实现了会议碳中和。"零碳会议"的实现与数字人民币在碳金融领域的创新应用，标志着"青碳行"在开展和推广碳普惠工作方面具有领先示范意义。

目前，平台联盟链拥有6个节点，区块高度超过220万，交易总额400余万元。已有近80万用户参与到碳普惠平台中，积极践行绿色低碳生活方式，平台累计产生碳减排量12000余吨；开展数字人民币主题运营活动，累计发放数字人民币红包 300 余万元，发放碳普惠权益 1000 万元；通过平台的运营活动，免费发放基于区块链技术的数字藏品共 4 万份。

第四部分

民生服务应用篇

第六章　区块链+民生：链接信任，普惠未来

北京邮电大学计算机学院（国家示范性软件学院）　高志鹏

　　区块链技术具有去中心化和不可篡改的特性，在弱信任的网络生态系统中提供可信、透明和安全的数据共享范式。[1] 在区块链构建的去中心化民生服务系统中，人民群众将享受更加智能化、便捷化的民生服务。区块链成为连接人民群众与民生服务的桥梁，为人民群众提供普惠的未来。本文将从机遇挑战、应用现状、克服难题和融合创新等方面探讨"区块链＋民生"如何链接信任、普惠未来。

一、机遇与挑战，民生服务转折点

（一）开启区块链时代

　　2019 年 10 月 24 日，习近平总书记在主持中共中央政治局第十八次集体学习时强调："要探索'区块链＋'在民生领域的运用，积极推动区块链技术在教育、就业、养老、医疗健康、商品防伪、食品安全、公益、社会救助等领域的应用，为人民群众提供更加智能、更加便捷、更加优质的公共服务。"[2] 这一重要指示明确了区块链在民生服务中的战略地位和推动方向。

（二）传统痛点与区块链带来的机遇

　　传统中心化民生服务存在信息不对称、数据孤岛、信任问题和操作不透明等痛点，区块链具有去中心化和透明性等特点，可以建立可信、安全的数据交换和存储机制，为民生服务带来了全新的发展机遇。区块链技术能够确保数据的真实性和可追溯性，打破信息孤岛，加强数据的共享与合作，优化资源配置，提升民生服务的效率和质量。

二、应用现状，民生服务新篇章

（一）当前应用探索

目前，区块链在民生服务领域的应用已经初步展开。例如，在教育领域，区块链可应用于学位证书管理，确保学历信息的真实性和可验证性；在医疗健康领域，区块链可以实现医疗数据的共享和安全存储，促进跨机构协作和医疗资源的优化配置；在冷链溯源领域，区块链可对冷链物流环节中的产品进行全程追踪和溯源，确保食品在运输、存储、销售过程中的安全与质量。

根据《全球区块链产业发展报告（2021—2022 年）》的统计数据，国内36% 的区块链企业分布在医疗、教育、住房等民生服务领域，[3] 充分发挥了区块链在简化流程、降本增效等方面的作用。

（二）初见成果

区块链技术为民生服务带来了积极的影响。通过区块链的应用，民众可以更加便捷地获取教育、就业、养老、医疗健康等服务。2023 年 2 月，工业和信息化部公布 2022 年区块链典型应用案例名单，展示了区块链在版权服务、燃气能源、医疗体系、疫苗管理、农产品质量管控、选课系统及食品与药品溯源等民生服务中的应用成果。这些案例不仅展示了区块链在民生服务领域的应用实践，促进技术创新和经验分享，也为未来的"区块链＋民生"应用拓展提供了宝贵经验和示范效应。

三、克服难题，解民生服务之困

（一）技术挑战与解决方案

区块链在民生服务领域应用的过程中，仍存在一些技术挑战。例如，隐私保护和链上链下数据交互限制"区块链＋民生"的应用。民生服务涉及大量敏感数据的收集、存储和处理，在"区块链＋民生"服务应用中应通过身份匿名化、权限控制、隐私保护算法、数据去标识化等措施，在保护人民群众隐私的前提下实现区块链的安全应用，增强人民群众的信任。传统民生服务信息系统存储了大量的数据，在实现民生服务应用"链改"的同时，应通过预言机、人工智能等技术保证区块链可以访问链下传统信息系统，以推动其在民生服务领域的更广泛应用。

（二）数据确权与分配

在民生服务领域应用区块链的过程中，数据的来源和权属可能涉及多方，如个人、机构、政府等，如何确定数据的所有权归属，需要建立相应的规范和机制，明确数据产权和所有权。除确权外，还需要明确数据的使用权限和访问控制，确保只有经过授权的参与方可以访问和使用特定的数据。由于数据价值来自多方对其的共享和利用，所以需要建立公平的分配机制和合作协议，加强各方之间的合作与协商，从而实现数据要素利益的合理平衡，推动数据的共享和共赢。

（三）标准与互操作性

在"区块链＋民生"服务的应用过程中，不同的平台和系统可能采用不同的区块链底层技术和应用接口，导致数据交换和系统集成困难。因此，需要建立统一的技术标准和互操作性框架，在促进不同区块链底层协议互联互通的同时，使得民生服务应用能够互相连接。建立统一的技术标准和互操作性框架也有助于降低开发和运营成本，实现数据的无缝交换和系统的无缝集成，推动"区块链＋民生"服务的广泛应用和普及。

（四）法律与监管困境

在民生服务领域应用区块链给法律和监管带来了新的挑战。在技术方面，如何制定相关法规和监管机制，确保区块链应用的合规性和安全性，需要各方共同努力，健全法律框架和监管机制；在数据确权与分配方面，要建立相应的法律法规和监管框架，以确保数据的合法性和合规性。政府部门可以制定相关政策和法规，明确数据的使用规则和限制，同时加强监管和执法，保障数据的安全和合法使用。

四、融合创新，共铸民生美好未来

（一）技术与发展

未来，随着区块链技术的不断迭代和发展，区块链在民生服务领域将展现出更广阔的前景。随着隐私保护机制的改进，以及链上链下数据交互技术的发展，区块链将能够支持更多规模化的民生服务应用，并提供更高效、安全、便捷的服务。通过明确数据所有权归属、统一技术标准和互操作性框架、健全法律框架和监管机制，区块链在民生领域的应用可以实现个人数据的自主控制和授权管理、跨平台应用的无缝集成与互联、个人隐私的安全性和合规性，为用户提供更加安全可靠的民生服务体验。

（二）合作与共创

实现区块链与民生服务的融合需要政府、企业、学术界和社会组织等各方的合作与共创。在推动区块链与民生服务的融合过程中，可以通过开展多方合作、举办创新竞赛、设立专项基金等方式，激发社会创新力量，推动民生服务领域区块链的创新应用。同时，需要建立健全治理机制，制定相关政策和法规，明确责任和权益，确保区块链应用的公正、透明和可持续发展。只有共同推动区块链技术的创新和应用，形成多方共建的良好生态系统，才能更好地实现民生服务的优化和创新。

（三）教育与培训

为了充分发挥区块链在民生服务领域的潜力，教育与培训起着至关重要的作用。因此，需要加强对区块链技术的普及和培训，培养专业人才和推动创新研究，提高相关从业人员和决策者的技术素养和意识，可以通过开展专业知识培训、举办研讨会和交流活动，来促进人才的培养和知识的传播。同时，应注重区块链与民生服务的交叉学科研究，培养跨领域的人才团队，加强理论与实践的结合，通过教育与培训，推动区块链技术的广泛应用和民生服务的创新发展。

（四）可持续发展

在实现可持续发展的过程中，"区块链＋民生"服务具有巨大的潜力。通过区块链的创新应用，可以有效跟踪和管理资源的使用、能源的供应链及碳排放的减少等环境相关的数据，为实现我国的"双碳"目标做出贡献。各参与方可以通过在区块链上记录和存储环境数据，了解资源的流动情况、能源的消耗情况及碳排放的情况，还可以通过智能合约监控和激励企业减少碳排放，通过奖励机制激发绿色生产和消费行为。这将有助于促进资源的合理利用、能源的高效管理，以及碳排放的减少和控制，推动可持续发展目标的实现。

"区块链＋民生"服务将不断深化，为人们的生活带来更多便利和福祉。通过克服技术挑战、完善数据确权与分配机制，以及建立健全法律监管体系，区块链技术将为民生服务带来更多创新和突破，共同铸就美好的未来，让我们携手迈向链接信任、普惠未来的新时代！

参考文献

[1] Nakamoto S. Bitcoin: A peer-to-peer electronic cash system[J]. Decentralized business rcvicw, 2008：21260.

[2] 成岚 . 习近平在中央政治局第十八次集体学习时强调把区块链作为核心技术自主创新重要突破口，加快推动区块链技术和产业创新发展 [EB/OL]. 2019/10/25[2023/06/28]. http://www.xinhuanet.com/politics/2019-10/25/c_1125153665.htm.

[3] 赛瑞评测 . 聚焦 | 全球区块链产业发展报告（2021—2022 年）发布 [EB/OL]. 2022/07/06 [2023/06/29].

第七章　民生服务应用案例

 基于区块链的文化数字化全生命周期综合服务体系应用实践——知信链

四川数字出版传媒有限公司

一、案例背景

传统版权保护方式走入深水区，知信链赋能数字资产流通

在建设数字中国的大背景下，文化数字化的高质量发展成为重要任务之一。文化数字化资源及内容的版权保护与交易，是实现战略目标的核心支撑点。传统版权登记以线下流程为主，由于时间周期、交易流转等因素，使互联网时代数字内容爆发式增长下的业态产生了一定的不适应。区块链技术去中心化、不可篡改、可溯源、可量化等优势，可充分满足数字版权从创作、存证、生产到使用、交易全生命周期的真实可信，并为文化数字化资源及内容成为可信数字资产提供了可行性支撑。

四川数字出版传媒有限公司打造的基于区块链的文化数字化资产全生命周期综合服务平台——知信链，充分利用区块链技术，提供版权登记、存证确权、分发交易和监测维权服务，推进资产凭证化和资产证券化全链创新探索，建设共建、共享、开放的文化数字化资产价值新生态。

二、方案详情

基于区块链的一体化服务体系，构建文化数字资产生态闭环。

（一）知信链产品的生态体系

知信链产品生态体系如图7.1所示。

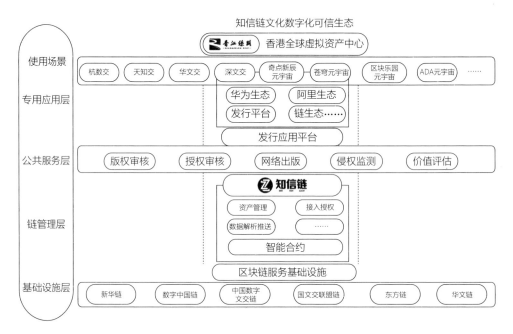

图7.1 知信链产品生态体系

以知信链为核心构建的产品生态体系包括5层架构。基础设施层由可信联盟区块链基础服务设施新华链、数字中国链、国文交联盟链、中国数字文交链、东方链、华文链等构成，分别为不同的领域和行业提供联盟区块链服务。公共服务层由知信链提供版权审核、授权审核、网络出版、侵权监测、价值评估等服务，与底层联盟链组成了可信资产的两大核心支撑。专用应用层包括华为生态、阿里生态（阿里资产、天猫和淘宝等）及链上各发行平台，对版权清晰、内容安全的文化数字化资源及内容进行分发。在专业应用层，为不同行业和领域搭建了元宇宙等虚拟现实平台，为生态的数字资产提供使用场景和实际使用价值。

知信链生态中版权清晰、内容安全的文化数字化产品，可在深圳文化产权交易所、杭州国际数字交易中心、天津滨海国际知识产权交易所等元宇宙交易系统进行挂牌交易，构建了文化数字资产生成、使用、交易、转化的合规可持续生态闭环。同时，"香江丝路"出海平台可以把知信链优秀的文化产品传播到海外，推动文化走出去。

（二）应用场景

（1）版权登记：省版权局互联互通，拿证高效、便捷。

知信链是四川省版权局批准设立的官方版权工作站工作平台。用户在进行版权申请并通过后，可颁发由国家版权局统一监制，由四川省版权局签章全国有效的"作品登记证书"。版权登记证书示例如图7.2所示。

图 7.2　版权登记证书示例

（2）数字资产上链：明确数据权属，解决文化资产确权难题。

知信链以省（市）政府批准成立的联盟区块链基础服务设施作为可信底层，利用区块链的核心技术，生成数字作品唯一对应的哈希值，同时结合非对称加密技术，建立数字作品与作者之间唯一确定的对应关系，数据快速上链，加密生成永久有效、不可篡改的版权凭证，保障作品的可信、数据安全，颁发"区块链版权存证证书"。区块链版权存证证书示例如图7.3所示。

图 7.3　区块链版权存证证书示例

（3）数字资产交易：保障交易透明，解决版权交易难题。

区块链共识机制和智能合约构建了去中心化环境下的数据生成、传输、计算和存储的规则协议，为以数据为载体的数字资产的安全流通创造了条件。

通过知信链平台上链生成的数字资产，可在智能合约协议规则的管理下，在知信链构建的产业生态中的发行渠道进行发行交易，为作品提供价值转化变现能力。

（4）监测维权：数据不可篡改，解决数字版权监测维权难题。

知信链利用区块链的去中心化分布式存储、防篡改特性、共识信任机制，通过哈希算法、非对称加密算法和数字签名等技术，保障数字作品的数据安全，特别是时间戳精确到秒，所有数据可逆向追溯，各个环节均可确认、举证与追责。因此，一旦发现侵权行为，能够实现快速定向跟踪和查询，便于锁定非法侵权行为的来源，维护版权方的合法权益。

另一方面，知信链联合德恒（成都）律师事务所、北京盈科律师事务所等权威律师事务所，提供专业的法律服务，可委派专业律师团队直接开展维权服务。

（5）开放共建共享，共建版权产业生态，共享版权服务。

知信链的文化数字化资产全生命周期综合服务能力通过 API 接口进行整合开放提供给第三方，并可进行私有化部署，搭建自有服务平台，开展资源和内容的登记、存证、发行和交易，使得更多的企业或组织机构，参与到文化数字化生态中来。

三、创新点

为文化数字化资源和内容的版权全生命周期开启创新生态

（一）版权保护的创新

知信链提供了国家版权机构登记和区块链版权存证的应用服务。无缝对接版权局，简化传统版权登记和认证流程，能够为用户提供快捷有效的版权服务，提升用户体验，同时面向全国进行版权存证和版权认证数字资产化服务，能有效扩大版权服务范围。利用区块链技术，为困扰如今版权保护发展的瓶颈提供了突破的路径：借助去中心化技术、存储和运算呈现出分布式的特点，以及各个节点的权利和义务平等技术优势，突破时空界限，省略中间介质的存在和干扰。通过区块链的开放性和透明性，促进信息透明度的提高。利用区块链内数据不可篡改的特点，快速定位盗版源，并确保版权内容在进行成果转化过程中利益各方的数据、资金和账本安全。

（二）使用场景的创新

知信链生态可信文化数字资产的使用，有以下典型场景。

（1）资产产权。对资产产权（财产权）全部或部分权利进行转让，并可最终形成虚拟或现实世界的相关延伸产品。

（2）资产使用权。通过元宇宙、电子产品等，对数字内容以有线或无线的方式，在选定的时间及地点进行阅读、学习、欣赏、收听、观看和研究等。

（3）构建经济体系。以知信链可信数字资产为基础，构建元宇宙中价值可信、资产可用、行为共识、信用共享的经济运行体系。

（4）知信链可信文化数字资产可结合各行业的专业技术和特定场景，形成行业应用，如数字文化、智慧城市和动漫影视等，人们可以在元宇宙中进行社交、工作、娱乐、公益等活动，可通过交互由消费者变为数字资产创造者。

知信链可信数字资产为价值互联网和元宇宙提供了核心的经济形态，一定程度上会成为数字经济的产权基础，实现价值的传递与流通。

（三）版权转化交易的创新

知信链生态中的文化数字资产，以文学、艺术、科学等领域内具有知识性、思想性的文字、图片、地图、游戏、动漫和音视频读物等数字产品为主要内容，以数字原生、数字孪生和游戏技术等为主要生成手段，以区块链信任安全和价值保障为确权存证、交易流转提供底层支撑。知信链以具有资质、职称的平台，以内容政治导向正确，符合国家核心价值观、法律法规，符合中华民族优良的道德规范为审核标准。上链确权、存证的数字资产的全部或部分产权（财产权）转让、交易，通过整体、单一的产权销售，如作为版权数字资产化、证券化交易，将在省级或以上政府批准的交易所依法进行。在具有真实使用目的、场景的前提下，具有显著的网络出版物特征——通过信息网络向公众提供具有编辑、制作、加工、复制和发行等特征的数字化作品，以限量复制、发行的数字资产使用权形式销售。

（四）商业模式的创新

知信链旨在构建文化数字产业的良性闭环生态圈，聚合众多的优质文化内容创作者和企业，建立版权生态全链条的顶层平台，聚合了文学、视频、动漫游戏、音频、文档、粉丝和电商等各大垂直分发渠道，建立了IP转化的横向链接，实现异业联盟产业跨界，以游戏等娱乐消费拉动版权的触达频次和刚需，以金融化、资产化和证券化创新探索构建文化数字化产业的价值体量。

知信链将在满足创作者、内容机构、企业和C端用户认证确权和资产化等基本需求的同时，为用户搭建从内容上链到交易、消费和投资的商业闭环。解决版权行业标准化的痛点，解决版权分发、交易和转化的痛点。通过搭建综合服务平台，实现产业聚合、资产交易，促进文化数字化产业的异业整合和全产业链高质量发展。

四、效果效益

带动庞大的应用生态，形成行业标准

（一）形成行业应用标准

知信链平台登记的作品从版权审核、网络出版，再到发行交易、场景使用，严格遵循网络出版发行规则，建立了一整套从登记到交易流转的规范化流转通道，为区块链版权管理及文化数字化、市场规范化应用提供了行业应用标准参考。

（二）庞大的公共服务应用生态

知信链为阿里资产、华为云、阿里云、天猫、杭州国际数字交易中心、天津滨海国际知识产权交易所、华中文化产权交易所、中国文物交流中心"中国数字文交链"、华为"新华链"、福州市数字中国区块链服务基础设施"数中链"、四川省区块链版权服务基础设施"新版链"、全球文化资源数据和文化数字内容区块链可信数字资产服务设施"国文交联盟链"、国家新闻出版署科技与标准综合重点实验室区块链版权应用中心、中国国际经济技术合作促进会元宇宙发展研究工作委员会、中国信息协会区块链专委会指导建设的"苍穹元宇宙可信生态联盟"等提供核心区块链版权公共服务。

知信链为文博领域的中国文物交流中心的"轩辕宇宙"、音乐领域的"天音音乐元宇宙"、文旅领域的"奇点新辰元宇宙"、数字乡村"万乡千城元宇宙"，以及文学领域的"苍穹文学元宇宙"等，提供了数字资产经济体系基石，搭建了可信数字内容基建，为版权产业带来了新技术、新应用、新业态和新场景。

知信链为"2023 央视春晚小神兽系列版权作品""谷爱凌 Q 版数字版权作品""格萨尔说唱作品"等知名 IP 提供了版权审核、网络出版发行等公共服务；联合天猫推出了"618头号计划"，为入驻商家肯德基、宜家、阿迪达斯、变形金刚、Burberry、B&O、PEPSI、Tempo、Alienware 等实物联名品牌的数字版权作品提供了版权公共服务。

值得一提的是，在中央网信办、国家发改委、科技部、工信部、国务院国资委、福建省人民政府主办的"第五届数字中国建设峰会"上，知信链作为峰会指定的唯一区块链版权服务平台，为峰会提供了纪念函的区块链确权认证和发行服务。

此外，知信链还为区块链图书出版融合项目"数字藏书"提供区块链版权公共服务。"数字藏书"获得了国家新闻出版署官网、《人民日报》、《学习强国》等重点推介，并被评价为"人类出版历程中一次里程碑式的示范案例"。

截至 2023 年 5 月，累计实现作品版权登记 3 万多件，区块链存证数据 3000 多万条。

（三）助力数字中国建设

守正创新，未来可期。知信链将为全国文化资源数据和文化数字内容提供区块链的确权、存证、使用和交易等服务，以完备的版权、内容审核等资质和专业能力，以规范的"内容正版、安全合法、权益清晰"的规则和发展路径，提供可信的认证体系，实现数字资产、内容等的跨链使用与流转，以保障价值可信、资产可用、行为共识、信用共享，链接强大的数据、内容使用场景，推动形成文化数字化应用新生态，共赴数字中国的"星辰大海"。

02 基于区块链的医疗可信体系建设实践

浙江大学医学院附属邵逸夫医院

一、案例背景

新技术融合应用，引领与创新智慧医院发展

我国医疗管理信息化已经取得了巨大的发展，随着智慧医院建设进程逐渐加快，如何确保医疗数据的真实性、安全性和隐私性，以及如何提升医疗服务的质量和效率，仍然是一大挑战。浙江大学医学院附属邵逸夫医院在医疗数字化改革上先行先试，在全国范围内率先在院内引入区块链技术，助力医疗领域数字化改革，积极推进新技术在医疗机构服务管理各类场景的应用。2022年，由医院牵头的"区块链＋智慧医院创新应用"入选国家区块链创新应用试点特色领域试点（"区块链＋卫生健康"）。在这个背景下，医院基于区块链技术的不可篡改、去中心化、保密性强等特性，设计了基于区块链的医疗可信体系，推动医院数据的安全共享与便利化，形成院内及体系内的医疗数据安全共享和可信协作机制，实现追溯医疗数据流通过程和明晰权责界定、医疗数据全生命周期管理、数据资产可信价值流转，推动医院数字化转型。积极探索将区块链技术作为新一代数据共享交换基础设施，构建医疗健康数据要素市场，以锚定数据规范为内核，以价值评估激励为外延，以"数据可用不可见"技术为支撑，形成穿透式监管贯穿数据全生命周期，解决数据共享及交易中的痛点、难题，助力数据可信开放，深度挖掘数据价值，以实现跨机构数据安全有序流通为着眼点，着力推进规则探索，创新政策举措落地，破解制度瓶颈，真正实现医院在健康数字经济领域更深层次、

更宽领域、更大力度的高水平开放。

二、方案详情

"一链，一网，一平台，N 个应用场景"的 1+1+1+N 模式

1. 首创智慧医院数链融合技术体系

以智慧医院模式创新为切入口，首创基于区块链的智慧医院数链融合技术体系，打造智慧医院"一链，一网，一平台"。智慧医院数链融合技术体系整体架构如图 7.4 所示。

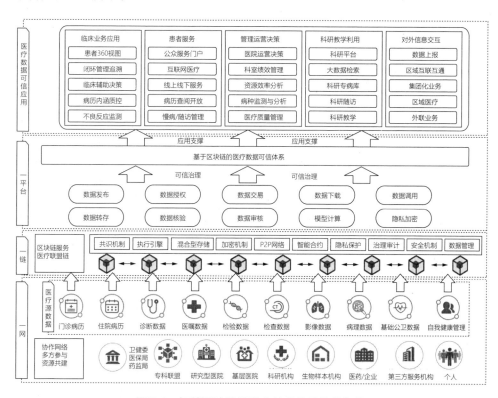

图 7.4　智慧医院数链融合技术体系整体架构

一链：以邵逸夫医院为核心搭建医疗联盟链，基于国产自主可控的联盟区块链技术，为联盟内多主体间的医疗数据流通共享提供了能力支撑，利用区块链共识算法、分布式账本、智能合约等独特技术特性，建立公开、透明的信任机制，保证医疗数据流通过程的安全可信。在联盟各成员中部署区块链节点，建立准入机制、权限与数据逻辑控制体系，可对医疗数据流转进行全周期上链存证、溯源

和细粒度穿透式监管，并引入国家监管部门作为区块链节点，最大限度地保证医疗数据的可信。

一网：以医疗联盟链为基础建立医疗数据协作网络，联盟成员之间共同致力于开放、高效的医疗服务工作，更好地优化医疗服务、造福百姓。通过多层次的数据安全和隐私保护机制，实现数据的"可用不可见"，结合链上链下的可信操作记录，实现数据全流程可信追溯，构建协作网内的数据可信安全共享交换体系，实现数据流通全流程的可管、可控、可信和可追溯。医疗服务协作各方可通过事前数据确权，采用共建共享的分配规则，通过区块链的智能合约功能实现多方的价值分配规则化，通过共享激励机制实现医疗数据价值流转，促进医疗数据要素市场化。

一平台：将区块链与隐私计算技术相结合，并支持链上链下协同的医疗数据协作平台，满足隐私保护需求下的数据价值传递，打破数据孤岛，实现数据"可用不可见"。支撑不同数据类型、不同隐私级别、大数据量的跨机构医疗数据流通场景。具备数据隐私保护、操作简易高效、区块链协同及算法类型丰富等特点，为大数据量分析或建模场景提供可信、高效和稳定的数据价值释放能力，成为实现医疗数据互联互通、释放医疗数据价值的强力推进器，助力医疗健康数据流通更好、更快地发展。

2. 新一代科研联盟模式突破

在医学科研领域，为多中心科研协作提供数据可信的基础设施、数据安全共享交换体系，如图7.5所示，打造跨机构的多中心科研数据安全共享与可信协同网络，实现数据分布式隐私共享和计算，有效地利用多方贡献、多方获益的数据价值交换模式来支持多中心科学研究，精准量化与分配科研数据贡献与科研成果获益，同时避免任何敏感信息的泄露。重点解决现阶段医学科研协作各机构不愿、不敢和不易共享数据的痛点，助力医学研究朝着多中心、多学科、多病种和多课题的方向发展，加速研究成果向临床实践的转化，并加强不同机构间的合作。对于发挥邵逸夫医院临床医生的学术优势，促进医学科学的发展具有重要的意义，有助于提升邵逸夫医院的医疗技术、科研和管理水平。

进一步打造多中心跨机构参与的"研究—生产—市场化"的闭环科研联盟生态，落地医学研究数据资源共建共享，推动生物样本、医疗健康数据等资源的整合，降低医疗机构、学术机构等相互间的信任成本，确保学术转化过程的数据信息安全、可靠。在构建的安全互信机制下，广泛开展多方相互交流、内外协作，进行高水平、高质量的医学研究。

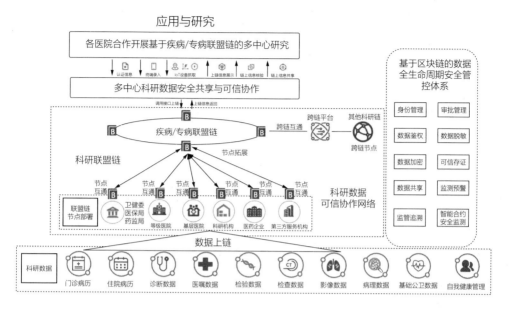

图 7.5　多中心科研可信协作

3. 新一代智慧医院物链网创新设计

在智慧医院管理领域，融合物联网、5G 等新兴信息技术，打造新一代智慧医院物链网，如图 7.6 所示，实现院内设备流通，使用全流程追溯，从源头上实现了医院互联设备数据采集与转发上链，解决了数据真实性的"第一千米"问题。打造支撑设备全生命周期管理的数据链，为医院管理者的决策提供实时、动态、真实和全面的设备运维管理数据。

基于新一代智慧医院物链网实时、动态地采集数据设备运维，实现设备数据全程上链可追溯且不可篡改，建立基于区块链的统一身份认证、数据上链存证、追溯、随机抽检等服务，为医院设备运营、院长 / 科室决策提供实时、透明、可信的数据支撑和技术支持；建立医院 / 科室间设备流转协同机制，动态调配、监管设备在科室、轮班的流转使用过程与流转过程并全程上链，以此高效地利用设备的潜在价值，监管设备使用状态及损耗 / 保养情况，从而提升设备的 ROI（投资回报率），助力医院设备运营降本增效；进一步打造设备运行状态实时监测和风险评估体系，做好医疗设备状态监测与可靠性、风险评估及应急响应，确保医疗设备运行的可靠、安全，降低医疗设备发生故障或欠准的风险，从而避免引发医疗事故；围绕医疗设备运行状态，实现事前监测预警、事中应急响应及维修、事后溯源的全周期管控，建立实时可信的医疗设备管理及运维能力；同时，通过设备数据上链信息可追溯、可审计、防篡改和防抵赖的特性，实现医疗设备全流程、全周期透明化监管，并为智慧医院运营管理提供可信、可靠的基础数据。

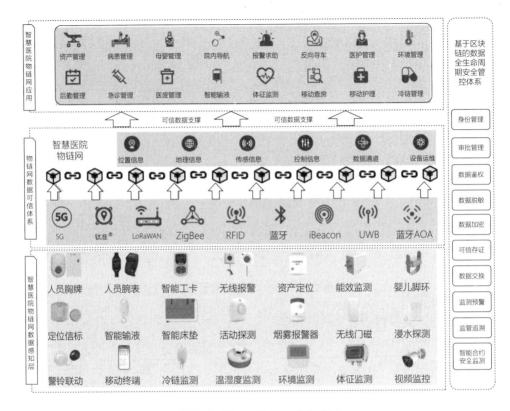

图 7.6　新一代智慧医院物链网

三、创新点

更安全、更可信、更隐私、可追溯、可流通

基于区块链的医疗可信体系通过全流程的合法和合规操作，包括数据授权和敏感数据脱敏等措施，确保医疗数据的合规流通，实现了医疗数据全流程的可信，使公众从信任机构转向信任算法和数据，也方便监管方进行穿透式实时监管。同时，打破了传统数据的集中化模式，进一步通过融合隐私计算等新兴技术，构建了多层次的数据安全和隐私保护机制，实现在隐私保护的前提下多方数据的安全共享与可信协作。最后，打破了传统的集中再分配模式，形成医疗联盟共建生态，实现公开、透明的自动化利益分配和责任追溯机制，实现跨机构、多主体之间的利益高效分配和可信激励，提高了各方对数据共享的积极性，同时明确了数据安全责任的边界。

四、效果效益

三大成效助力邵逸夫医院智慧医院的高质量发展

打造医疗数据可信流通的基石：基于区块链的医疗可信体系，提供医疗机构内、跨机构数据共享服务、公共数据应用服务，解决数据安全事故、数据泄露、数据造假、数据权属不明等问题，帮助各参与方知晓和遵守相应的法律规范、专业实践和道德标准，帮助各参与方实行问责制，保持透明度，诚实守信，在追逐增长的同时也尊重数据安全和隐私保护，保障公共利益，推动医疗诚信体系发展。

推动智慧医院管理降本增效：基于区块链的医疗可信体系，让医院相关部门及时、准确地把握医疗服务质量问题，提高管理的触达效率，也督促医院职工进行自省，从而保证高质量医疗服务，提高患者安全系数，同时也减少对医务人员专业信用管理的沟通成本、行政摩擦，降低事故导致的纠纷发生率，以及减少处理纠纷的法务成本，帮助医院减轻管理压力，节约管理成本。

促进医学科研生态高质量发展：基于区块链的医疗可信体系，利用医疗联盟链整合科研各参与方，包括药械研发企业、医疗行业研究智库公司、商业医保公司等，引导医生、科研人员、研发人员形成良好的多学科跨领域协作体系，包括研发策略和研发方案的制定，以及产品使用信息、市场信息等方面；为医学学术转化、医疗信息化发展的全流程信息服务提供有力保障，并增强科研创新的活力，推动国内自主医药产品创新、器械工程应用转化；助力精准医疗的落实和发展，提高产业转化能力，继而提高临床治疗效率和效果，降低社会整体经济负担。

目前，医院在医疗可信体系建设实践中已经实现了科研数据累计上链173400条；手术记录单上链137289份，助力实现医院电子病历质控合格率达99%以上。

03 基于区块链的可信疫苗管理与追溯应用实践

中电信医疗健康科技有限公司

一、案例背景

疫苗安全事件困扰公众，区块链实现"疫苗＋冷链"全流程可信追溯

由于近10年多次出现疫苗安全事件，急需构建疫苗和冷链的"全程可追溯＋可信"体系。虽然甘肃省在疫苗采购、配送流通、冷链存储、接种等各个环节的清点、流转等过程中都有严格的管理制度，并有专人负责交接和记录，疫苗证书、批签发证明等也由专人管理，但是疫苗流转、疫苗批号等记录，主要还是以扫码或手工登记、手工交接为主，存在客观疏漏和主观掩盖等原因造成的疫苗安全和信息造假等问题。在此背景下，甘肃省"区块链＋疫苗追溯"平台实现疫苗、冷链运转全流程数据区块链存储，实现"疫苗＋冷链"全流程可信追溯。

二、方案详情

建立疫苗接种可信体系，完成疫苗、冷链运转的全流程追溯

（一）技术架构

甘肃省"区块链＋疫苗追溯"平台采用区块链底层架构构建，包含资源层、区块链层、服务层、接口层和应用层5层，疫苗全流程全节点信息同步，利用物联网收集数据并加密上链，所有业务流程使用智能合约的方式进行业务信息流转，既保证了数据的隐私，又保证了数据不可篡改，从根源上杜绝了疫苗造假、疫苗过期等常见问题的发生。甘肃省"区块链＋疫苗追溯"技术架构如图7.7所示。

为了充分满足免疫规划中疫苗追溯信息安全、稳定和可信等需求，建设区块链作为底层基础架构，利用区块链加密算法、共识机制等技术，将全流程数据上链，上链后可实现厂家、疾控中心、运输和疫苗接种者信息全程可控、可监管。

为满足疫苗追溯区块链场景的实现，疫苗追溯场景技术采用联盟链架构，采用"群组＋节点"混合的模式，共计分为业务、硬件和软件架构3个方面。

甘肃省"区块链＋疫苗追溯"技术架构

图7.7　"区块链＋疫苗追溯"技术架构

（二）关键技术

（1）区块链技术："区块链＋疫苗追溯"平台可以利用区块链技术建立去中心化的共识机制。区块链可以确保数据的不可篡改和透明性，确保溯源数据的安全性和可信度。

（2）分布式共识算法："区块链＋疫苗追溯"平台采用分布式拜占庭容错算法，确保在网络中部分节点退出或者宕机的情况下，系统仍能达成共识。

（3）可验证性：改良的共识机制具备可验证性，即任何参与者都可以验证数据的准确性和真实性。通过使用密码学技术，可以确保数据的完整性，防止伪造。

（4）多方参与：改良的共识机制鼓励多方参与，包括疫苗生产企业、监管机构和医疗机构等。每个参与方都可以贡献和交叉验证数据，形成共识。

（5）隐私保护："区块链＋疫苗追溯"平台关注参与者的隐私保护。改良的共识机制采用隐私保护技术，确保参与者在验证数据的同时不需要暴露敏感信息。

（6）时间戳和顺序性：改良的共识机制能够为每个数据记录提供准确的时间戳，并确保数据的顺序性，这样可以在溯源过程中准确还原疫苗的流向和时间线。

（7）自治合约："区块链＋疫苗追溯"平台可以引入智能合约，使得系统能够自动执行特定的规则和条件，减少人为干预带来的错误。

（三）业务设计

在疫苗流转的整个过程中，疫苗厂家、冷链企业、各级疾控中心和接种单位会将每一批次的疫苗在各自环节停留时的状态信息上报至"区块链＋疫苗追溯"系统，并接入区块链进行安全存储。接种者在接种疫苗时通过"区块链＋疫苗追溯"系统可及时调取区块链存储的疫苗追溯数据，查看疫苗在流转过程中每个环节的状态信息。

"区块链＋疫苗追溯"平台是依托区块链数据存储底层建立的疫苗生产全流程追溯系统。该系统的建立能够加强监管机构对疫苗生产、流通和使用全过程的监管。疫苗生产企业、疾病预防控制机构和接种单位均应当依照国家相关规定使用"区块链＋疫苗追溯"系统，以区块链新技术手段如实记录疫苗的流通、使用信息等内容，实现疫苗最小包装单位的生产、存储、运输和使用全过程可追溯。

三、创新点

率先落地"区块链＋疫苗追溯"应用，以最小电子监管码为线索提供疫苗追溯新方案

（一）疫苗追溯率先应用区块链

基于区块链技术，实现疫苗审批、生产、流通和接种等过程中的相关方信息全部上链，全过程跟踪记录每一个交易环节的信息，通过"疫苗标识码＋冷链设备编码＋受种者编码＋接种单位编码＋接种医生编码"5个编码构成联合编码，构建可溯源安全接种信用体系，实现源头可靠、不可篡改、全程监管、人苗关联、扫码接种和可信追溯的疫苗接种流程。当某一环节出现问题时，可以精准定位和快速追溯，为疫苗监管提供便利，为公众健康提供保障。

（二）以最小电子监管码为线索，实现疫苗、冷链全流程追溯

由于疫苗存在多级包装，且实际疫苗流转环节涉及疫苗拆包装（同一大包装拆包下发多个单位）、疫苗退回等情况，给疫苗关键节点数据上链存储及后期疫苗追溯业务带来困难。因此，甘肃省"区块链＋疫苗追溯"平台创新性地利用电子监管码对应疫苗多级包装的特点，将所有疫苗关键节点数据拆分为以最小电子监管码为单位的数据进行上链存储，依托电子监管码多级包装关系，实现基于电子监管码的全流程疫苗追溯。

四、效果效益

建立疫苗可信监管体系，守护预防接种安全

甘肃省"区块链＋疫苗追溯"平台数据覆盖全省2700多万人口，实现疫苗、冷链运转全流程数据区块链存储，实现"疫苗＋冷链"全流程可信追溯。通过构建疫苗可信体系，打通监督、监管渠道，助力提升预防接种的安全性。

甘肃省"区块链＋疫苗追溯"监管平台于2021年上线，已稳定运行两年。截至目前，平台数据覆盖儿童信息737.8万份、成人信息1989.5万份，一类苗接种信息1.7亿剂次、二类苗接种信息1193万剂次，区块高度为257万，交易次数为758万次，共识2195万次。

04　可信农安：基于区块链的农产品全程质量安全管控服务应用

江苏省农业科学院

南京知麦信息科技有限公司

南京纯白矩阵科技有限公司

一、案例背景

改革传统农业管理手段，构建"区块链＋"农产品全程质量安全管控体系

近年来，农产品安全事件频发，已成为国家建设发展诚信社会工作的重大挑战。特别是农产品质量安全问题，既是重要的社会问题和民生问题，又是实施乡村振兴战略的重要保障。传统农产品生产管理过程复杂，管理手段落后，信息化、数字化和智能化程度低，面对多角色、多环节的大量数据，缺乏高效可靠的现代化管理技术，难以从全生命周期的角度出发对农产品的质量安全进行监管与追溯，更难以保障数据的安全与可信。针对上述问题，江苏省农业科学院农业区块链产业研究院团队利用区块链、互联网、云计算和人工智能等现代信息技术，结合农产品全程质量安全控制技术体系，开展可信、科学和高效的新一代智能化农产品质量安全管控技术研究，成功研发了基于区块链的农产品全程质量安全管控 SaaS 云平台。SaaS 云平台及 App 产品如图 7.8 所示。

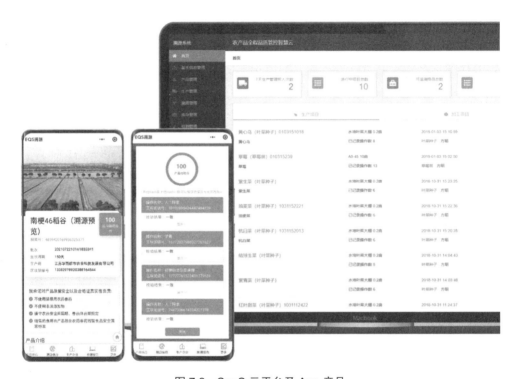

图 7.8　SaaS 云平台及 App 产品

江苏省农业科学院农业区块链产业研究院是由江苏省农业科学院牵头，与南京纯白矩阵科技有限公司、南京知麦信息科技有限公司共同组建的创新型产学研平台。

二、方案详情

基于区块链的 SaaS 云平台，提供一站式农业信息化管理服务

（一）总体架构

系统总体架构如图 7.9 所示，总共分为用户层、应用层（具体功能与应用组件）、支撑层、数据层 4 大层。

图 7.9　总体架构

（二）主要技术

1. 区块链技术

以基于国产开源的 FISCO BCOS 为底层，自主研发区块链 BaaS 平台，采用"一体两翼"引擎架构和 PBFT 共识算法，支持链内动态扩展的多群组架构，单链每秒事务数（TPS）达到 2000 以上，数据交易确认延时为秒级，部署时间短、可运维性高、支持多种 SDK，能够为农业生产管理场景提供安全可靠的区块链数据服务。结合我院产业研究院合作伙伴独立自主研发的全球领先区块链中间件技术 Chain IDE，能够快速、便捷地在链上部署关键控制点 SOP 算法、数据分析和校验等智能合约，极大地提高了链的可用性和可扩展性。同时，提供了一套区块链浏览器，作为链上数据公开查询、校验和展示的平台。

2. 全程质量安全管控 SOP 模块化技术

以农产品全程质量控制技术体系为依据，针对不同作物的不同标准建立关键控制点 SOP 模型，构建基于 AOP 架构的动态 SOP 中间件模块，实现可配置的农业关键环节数字化管控技术，支持在 SaaS 云平台上的动态配置，极大地提高了模块的复用性和扩展性，减少了软件研发部署成本，为企业提供定制化低成本的智能管控体系。全程质量安全管控 SOP 模块化技术如图 7.10 所示。

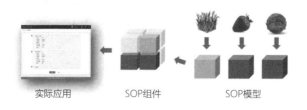

图 7.10　全程质量安全管控 SOP 模块化技术

3. 深度溯源技术

通过农产品全程质量安全信息化管理，实现包括产地、投入品、生产、加工、检测和物流等全环节的数据采集与分析，构建农产品深度溯源模型，自动对全程数据进行校验分析与装配，结合一物一码、区块链等技术，最终为每件产品生成可追溯的二维码，只需在微信中扫一扫，即可通过微信小程序详细展示农产品的所有可追溯信息，相比传统溯源系统，新系统维度更多、数据更完整、可视化程度更高、用户体验更好。

（三）系统平台运行机制

本系统采用 SaaS 云平台运行模式，用户无须安装、部署和运维，全部交由云端进行管理。区块链技术能够有效确保数据隐私和安全，用户无须担心数据泄露或被窃取等安全问题。同时，针对企业、管理机构等的特殊要求，同样可以提供本地化私有部署或混合云模式部署。借助分布式微服务架构，系统在 bug 修复、迭代升级等方面可以实现即时无感的升级优化，能够第一时间将更好的版本在云端部署，相比传统架构有非常明显的优势。

（四）业务流程

本系统平台针对不同作物、不同生产标准，分别建立关键控制点模型，并利用 AOP 技术构建可插拔的 SOP 关键控制点模块，形成规范的标准化生产过程管控技术体系。采用分布式微服务架构，将上述核心功能与区块链底层平台、深度溯源技术等进行集成，综合搭建了包括 SaaS 云、微信小程序、App 等在内的多套应用平台，面向农业企业、园区和主管部门等提供基于云端的个性化、模块化和定制化的农业信息化与数字化 SaaS 服务。全程质量管控模型如图 7.11 所示。在日常生产管理过程中，系统对农产品的全部生产环节进行智能化管理，包括产地环境、扩繁育种、排产计划、茬口安排、催芽、定植、日常管理、投入品使用、采收、存储、加工、运输和检测等过程，并将其统一上链存储，并进行自动组装，最终为消费者、管理者和监管者等角色提供一条完整的可溯源信息链。在包装产品时，按照一定的编码规则设计并生成带有产品履历信息的溯源码，完成生产履历和具体农产品的关联；在销售端，当消费者买到带有溯源码的农产品时，可以通过扫描溯源码实现消费者对所购农产品的生产履历信息查询。

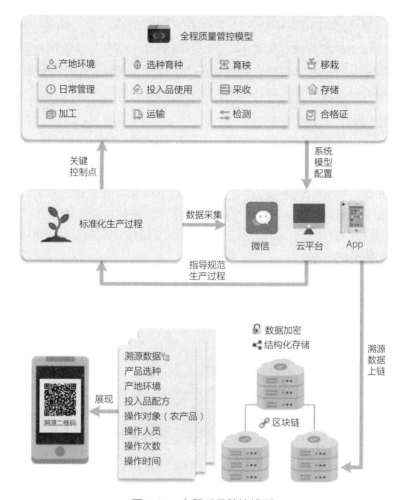

图 7.11　全程质量管控模型

三、创新点

灵活部署，全程管控，深度溯源

1. 灵活部署，全链数据可信

基于区块链的农产品全程质量安全管控 SaaS 云，将农产品产前、产中、产后全环节所有数据记录到区块链上，保证了这些数据的真实性、不可篡改性和可追溯性，实现信息安全加密和隐私管理，基于区块链智能合约的自动评价、监管与预警，可实现全过程管控，通过分布式微服务架构和模块化组件技术，提供灵活的 SaaS 级服务。

2. 全过程管控，定制化服务

SOP 模块化技术可针对各类生产管理标准体系，结合智能合约技术，打造符合企业实际情况的定制化高标准智能管控技术体系，为企业提供便捷的一站式农业生产管理平台，助力企业以低成本实现数字化和智能化转型。

3. 深度溯源，支持数据同步

支持与省级国家级溯源平台、CAQS-GAP 服务平台等进行数据同步，支持合格证打印、个性化产品溯源等功能；跨企业完整供应链实现了农产品可信、多维的深度溯源，可作为政府或园区的区域农业生产管理云平台，帮助管辖区域内的农业企业提高管理水平，提升产品质量安全，打造优质农产品品牌。

四、效果效益

保障质量安全，提高管理效率，提升品牌价值，保护生态环境

（一）方案应用效果

本系统已在江阴华西省级现代农业产业园、江苏艾津农业科技园、傅家边生态农业园区和海安市南莫食用菌产业园等园区，以及丰县、涟水、响水和泗洪等区县数十家企业应用，并作为农业农村部农产品质量安全中心 CAQS-GAP 技术体系的配套支撑技术，为全国范围内的农业主体提供成熟的农产品质量安全管理信息化技术，总服务面积近万亩。

（二）社会经济效益

本系统可有效提高企业的生产管理效率和管理水平，帮助企业更好地实现标准化、现代化的生产管理，降低管理成本。区块链溯源还为企业提升了品牌价值，提高了消费者的信心与企业的口碑，帮助企业获得更多的经济收益。以华西园区为例，通过本成果应用示范，田间平均管理成本降低约 20%，生产面积扩大100%，企业销售总额增长 80%。通过应用此系统，也有效提升了企业的责任心与规范意识，促进诚信经营、高质量生产的良好社会风气的形成，使农产品质量安全监管体系更加完善，监管数据更为全面、准确，降低数据治理的难度和成本，为主管机构开展大数据分析、制定管理决策提供技术支持。通过本系统还能实现农事操作投入品的精准管理与按需使用，结合透明公开的全环节信息披露特性，对农业产区的生态环境起到了有效的保护作用，让农业生产环境更加安全、绿色、可持续。

第五部分

智慧城市应用篇

第八章 区块链技术助推智慧城市建设创新发展

北京市大数据中心 张晰

2019 年，习近平总书记在主持中央政治局第十八次集体学习时强调，区块链技术的集成应用在新的技术革新和产业变革中起着重要作用，我们要把区块链作为核心技术自主创新的重要突破口，明确主攻方向，加大投入力度，着力攻克一批关键核心技术，加快推动区块链技术和产业创新发展。2021 年，工业和信息化部、中央网络安全和信息化委员会办公室联合发布《关于加快推动区块链技术应用和产业发展的指导意见》，明确到 2025 年，区块链产业综合实力达到世界先进水平，产业初具规模。伴随着一系列政策的扶持，时至今日，在城市化加速发展的过程中，区块链作为一种新型的分布式账本技术，凭借其去中心化、安全可信、不可篡改等特点，被广泛应用于我国数字化城市的多个应用领域，成为助推智慧城市建设的重要技术引擎。

一、国家和地方全力支持"区块链+智慧城市"发展

2020 年 3 月，习近平总书记视察杭州城市大脑运营指挥中心时指出，"运用大数据、云计算、区块链、人工智能等前沿技术推动城市管理手段、管理模式、管理理念创新，从数字化到智能化再到智慧化，让城市更聪明一些、更智慧一些，是推动城市治理体系和治理能力现代化的必由之路，前景广阔"。这一重要精神为促进经济社会数字化转型、助推智慧城市建设指明了道路。

近年来，国家和地方层面高度重视区块链技术在智慧城市建设中的运用。《关于加快推动区块链技术应用和产业发展的指导意见》提出深化区块链在信息基础设施建设领域的应用，实现跨部门、跨行业的集约部署和共建共享，支撑智慧城市建设。全国各省市积极探索创新"区块链 + 智慧城市"场景建设，作为我国的科技中心，北京发布《北京市"十四五"时期智慧城市发展行动纲要》，提出到 2025 年，将北京建设成为全球新型智慧城市的标杆城市。青岛、天津、武汉等城市也相继发布《关于进一步加快新型智慧城市建设的意见》《天津市智慧城市

建设"十四五"规划》《武汉市新型智慧城市"十四五"规划》，迅速推动区块链技术在智慧城市建设中的效能发挥。

二、智慧城市建设中的区块链创新应用

随着区块链基础设施能力的逐渐夯实，面对智慧城市建设的迫切需求，我们探索性地将区块链技术应用于智慧治理、城市大脑、数字防疫、城市应急管理和基层社区服务等场景中，有效提升城市管理智能化、精准化水平。

（一）智慧治理

在进行城市治理的过程中，综合运用大数据、区块链、物联网等技术手段，实现城市治理的智能化、精准化和便捷化。在身份服务方面，运用区块链技术识别个人和组织身份，通过数据存证，进行数字身份的溯源、关联，推动个人信息自主控制。在政务服务方面，在电子证照认证、电子档案共享、电子票据核验、电子签章应用和积分落户审批等各政务业务场景中，对数据的生成、流转和使用进行链上存储，支持各业务应用场景上链数据可信审计、追溯及可视化展示，支撑跨部门、跨系统、跨业务和跨区域的数据可信共享和业务协同，提高整体协作效率，实现多方互信互认、降本增效。

（二）城市大脑

大规模城市治理的数据采集和处理，可以实现城市级数据的智能调配和管理，区块链技术的分布式存储和加密特性可以有效防止数据被篡改，智能合约可以满足数据的自动处理和交换需求，在完善数据确权体系的同时，提高了数据的安全性和可信度，更好地服务数据流通。在智慧医疗等城市级应用中，基于区块链底层支撑平台，将医保结算平台与医疗机构 HIS（医院信息系统）的医保、诊疗和结算等数据打通，并进行上链存证，接入授信机构与商业保险机构，支持上链数据的查询、核验与变更追溯，通过区块链的信任背书，使全民健康服务更有安全保障。在水、电、气、热和风等城市能源的现代化管理过程中，也可以打破传统的数据分析管理模式，在安全可信的前提下，充分利用区块链技术对能源的全生命周期数据进行分类和分析，提升城市能源管理的数字化程度。

（三）城市应急管理

随着社会经济的高速发展和城市规模的不断扩大，对城市应急管理能力的要求逐年提升，在交通事故、危险化学品事故、公共卫生事件和社会安全事件的预

防和处置方面，区块链技术在安全性、公信力方面的优势可有效支撑跨部门的可信共享和协同协调。在政府监管层面，充分联动与安全生产业务链条相关的应急、交通、公安和市场监管等部门，有效串联起各部门的监管职能和信息资源，形成监管合力；在安全管理层面，运用电子标签，构建追溯码，面向危险化学品、特种设备的生产、经营、存储和使用等从业单位开展各环节动态数据采集，构建可信追溯体系，实现全程可信追溯，打造应急防控管理闭环，确保城市的安全、稳定和可持续发展。

三、持续挖掘区块链的价值潜力

虽然区块链技术已开始在各领域崭露头角，但由于性能、标准、互操作性及能源消耗等方面的问题尚存，使其现阶段仍不具备绝对的技术优势。

在大规模节点或数据的场景下，区块链的高性能主要受限于共识算法、存储和传输等因素。传统联盟链普遍使用 PBFT 算法，需要进行复杂的计算和共识过程，从而导致性能不足。与此同时，根据区块链的分布式特性，需要由多个节点共同维护和验证交易，每个节点存储整个区块链的完整副本，并在网络中广播传输交易和区块数据，这个过程会占用大量存储和带宽资源，限制整体性能。同时，随着区块链技术的更新迭代，涌现多种技术架构的区块链平台，采用不同的协议和实现方式，异构区块链平台之间的互操作性存在挑战。

作为有革命性潜力的创新性技术，区块链仍以一种"充分非必要"的技术形态促使人们对它进行更多的探索和挖掘。未来，数据隐私保护、技术标准化和合规监管是区块链研究和发展的重要方向，随着共识机制、跨链协议等关键技术的突破，相信区块链技术将成为驱动新一轮信息革命的核心力量，推动我们构建更加智慧、高效和可持续的城市，提升居民的生活质量和城市治理能力。

第九章　智慧城市应用案例

01 基于区块链的城市级数据管控体系及重大应用——北京市目录链

北京市大数据中心

一、案例背景

复杂场景下的数据管控痛点问题纷呈，亟待建设城市级数据管控体系

自 2018 年《北京大数据行动计划》实施以来，北京市逐步具备了城市级的数据基础及相应的算力和算法能力，并在领域级数据管控和应用方面取得显著成效。然而，智慧城市建设是面向城市整体的系统性工程，在城市级的尺度上，单点的效率提升与整体的效率提升在一定程度上互斥，加之数据的行业壁垒，以及隐私性和安全性要求，造成打通领域之间的壁垒存在困难，而现有领域级的方法论和技术架构放大到城市级后则不再适用。

在城市复杂系统中，数据巨量、分散，结构复杂、多变，技术独立、多样，城市级数据的全域感知难、统一管控难、跨链调度难和协同计算难等瓶颈问题，造成了众多数据孤岛。北京市目录链技术体系以建立城市级数据管控体系为目标，实现了对城市人、企、房、车和部件等各类要素的统一管控，解决了城市级复杂场景下的数据感知、控制、调度和计算等核心问题。

二、方案详情

基于区块链支撑平台搭建目录链，实现数据统一管控和共享

北京市目录链技术体系是基于区块链支撑平台建设的，区块链支撑平台提供统一和开放的区块链支撑能力，面向各机构提供区块链应用的快速建设、便捷使用和管理功能，同时对资源进行统一管理和分配，实现区块链应用的集约化分配、管理和运维。北京市目录链的各参与方在进行数据上链时，使用各自持有的密钥对交易进行签名并提交至区块链网络，由共识节点共同确认，并在达成共识后完成数据上链。

北京市目录链由应用层、区块链层和数据共享支撑层等3个层级组成，通过跨链或接口方式实现与区级目录链或其他外部应用的对接。北京市目录链技术架构如图9.1所示。

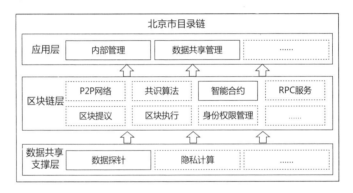

图 9.1　北京市目录链技术架构

（一）数据共享支撑层

数据共享支撑层提供数据共享的支撑能力，根据数据共享授权，可通过数据探针、隐私计算等方式实现跨部门数据明文和密文的传输和处理。

1. 数据探针

数据探针是在源数据库与目标数据库之间进行数据抽取、转换和传输的数据同步工具，提供探测、识别、抽取、封装等能力。

2. 隐私计算

隐私计算技术是数据共享、数据交易和数据跨境等应用场景的基础性底层支撑技术。北京市目录链在统一管控调度，充分保护数据隐私的基础上，进行纯密文计算和明密文协同计算，并进行计算资源的调度。

（二）区块链层

区块链层提供自主可控区块链核心能力，包括点对点网络、共识算法、智能合约、RPC 服务、区块提议、区块执行和身份权限管理等。

1. 共识算法

基于共识容错性、扩展性及性能方面的考虑，北京市目录链采用 TBFT 共识算法。TBFT 是一种拜占庭容错的共识算法，可以在拜占庭节点数小于总数 1/3 的情况下，保证系统的安全运行。

2. 智能合约

智能合约采用 Rust 语言开发，经过编译后安装在目录链中。北京市目录链涉及的智能合约记录内设机构、职责目录、数据目录和信息系统等从发布、修改到删除的基本信息，记录数据共享申请与审批、共享仲裁等关键信息及用户操作记录。

（三）应用层

应用层提供内部管理、数据共享管理、核心工作组审核、统计分析、画像服务和智能搜索等功能模块，实现对各委办局、各区等数据资源目录和数据共享的统一管控。

三、创新点

基于自主可控底层技术，实现城市级数据统一管控和共享

（一）依托自主可控区块链底层支撑平台提供高安全性保障

为实现北京市区块链应用的集约化建设和管理，北京市设计构建了自主可控的区块链底层支撑平台，该平台作为全市统一的基础设施面向政府和社会机构提供服务。区块链支撑平台为区块链应用提供了高安全性的技术保障。一是区块链网络访问密钥存储在专业的密码机设备中，用户通过密码机相关标识识别和访问密钥，密钥具有多重安全防护，减少私钥泄露风险。二是区块链网络使用 TLS 进行客户端与节点，以及节点间的通信，保障数据密文传输。三是区块链网络只有通过数字证书的身份验证后才能进行客户端的接入、节点的互联，有效防止非法身份的系统接入。四是接口通信数据采用签名算法校验，保证通信的不可篡改性和完整性。

（二）以"三定"职责为抓手实现全市"一盘棋"统筹

北京市紧紧抓住政府部门"三定"职责这个牛鼻子，设计了以"职责—数据—系统"为核心的"三级目录体系"，并通过区块链、大数据等系列新技术的融合应用，基于区块链支撑平台搭建了北京市目录链，破解数据汇聚共享应用难题，着力提高政府管理效率，提升城市服务质量，培育数据产业体系。北京市目录链向下调度全市政、企数据，向上支撑各领域的数据区块链应用，也可直接为场景赋能，面向市级部门、各区及相关社会机构提供服务。目前，北京市目录链拥有近100个部门，超过1200名用户。

（三）以链上运行机制取代传统协议式共享

政府部门将职责目录、数据目录和信息系统基本信息上链，社会机构将数据目录上链。其中，职责目录包括部门、处室、职责、数据资源、核心数据项和信息系统名称等，数据目录包括数据起始日期、更新周期、格式、数据项和共享开放属性等。依托北京市目录链，各部门的数据共享申请、授权及不一致仲裁等流程均在链上开展，全市层面不再支持"一事一议"的协议式共享。

四、效果效益

全市"数据目录"一本大台账，支撑北京市上百项核心业务

（一）建立数据管控新格局

在信息化发展的过程中，无论是政府、企业，还是社会、民众，都普遍面对一个老生常谈却又始终存在的大难题，想要的信息找不到，找到了拿不到，拿到了用不了。基于北京市目录链，数据共享的需求申请、授权、确认、共享全流程在链的控制下自动执行，各环节操作实时记录上链，全程留痕可追溯，实现了从"通道式共享"向"链道式共享"的过渡，背后是技术向管理的延伸、分治向共治的转变。目前，北京市目录区块链以数据、标准接口和专题分析等多种方式支撑了上百项市区核心业务应用。

（二）解决企业数据使用难题

除支撑政务部门间的数据共享外，目录链还打造了"数据专区"，针对金融、医疗、交通、教育等数据热点需求领域，推进政府数据的社会化利用。以"金融数据专区"为例，作为北京市政务数据在金融领域社会化利用的统一接口，通过目录链将政、企两端的数据统一管控、授权共享，打通企业应用和政府管理之间

的数据壁垒，在确保安全的前提下充分释放数据"红利"。依托目录链，金控集团通过"金融数据专区"有效共享了政府数据的"使用权"，打造了"政采贷"产品，相关合作银行通过对政府采购历史交易情况进行评估画像，为有需求的企业提供授信，提升了全市小微企业的金融服务水平。

（三）助力北京市疫情精准防控

在抗击新冠病毒的工作中，北京市第一时间基于目录链记录的职责数据，调动相关政府部门及其处室参与抗击疫情的行动。通过目录链上精准的数据目录信息，快速协调、调度各政府部门的实时数据，完成了上亿条政府数据的共享，为城市级整体联动、数字化精准防治提供了重要支撑，大大减轻了政府、社区和街道的工作压力。除此之外，在我国冬奥会筹备和运行期间，依托北京市目录链，整合打通十余个部门相关数据，有力支撑了冬奥期间闭环管理和城市运行保障。

02　基于区块链的首都绿色电力智慧可信溯源技术应用实践

国网北京市电力公司

一、案例背景

积极推进"区块链＋能源电力"融合应用，有效服务于首都智慧城市建设

为深入学习习近平总书记关于区块链发展及"双碳"工作的重要指示及讲话精神，积极落实《关于加快推动区块链技术应用和产业发展的指导意见》《"十四五"现代能源体系规划》《北京市区块链创新发展行动计划（2020—2022年）》相关要求，国网北京电力联合国网数科控股公司（原国网电子商务有限公司）所属国网区块链科技公司，面向北京冬奥会、海淀环保园区等典型示范场景，开展基于区块链的首都绿色电力智慧可信溯源技术应用。

目前，实现绿色电力溯源主要面临以下问题：一是绿色电力源头上链数据的真实性难以保证；二是由于电的特殊性，不能进行追踪定位，终端使用也无区别，因此无法直接通过电力的物理性质或电力输电线路来证明用户所用电力为绿色电力；三是缺少感知绿色用电的视觉窗口，公众无法体验到绿色电力对清洁能源消纳、节能减排中的贡献度，不利于绿色电力市场的发展。本案例利用区块链独有的信任建立机制，支撑绿色电力生产、传输、交易、结算和消纳等全链条信息的真实记录与流转，从而实现绿色电力智慧可信溯源与深度感知，保障碳排放核查中绿色电力消费数据的真实性，引导全社会向消费绿色电力的生产生活方式转变，有效服务于首都智慧城市建设"双碳"目标的实现。

二、方案详情

以绿色化带动数字化，以数字化引领绿色化，着力打造区块链应用新模式、新业态和新产业

基于区块链的首都绿色电力智慧可信溯源技术应用依托国内最大的能源区块链公共服务平台国网链，应用大数据与区块链技术对海量多源异构电力数据进行处理、入库、分析和存证；利用区块链防篡改、可追溯等技术特性，构建溯源合约管理和绿色电力消费凭证查验等功能，打通绿色电力全链条数据流，实现绿色电力可信溯源，提供绿色电力消费凭证；利用智能合约技术，构建电碳数据协同模型，实现绿色电力与碳排放指标的有效转换；利用数字孪生技术，实现绿色电力溯源及绿色电力生态价值的全景感知，从而打造基于区块链的首都绿色电力智慧可信溯源特色应用，助力北京市构建区块链科技创新高地与应用示范高地，支撑北京市打造新型智慧城市。

（一）技术架构

本案例总体架构如图9.2所示，分为基础层、平台层、数据层、服务层和应用层。基础层支持云端部署，包括国网云、公有云和私有云等，同时支持传统资源，可以使用虚拟机或物理机部署，将区块链和微服务等先进技术作为基础。平台层基于国网链服务，封装了数据交换服务。国网链主要提供基础从链接口调用，以及数据上链存证服务；在数据交换平台，完成对数据的集成、抽取和质量管理等；基于数字孪生技术完成模型创建、地图封装及数据融合。数据层包含对数据的建模、清洗和数据资产的形成等，向服务层输送标准数据。服务层使用 SG-UAP 国家电网统一平台应用（State Grid Unified Application Platform，SG-UAP）架构，遵从国网技术标准，底层服务主要包括存证、溯源、数据分析、后台管理和数据接口服务等，同时可提供注册中心、网关、缓存、消息、负载均衡和分布式事务等基础微服务组件。应用层包含冬奥绿色电力溯源、园区绿色电力管理、重点企业低碳管理、电力零售市场和智慧城市管理等应用。

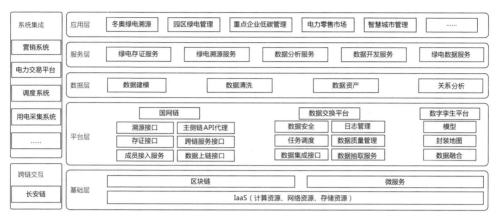

图 9.2 基于区块链的首都绿色电力智慧可信溯源技术应用总体架构

（二）功能特点及实现情况

1. 链上链下可信协同控制功能

设计适用绿色电力业务的数据模型及分布式预言机上链机制，形成高安全、高可信的绿色电力链下数据接入方法，解决了绿色电力供应源头数据不可信问题。

2. 绿色电力认证及溯源功能

构建集多种要素的绿色电力认证模型，将绿色电力认证凭证和绿色电力溯源区块链标识进行绑定，构成全网唯一的数字标识编码，实现绿色电力凭证的可信认证与溯源。

3. 可信电碳协同转换功能

应用区块链技术为电力用户提供绿色电力消费凭证与碳排放数据的协同互信服务，并出具司法背书的可信证明，实现绿色电力与碳排放指标的有效转换。

4. 绿色电力多维可视的全景感知功能

利用数字孪生等信息化技术，融合数字逻辑与地图场景，实现绿色电力多主题、数字化全景展示，增强电力用户的获得感和参与感。

（三）应用场景

本应用为2022年北京冬奥绿色电力100%供应提供可信证明，积极践行了"绿色办奥"理念，同时服务于海淀环保园区绿色电力管理、首都重点企业低碳管理、首都电力零售市场绿色电力溯源和北京市能源监测与城市管理等典型场景，有效助力北京智慧城市建设。

1. 保障冬奥绿色电力 100% 供应，践行"绿色办奥"理念

为积极落实"绿色办奥"理念，兑现申办承诺，推动清洁能源产业发展，服务生态文明建设，依托"国网链"研发建设区块链冬奥绿色电力溯源系统，利用区块链特有的信任机制，实现绿色电力供应穿透式监管和信任逐级传递，支撑冬奥绿色电力生产、传输、交易、结算、消纳等全链条信息可信记录与流转，实现冬奥绿色电力可信溯源与多维度可视化展示。系统于 2021 年 10 月 26 日在首钢园国家电网公司冬奥电力保障服务中心投入运营，在冬奥会举办期间，共实现 28 家新能源发电企业、25 个冬奥场馆用户数据接入，完成 10000 余条数据上链存证，助力开展冬奥绿色电力交易 10 批次，成交电量 7.8 亿千瓦·时，节约用煤 25 万吨，二氧化碳减排 62 万吨，为我国政府 100%"绿色电力办奥"的庄重承诺提供了有力证明，向世界积极展示了我国"绿色办奥"的实践成果与北京冬奥的减排担当。

2. 为北京市海淀环保园区绿色电力管理服务，支撑园区低碳发展

为积极落实《关于做好"十四五"园区循环化改造工作有关事项的通知》相关要求，本应用以"绿色电力"为抓手，以"双碳"为核心，以"区块链"为媒介，将产业园区电力交易、其他能源、碳汇等关键业务数据上链存证，基于智能合约搭建电碳转换模型，为海淀环保园区 55 家工商业用户及近千户居民用户提供绿色电力使用证明及碳减排证明，为政府机构、行业企业提供决策参考。目前已上链数据 10000 余条，支撑计算碳排放量 2000 余吨、碳减排量 50 余吨。

3. 区块链赋能北京市能源监测与城市管理

利用区块链技术，从能源生产、消费、交易及环保等维度构建能源大数据指标体系框架，以电为核心，逐步实现水、电、气、热、煤、油等各类能源数据汇聚融合、共享交换和挖掘分析，赋能实体经济推动产业转型。

三、创新点

有效融合"区块链 +"多种技术，实现绿色电力可信溯源与全景感知

（一）提出基于灵活预言机的绿色电力数据链上链下可信协同控制方法

设计适用于绿色电力业务的数据模型及分布式预言机上链机制，创新聚合合

约、声誉合约和数据请求等预言机调用合约运行功能，依托聚合合约中的数据聚合方式及声誉合约中的经济模型，应用改进基于 k-out-of-m 的阈值签名算法，保证上链数据的准确性和安全性，打造高安全、高可信的绿色电力链下数据接入方法，从源头上保障上链数据的安全可信，实现区块链智能合约与链下数据安全高效交互，解决绿色电力供应源头数据不可信的问题。

（二）设计基于非同质化的绿色电力认证及溯源方法

提出基于区块链的集绿色能源生产、交易、传输和消费全环节数据收集、管理与查验于一体的绿色电力溯源方法，突破标识寻址及多维溯源查询技术，实现了绿色电力全环节溯源，填补了绿色电力可信溯源的空白；构建集绿色电力产出地、绿色电力类型、消纳地点和消纳主体等多种要素的绿色电力认证模型，基于非同质化通证模型将绿色电力认证凭证和绿色电力溯源区块链标识进行绑定，构成全网唯一的数字标识编码，实现凭证区块链标识的不可互换、不可分割，解决了绿色电力凭证重复多次认证问题。

（三）构建适用于多链协同的跨区绿色电力交易及结算模型

建立跨区多链协同交易需求与交易合同管理模型，应用灵活迭代的原子智能合约，通过挂牌、摘牌的方式实现了绿色电力交易的快速撮合和安全高效执行。设计绿色电力跨链分摊与计算方法，实现适应绿色电力业务场景的绿色电力交易申报、确认和出清全环节上链运行，确保绿色电力的精准核算，营造公平、公正和公开的市场化交易环境。

（四）基于区块链的可信电碳协同转换模型

着力打破"电""碳"市场交易壁垒，创新应用区块链技术为电力用户提供绿色电力消费凭证与碳排放数据的协同互信服务，并出具司法背书的可信证明，助力绿色电力与碳排放权交易市场的有效衔接，实现绿色电力与碳排放指标的有效转换。

（五）打造绿色电力全景感知和多维可视、可信、可审的展示平台

打造"轻量应用、分析中枢、多源支撑"架构，实现绿色电力海量数据跨类型、跨部门、跨系统融合共享，打通绿色电力"生产—传输—交易—结算"全链条信息流、数据流和绿色电力流，采用人工智能、数字孪生等信息化技术，融合数字逻辑与地图场景，以城市沙盘、3D 精细建模等方式，实现绿色电力多主题、数字化和智能化全景展示，让绿色电力供应有迹可溯、有数可查和有据可证。

四、效果效益

推动绿色电力发展，助力"双碳"目标实现

（一）经济效益

本案例共计支撑消纳绿色电力约 8 亿千瓦·时（kW·h），助力节约用煤约 25 万吨，实现 14000 余条数据上链存证，减排二氧化碳约 62 万吨，带来约 5.67 亿元的直接经济效益，带动产业投资超 10 亿元。

（二）社会效益

打造"区块链＋可再生能源"示范应用，以区块链不可篡改、可追溯、高可靠性等技术特性为基础，匹配以分布式新能源为主的新型电力系统，构建新型电力系统的信任系统与数据共享模式，助力区块链技术在可再生能源领域应用的纵向实践，积极促进绿色发展理念的传播，有效推动风电、光电等绿色电力的发展，助力"双碳"目标的实现。

 深圳坪山区国产自主政务区块链基础设施及典型应用

鼎链数字科技（深圳）有限公司

一、案例背景

利用统一的政务区块链基础设施提高政府数字化水平

2019 年 10 月，自中共中央政治局就区块链技术发展现状和趋势进行集体学习以来，全国各地都在积极探索区块链相关应用场景落地。特别是在政务服务领域，各地政府机构都在积极推进区块链技术在政务服务业务场景的落地，建设了一批有代表性的共性应用。

深圳市坪山区入选住房和城乡建设部首批 90 个国家智慧城市试点，也是深圳市唯一入选的试点城区，在政务领域落地了一批极具成果的信息化应用。

但是随着信息化建设的不断推进，在提高政府运行效率及服务水平等的同时，也存在如下难点和痛点。

·数据难分享：数据孤岛现象严重。大量数据仅在各政府部门内部流动，数据仅被简单地存储在数据中心，难以进行有效分享。一方面，难以界定数据的所属权，导致无法对数据的可靠性进行担保；另一方面，难以保证数据的实时性，导致使用部门对数据的使用有所顾虑。

·数据难防护：现有政务数据的采集、传输和使用均通过明文的方式进行，对数据全生命周期的完整性、安全性、机密性和不可否认性都难以进行安全防护，非常容易发生数据泄露、隐私泄露的现象，给普通民众和政府机构都会带来难以估量的影响。

·操作难追溯：随着政务信息化程度的不断加深，越来越多的业务需要通过线上系统进行操作，由于系统操作和运维人员大部分都属于同一单位，使得人为导致的错误与系统自身发生的错误无法有效区分，并且系统的操作记录也存在被删除和修改的现象，导致发生问题后难以快速进行问题的追溯。

·跨部门难协同：业务协同的前提在于数据的流通，然而目前系统之间的数据交互存在天然的壁垒，无法在保证数据安全、数据隐私的前提下进行可靠的数据交互，使得大量跨部门协作的业务仍需要线下完成，导致跨部门协同工作难以进行。

对此，坪山区创新地采用了区块链技术构建"1+M+N"的架构来解决如上问题。通过"1+M+N"的模式，坪山区在解决跨部门协同合作、跨部门数据共享、优化政务办事流程的同时，有效避免区块链应用上没有顶层设计、没有统一规划的问题发生，防止在政务领域形成新的区块链数据孤岛，解决底层技术平台各异、资源无法复用、跨链认证困难的难题。

二、方案详情

完全自研"1+M+N"结构支撑复杂的政务信息系统

（一）总体架构

在区块链平台的建设上，坪山区政务区块链采用鼎链数字科技（深圳）有限公司完全自主研发的基于国产密码的区块链底层平台，搭建了"1+M+N"的结构模式，即 1 个区块链基础设施（主链）+M 个应用子链 +N 个区块链节点的政务区块链结构模式，满足政务信息化系统众多、业务复杂和数据交互频繁的特点。坪山区"1+M+N"政务区块链架构如图 9.3 所示。

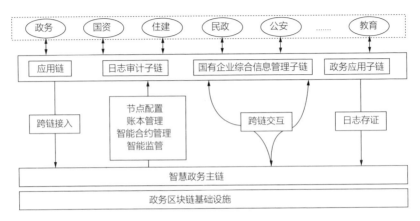

图 9.3　坪山区"1+M+N"政务区块链架构

坪山区创新性地将政务区块链基础平台作为智慧城市建设的基础支撑系统进行上线，与大数据平台、政务云平台等基础平台一样，为上层政务服务应用、城市治理应用提供底层平台支撑，有效地支撑政务信息化，并且实现与现有系统无缝衔接，集成友好，解决了坪山区政府信息系统数据共享难、业务跨部门协作难问题。

坪山区政务区块链总体技术架构如图 9.4 所示。

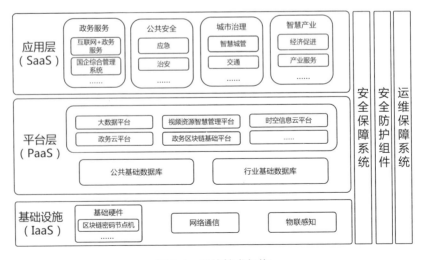

图 9.4　总体技术架构

一期上线的具体应用包括日志审计系统、国有企业综合信息管理系统及融合区块链特色的智慧城市统一密码支撑平台。

日志审计系统主要解决坪山区政务信息系统操作日志容易被删除、数据可能被篡改、数据可能被窃取、内部人员作案难发现、发生问题追溯困难和不能主动防控等问题。

国有企业综合信息管理系统则打通了与银行、国企之间的节点，在保证数据安全、隐私安全的前提下，让各节点的关键数据得以共享，不仅切实地提高了坪山区国资局对下属国企的管理水平，还减轻了各国企业务数据上报的负担。

融合区块链特色的智慧城市统一密码支撑平台则帮助政府信息化主管部门对其管辖范围内的信息化系统统一、快速、便捷、高效、节约、省心及一站式地满足商用密码测评的要求。

（二）系统运行机制及业务流程

1. 日志审计系统功能的特点

鼎链区块链安全审计系统旨在利用区块链的分布式存储技术、共识机制，保障用户登录和操作日志等信息不可篡改，采用密码学技术保证被审计数据的安全和不可否认，结合时间戳服务实现被审计记录的可追溯，采用系统自动审计完成安全预警。日志审计功能设计架构如图 9.5 所示。

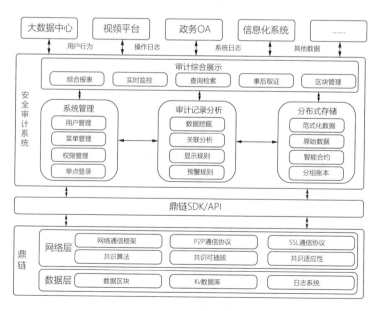

图 9.5　日志审计功能设计

2.国有企业综合信息管理系统

国有企业综合信息管理系统采用主流信息管理系统架构，同时引入区块链等新兴技术，在保留信息系统高效处理数据、灵活权限管理和便捷对外接口的基础上，加入区块链抗抵赖、可追溯和分布式存储的特点，使得系统兼具中心式系统高效运转和区块链系统不可篡改两方面的优势。

在本系统中，鼎链与坪山区国有资产监督管理局创新性地通过与银行对接，实现国企流水的实时监控，利用区块链技术保证流水信息的真实可靠，并且对数据进行有效防护。国有企业综合信息管理系统对接设计如图9.6所示。

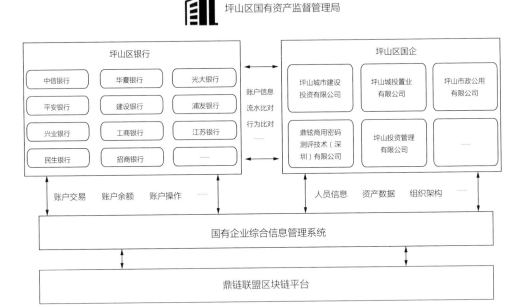

图 9.6　国有企业综合信息管理系统对接设计

3.融合区块链特色的智慧城市统一密码支撑平台

以集约化建设和管理为目标，构建融合区块链特色的智慧城市统一密码支撑平台，作为整体密码应用和服务的提供者，为智慧城市各业务应用系统提供融合区块链的密码服务和密码安全保障能力，依托具备自主知识产权的区块链底层技术，提供支持多机构间业务协同和数据流转的国密区块链服务，满足商用密码应用安全性评估要求，具体功能如图9.7所示。

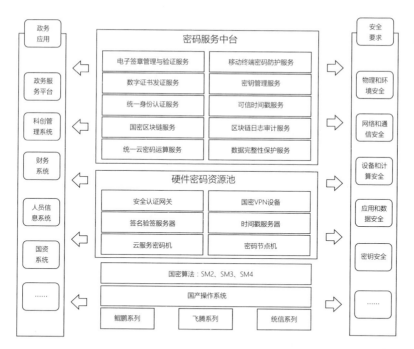

图 9.7 融合区块链特色的智慧城市统一密码支撑平台

三、创新点

打通政府内外节点，打造未来政务区块链的主要建设模式

鼎链数科在坪山区使用的政务区块链平台方案，是全国首个上线的由区级政府部门统筹的政务区块链底层平台。该平台早在 2020 就前瞻性地采用了完全自主的代码，是基于国产密码算法体系的区块链基础设施，并创新性地构建了"1+M+N"主子链架构，从全区政务区块链统筹发展的角度进行规划，极大地节约了政务区块链及其应用的资金投入和时间成本，目前这种模式开始逐步被全国各地政府认可。总的来说，鼎链数科在坪山区的政务区块链方案具备如下亮点。

（一）突破政务区块链节点局限

本案例创新性地打破了目前政务区块链应用仅构建政府内部机构节点的局限性，从业务需求出发，利用区块链技术的优势，打通了与银行、国企之间的节点，在保证数据安全、隐私安全的前提下，让各节点的关键数据得以共享，不仅切实地提高了坪山区国资局对下属国企的管理水平，还减轻了各国企业务数据上报的负担。

（二）高可用性

本案例采用集约化建设，为坪山区构建了一条主链架构，确保了底层技术架构的统一，为数据跨部门流通业务与跨部门协作提供了统一的基础设施和技术保障，可用性较强。

（三）高可维护性

通过统一的区块链底层平台，政府信息系统管理部门可对全区的区块链应用进行统一管理和统一维护，并且能掌握各个业务应用子链的运行情况，极大地节约了区块链底层平台运行维护成本。

（四）高易用性

本案例通过统一的底层平台，构建了完备的区块链开发组件及技术标准，便于其他委办局快速地进行区块链应用的开发，易用性较强。

（五）先进性

在区块链底层平台的先进性上，创新性地采用自主研发的方式，基于国产密码的区块链基础设施，确保了政务信息系统的安全性与可靠性，避免了在新兴基础软件领域再次被"卡脖子"。

（六）可复制性

该建设模式作为全国首例区级自主区块链底层平台，已经平稳运行两年多，极大地便利了政府区块链应用的建设和运维，也极大地节约了政务区块链的建设成本。目前，该模式已经在深圳市龙华区等地方得到应用，具备良好的可复制性，是未来政务区块链的主要建设模式。

四、效果效益

统一的国密区块链技术生态进一步深化了政务信息化建设水平

（一）整合碎片化政务区块链生态

通过该模式，有效避免了政府区块链应用建设没有顶层设计、没有统一规划、多链并建问题的发生，也防止了政府各部门在区块链应用建设过程中出现底层技术平台各异、资源无法复用和跨链认证困难导致区块链生态碎片化的问题。具体建设成效如下。

（1）打破数据孤岛，跨部门高效协同。基于统一的区块链技术架构，让各委办局数据能够高效共享，避免因为区块链底层技术架构的不同，形成新的数据孤岛，实现跨部门高效协作，提高政务业务效率。

（2）模块化设计节约建设成本。模块化的区块链架构设计，高效易扩展，新增系统无须再额外进行区块链基础设施的建设，只需在上层进行应用开发，避免了重复建设，节约了政府资金和时间成本。

（3）主子链架构，便于统一管理。主子链架构模式便于政府信息化部门对整个区块链应用系统的统一运维、统一管理，减轻各业务部门的运维负担。同时，还能对设备资源进行合理有效的分配，适应复杂多变的业务需求。

（二）多场景体现区块链技术价值

为避免"为了区块链而区块链"的现象发生，坪山区已落地的 3 个区块链应用场景均为用户解决了日常工作中切实存在的非传统信息化手段可解决的痛点及难点问题，具体如下。

1. 日志审计系统

基于鼎链区块链的安全审计系统在坪山区电子政务系统中已经平稳运行两年多时间，链上记录了超过 80 万条操作日志数据，产生了超过 20 万个区块数量，部署节点 7 个，对 126 名工作人员的 60 种操作行为进行监督管控，有效地提高了坪山区电子政务系统的使用安全。

2. 国有企业综合信息管理系统

构建监管联盟链对坪山区下属 22 家国企进行统一管理，采用区块链节点方式与 27 家银行对接，每日获取近 2000 条国企银行流水实时上链，并对近 700 名国企员工和 200 多处国企物业进行了链上监管，通过多方位、多维度的统计分析报表，让国有资产监督管理局能够实时掌控区属国企人、财、物等情况；同时，结合链上智能合约的自检风险预警能力，实现了风险从被动应急到主动管理的转变，实现了国有企业人、财、物等信息的线上申报管理，将双腿跑路转化为数据跑路。

3. 融合区块链特色的智慧城市统一密码支撑平台

构建一个硬件密码资源池，通过"密码＋区块链"双融合，支撑"两套平台"——统一密码基础支撑平台和国密联盟区块链基础设施，构建基于区块链的新型信息安全服务，提供高安全的国密区块链服务。本平台对各个密码设备、系统的操作日志、系统的重要数据和系统的权限等进行上链存储，使其具备不可篡改、可追溯、高可靠和抗单点失效等优势，达到赋能日志记录完整性、重要数据存储完整性、重要可执行程序来源真实性及不可否认性。

（三）大幅提高政务服务能力

坪山区政务区块链基础设施已平稳运行两年，为坪山区信息系统的防护、跨部门数据流通、数据安全保护及业务流程优化等提供了强有力的支撑。同时，基于鼎链数科自主可控国密区块链搭建的"1+M+N"架构有效地提高了坪山区的区块链技术水平，提高了资源利用效率，节约了成本的同时，也为各个局办建设区块链应用开发提供便利，提高了政务服务能力。

基于区块链的工业园区"源网荷储一体化"能源服务应用实践

深圳江行联加智能科技有限公司

一、案例背景

基于区块链技术的工业园区"源网荷储一体化"解决方案

"源网荷储一体化"和多能互补是提升能源清洁利用水平和电力系统运行效率，构建清洁低碳、安全高效的能源体系，实现"双碳"目标的重要手段。然而在"源网荷储一体化"的内部市场中，仍存在数据不同步、管理不透明、用电违约，以及交易数据易被篡改等问题。

在此背景下，深圳江行联加智能科技有限公司（以下简称：江行智能）研究设计适合区域电网内部市场的区块链结构，基于区块链的共识机制，实现了交易数据的分布式存储；研究了基于区块链的匿名通信技术，保障"源网荷储一体化"内交易双方的信息隐私及数据安全；研究了基于区块链技术的电能拍卖机制，支撑区域电网的电能匹配；研究了基于区块链的电能交易结算机制，使用智能合约保障各方的权益，整合分散的电能产消者，提高区域电网新能源消纳水平；设计了电能提供者和电能消费者的信用值评估机制，以信用值影响交易主体经济收益，以经济因素激励交易双方诚实守信。

本方案依托面向工业园区的"源网荷储一体化"示范项目开展研发和建设，以实施后每年不低于10亿千瓦·时新能源电量消纳能力，且新能源电量消纳占比不低于整体电量50%为目标，在面向大规模新能源消纳的工业园区综合能源项目建设中起到引领作用。

二、方案详情

基于区块链构建"源网荷储一体化"数据来源可信和传输安全方案

（一）案例技术架构概述

江行智能以分析园区源网荷储技术难题关键点、源网荷储异质能源互补互济、大规模新能源消纳与电网的安全稳定性，以及多利益主体电量下的综合能源效益提升为问题导向，着重解决基于边缘计算的源荷储协同控制技术、大规模新能源并网情况下配电网电压主动支撑技术、基于区块链技术的多利益主体电价结算技术，到形成一套面向大规模新能源消纳"源网荷储一体化"管控平台，多角度、立体式地完成示范项目对控制、管理、运维需求的一体化解决方案。

在区块链技术路径设计方面，江行智能针对案例中多数据来源问题，提出的解决办法是基于多源数据交叉验证和智能融合技术，以有效管理多数据源的收集、上传和验证工作。基于多源数据交叉验证技术与智能融合技术，融合多个数据源上链，针对关联性数据进行交叉验真，提升碳排放数据的真实性；利用区块链技术提供的可信环境和验证机制，通过可拔插的共识机制及多源交叉验证技术核查数据，达成共识后打包成区块进行存储，由此保证碳排放数据的真实性，打通碳排放流程阶段需获取真实数据的场景下大规模异构设备的可靠协同和数据管控通道，构建"区块链+"智慧平台。

本方案形成一套从顶层设计到运行规划，再到智能一体化管控系统的完整"源网荷储一体化"综合能源服务体系。以大规模新能源消纳为核心，以区域用户为重点，从电能的发、配、输、售各环节全面掌控，统一设计、统一控制、统一运行、统一管理，实现各项经济效益最大化。通过容器化边缘服务引擎下的区块链分布式账本部署，将弹性负荷/储能业务数据的分布式账本记录应用于节点设备内，确保数据同步过程中的一致性控制；通过设计适合海量节点高并发交易特点的共享储能业务数据分布式账本结构，解决调节时间颗粒度和数据高并发的共识问题；在应用设计中，基于分布式账本数据的存证类场景，客观记录了弹性负荷／储能业务节点的进入／退出行为、节点作恶和攻击账本行为，以及节点虚假申报和恶意竞争等行为，为基于分布式账本数据的高级应用（如共享储能用户的信用等级划分、共享储能用户画像，以及紧急调控中的最优储能用户选择等）奠定数据真实有效性的基础，为构建互相透明、互相监督、互相信任的源网荷储平台调控环境，形成基于区块链技术的多场景源网荷储平台，完善运行行为与数据互信提供了基础。

（二）关键技术情况

1. 即插即用区块链模块

研发面向碳排放流程阶段需获取真实数据的场景中边侧设备的即插即用式区块链模块，支持多种数据传输协议规约，打通数据交互通道，构建数据来源可信和传输安全方案。由于各类碳排放相关场景边侧设备存在设备异构、数据交互信任等问题，需要研发即插即用式区块链模块。其面临的关键问题是模块通用性问题，通过设计研发通用型区块链模块，获取各类碳排放阶段的真实数据；通过基于通信接口归一化设计，以及端侧协议协同方案，软硬件结合，解决模块适配问题，搭建适用于各类碳排放相关场景下的即插即用区块链模块。其主要研究内容如图 9.8 所示。

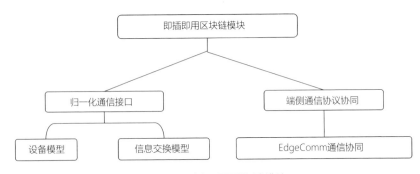

图 9.8　即插即用区块链模块

2. 归一化通信接口

归一化通信接口旨在归一化异构设备接口的基础上，建立设备与模块接口之间的数据通路。其主要研究内容包括设备模型及信息交换模型设计。定义设备模型为终端设备与模块接口之间的通信框架，终端设备可与多个模块设备接口建立连接，通过 LinuxUSBGadget 等技术，将区块链或者其他模块设备接口配置为与终端设备适配的虚拟接口，设备和模块之间建立传输以太网数据包通道。设备模型如图 9.9 所示。

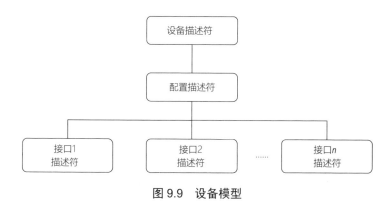

图 9.9　设备模型

基于上述设备模型框架提出信息交换模型，如图 9.10 所示，具体阐述设备与模块之间建立数据通路的过程，利用虚拟通道技术及功能模块特征，配置并分配其专属虚拟通道，建立异构设备与功能模块数据通路，解决模块适配问题。

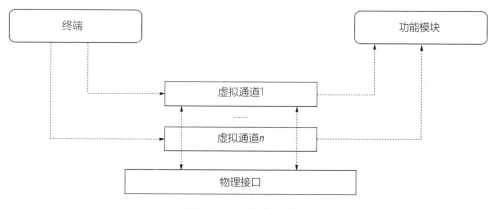

图 9.10　信息交换模型

3. 端侧通信协议协同

由于设备端侧存在各种不同的协议规约，从而导致设备端侧出现"烟囱林立"的现象。针对这一问题我们研究设计了一种跨协议转发的服务插件 EdgeComm，可以覆盖主流所有的规约，支持 AGC/AVC 控制功能和自动逻辑控制功能，从而提高设备接入效率及设备数据安全性。实现"区块链+"设备和应用可信管控技术，为分布式异构设备和碳精准排放应用提供数据安全传输，加速设备接入和应用部署。

由于在获取真实数据场景下的碳排放流程阶段，分布式异构设备之间存在安全性及可信性隐患，因此需要依靠"区块链＋"设备模块及区块链技术，为大规模异构设备提供数据传输安全、可信管控方案，从而加快设备接入及应用设备部署。本方案基于"区块链＋"设备模块及区块链技术，为异构设备设计一项设备／应用可信管控技术，实现设备应用之间的可靠协同。其主要技术架构如图9.11所示。

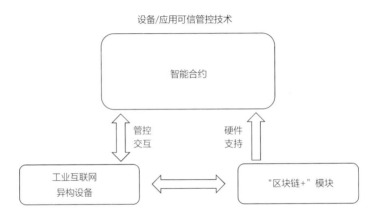

图9.11　设备／应用可信管控技术研究架构

通过"区块链＋"模块提供的硬件技术支持，将"智能合约"技术作为可信管控技术。智能合约允许在不需要第三方的情况下，执行可追溯、不可逆转和安全的交易，是区块链被称为"去中心化"的重要原因。智能合约包含有关交易的所有信息，只有在满足要求后才会执行结果操作。智能合约和传统纸质合约的区别在于智能合约是由计算机生成的，不受任何人为干预影响，具有公平、公正、透明的特性。

将智能合约作为设备／应用的可信管控技术，不仅能够通过"区块链＋"模块便捷地部署在各类设备上，而且利用智能合约不受任何人干预影响的特性，有效地保证了异构设备管控指令的准确性。

三、创新点

基于区块链的安全可控数据管理技术创新

一是分析区域电网新能源出力特性，提出区域电网新能源合理利用的运行模拟方案，综合考虑源、网、荷资源，从不同资源的调节性能和技术经济特性角度出发，建立精细化生产运行模拟模型。

二是分析能量流与制造流耦合关联关系，提出工业园区综合能源供需系统耦合机理模型，分析工业园区多种能源介质间的耦合，以及能源介质与生产流程间的耦合，建立工业园区多流耦合机理模型，为综合能源供需系统协同优化提供支撑。

三是利用区块链智能合约及分布式存储技术，可实现电力交易数据的可溯源、防篡改，有效提高电力交易安全水平和智能化水平。

四是利用区块链技术开发综合能源管控系统与车联网协同技术。将虚拟现实和增强现实相结合的可视化平台架构与管控平台深度融合，利用园区综合能源分层分布部署、云边协同和深度集成的智慧应用，实现全流程综合能源一体化管控平台。

四、效果效益

提高"源网荷储"综合能源系统智慧化水平

本方案依照规划及建模设计"源网荷储一体化"示范项目估算销售电价，工业综合电价低，具有较强的电价竞争力，有利于通过低电价促进招商引资；通过边缘计算的源荷储协同控制技术，可有效提高"源网荷储"各单元的协同控制能力；通过大规模新能源并网情况下配电网电压主动支撑技术的研究及应用，可提高配网内电压的支撑能力，有效利用各种调压资源实现高效运行；通过基于区块链技术的多利益主体电价结算技术的研究与应用，可为园区内各利益主体电价结算提供可信、可控平台，并为未来的碳交易奠定基础；建设面向大规模新能源消纳的"源网荷储一体化"管控平台，依靠智能预警、智能自动化步序、定期工作自动执行、典型故障自动处理、视频与控制联动监控等功能，实现100%的自动投入率，降低50%以上的传统监控及运维工作量。

园区级"源网荷储一体化"示范项目建设有利于将资源优势转化为经济优势，促进地区经济发展，带动电力装备制造等产业发展，可增加就业，带动工业增加值和税收。

本方案的研究和实施将促进能源企业由单一供给型向新型智慧化电网拓展，推动企业转型升级，符合国家电力企业改革方针，对我国能源利用可持续发展将起到显著促进作用，有助于提高"源网荷储"综合能源系统智慧化水平，大力提升清洁能源在新型电力网中的利用效率和运行可靠性，优化电网能源结构和资源配置，降低碳排放量，实现经济效益、社会效益的同步增长。

05 基于区块链的民航旅客智慧出行服务应用实践

中航信移动科技有限公司

一、案例背景

基于区块链构建信任基石，助推智慧民航建设

近年来，民航业不断深化智慧出行改革及规模化区域互联。但是，民航业存在复杂多样的经营主体，包括航司、机场、机票代理人、航材、酒店和航食等，所以民航在开展业务的过程中，呈现参与主体多、数据量大和业务链条长的特性。这使得民航在传统技术体系下实现立体化多维协作有一定的难度，无法形成全流程业务链条式规模。因此，中航信移动科技有限公司运用区块链技术，构建了具有民航特色的 BaaS 平台，并以此平台为基础，对民航出行领域中的身份认证、财务票证等场景开展应用探究。主要目的是全面解决民航多主体受限于安全、隐私、企业权益等因素带来的多维协同难问题；解决因缺乏可信机制造成的海量业务数据给民航管理系统带来的管理效率低、信用成本高和认证效率低等问题。

该案例将改变目前民航旅客出行体系建设和使用模式，实现智慧出行跨域、分散、独立的数据资源的共享，拓展业务模式，推动数字民航建设和业务应用的发展，预计可以产生巨大的经济和社会效益。

二、方案详情

深耕区块链底层基础设施建设，探索民航智慧出行新模式

（一）技术框架

中航信移动科技有限公司以长安链和 Hyperledger Fabric 为区块链底层引擎支撑，建设资源层、区块链基础层、区块链平台服务层和应用层 4 层架构体系。"四层两支撑"架构如图 9.12 所示，为民航业务开发者提供统一的区块链运行环境和底层技术服务，支持同构链和异构链的跨链互通，提升区块链系统间的互联互通能力，建设支持各种云化部署模式的 BaaS 平台。

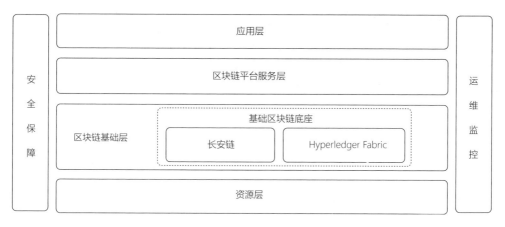

图 9.12　"四层两支撑"架构

（二）运行机制

"四层"分别为 BaaS 平台的资源层、区块链基础层、区块链平台服务层和应用层。

1. 资源层

资源层具备快速交付、弹性的 IT 服务资源，是支撑 BaaS 系统和区块链网络运行的基础，主要提供计算资源、存储资源和网络资源等基础设施服务，并且具备按需弹性伸缩和自动恢复故障节点的能力。

2. 区块链基础层

区块链基础层构建在开源的区块链底层架构系统上，支撑区块链底层的核心技术，例如可拔插的共识机制和分布式账本存储机制，支持多语言的智能合约引擎、跨链交互和安全隐私保护机制等。

通过对系统底层引擎的深入研究和自主研发改造，在共识算法、数据安全与隐私、数据存储等核心模块具备高可用性能与可拔插能力，为业务的技术选型提供丰富选择；达到千级节点组网能力，拥有支撑业务大范围、跨区域服务的能力；具备跨链等互操作能力，实现在多方参与下的高安全、高可信的民航出行业务数据交换，助力民航生态建设。

通过将计算资源、通信资源、存储资源，以及区块链记账能力、区块链应用开发能力和区块链配套设施能力等转化为可编程接口，充分实现区块链系统能力的对外开放，并打包成区块链工具集，形成完备的区块链中间件集合，进一步提供给区块链平台服务层使用。

3. 区块链平台服务层

区块链平台服务层是 BaaS 平台可视化操作的最终呈现，它屏蔽了区块链底层系统烦琐复杂的专业性操作，通过服务化的形式与区块链底层系统进行交互，将区块链的功能与服务转化为可视化页面，通过通俗易懂且具有指引性的操作页面完成区块链系统的管理，同时支持统一资源管理和统一身份认证、统一运营监管和统一生态协同。区块链平台服务层提供可视化部署能力，可实现一键式区块链网络的自动化创建，在平台架构中起到承上启下的作用，助力民航出行业务上链。

该层主要有负责区块链网络管理的基础网络模块、智能合约全生命周期管理的智能研发模块和基础数据管理的通用组件等主要功能模块。

4. 应用层

应用层是运行于区块链之上的区块链业务，包括身份认证、财务票证等领域的应用。用户通过系统服务可视化完成应用的上链准备，通过 SDK 实现业务应用上链。

双支撑：选择 HyperLedger Fabric 和长安链作为区块链底链支撑，形成"双支撑"底座。因为民航业同时涉及国内和国际业务，在国内业务进行区块链的数字化应用时，有着自主可控、数据安全的强烈需求，支持国产化且开源的长安链能够满足这类场景的业务上链需求。在开展区块链的国际业务拓展应用时，HyperLedger Fabric 对接外方比较便利，因此平台也支持 HyperLedger Fabric 作为区块链底层系统。区块链底层架构系统选择支持长安链和 HyperLedger Fabric 两种区块链底层引擎，使其能够优势互补，覆盖国内、国际全场景，也与中航信移动科技有限公司的业务广度充分适配。

（三）业务流程

如何让区块链赋能民航旅客智慧出行，是中航信移动科技有限公司的研究重点，因此公司以 BaaS 平台为基础，对民航出行领域中的身份认证、财务票证等场景开展应用探索。基于区块链的民航旅客智慧出行服务如图 9.13 所示。

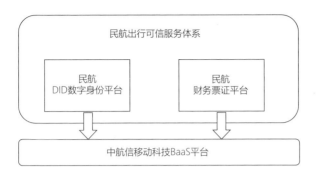

图 9.13　基于区块链的民航旅客智慧出行服务

1. 民航 DID 数字身份平台

现阶段枢纽机场全流程通关安全检验环节多，面临信息孤岛、数据安全共享难、各系统功能隔离、数据结构不一、数据冗余、旅客隐私保护存在风险和节假日高吞吐量等问题的长期困扰。为解决上述问题，中航信移动科技有限公司基于区块链技术、平台化理念和生物识别技术，建立了符合 W3C 标准的民航 DID 数字身份平台，在提升数据安全保障水平的同时，提供可靠、高效、可信的生产运行环境，支持高并发、多主体业务协同与创新，支持"孤岛"系统上链，实现数据资源的激活与价值再造。

旅客授权自身信息并存储上链，平台向旅客提供一个以区块链技术为基础的身份证明，旅客从出发至到达、从购票到出关的全过程，都可以通过这一证明实现高效、便捷、无缝、协同的身份认证。机场仅需在获得授权后采集旅客人脸进行特征值比对即可，无须频繁传输旅客图像，从根本上提升了隐私保护能力，包括机场、航空公司、政府部门、旅客服务单位在内的相关参与方均可以借此提高业务执行效率，提升服务质量。

民航 DID 数字身份平台如图 9.14 所示。该平台研究低时延、高安全、自适应、可监管的链上链下网络通信方案，支持在民航多类型终端大数据容量和复杂网络环境下数据的高效安全传输；通过跨链、预言机等技术，以及机场体系内的成熟系统和技术进行有效联动，实现"技术共振"；去中心化的特质避免了身份数据被单一的中心化权威机构控制，多节点存储在增强篡改数据成本的同时降低了数据失效风险。

民航 DID 数字身份平台全面解决民航多主体受限于安全、隐私、企业权益等因素造成的多维协同难问题，支持用户可视化管理身份标识生命周期与可验证凭证签发、授权与流转，为用户实现隐私数据自主控制、信息数据安全存储、授权共享可控可追溯、选择性披露隐私信息等功能，在确保系统和数据安全的前提下，提高旅客的通关效率和通关体验，提升机场的服务效率，增强民航出行安全。该平台是未来旅客出行的核心系统，有望完全改变旅客现有出行方式，实现数字化智慧出行。

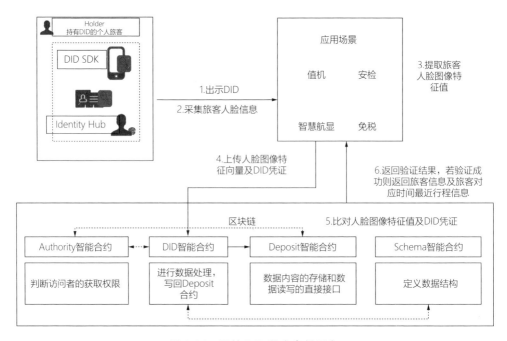

图 9.14　民航 DID 数字身份平台

2. 民航财务票证服务平台

针对现阶段民航财务票证无法在多方机构之间做到快速核对、账单核对周期过长、回款周期过长、资金流转和利用率过低等问题，聚合民航运输业、企业、个人组成民航联盟链，构建民航财务票证服务平台，如图 9.15 所示。

旅客授权后将信息写入区块链，并允许信息的获取与修改；民航主体通过智能合约对信息进行访问及更新；在进行财务票证核对时，相关企业通过智能合约判断旅客是否授权，若授权则从区块链获取旅客的民航出行信息完成行程验证，并辅助后续财务报销核对等工作。民航财务票证服务平台能有效提高商旅领域存证、校验、对账等环节的协同效率，降低民航相关机构间的沟通和信任成本。

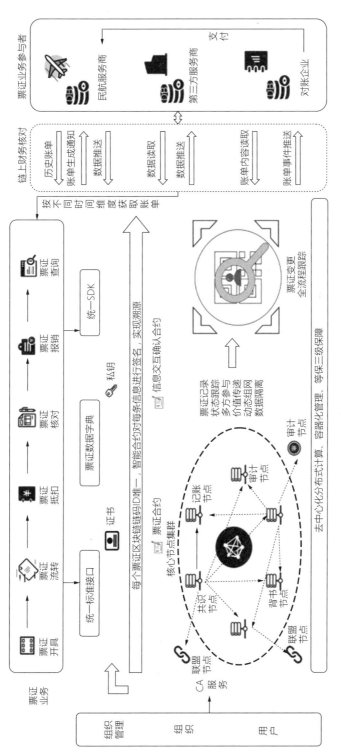

图 9.15 民航财务票证服务平台

三、创新点

构建基于区块链的信任网络，实现民航智慧新出行，促进民航业数字化产业升级

一是构建民航可信机制。该案例全面解决民航多主体受限于安全、隐私、企业权益等因素造成的多维协同难问题；解决因缺乏可信机制造成的海量业务数据给民航管理系统带来的管理效率低、信用成本高、认证效率低等问题，助推智慧民航建设。

二是实现民航智慧新出行。该案例将区块链技术与民航旅客出行场景相集成，构造民航旅客智慧出行体系。以 BaaS 平台为基础，辐射身份认证、财务票证等多维度应用场景，贯穿旅客出行全周期服务，实现链下与链上民航数据全要素可信流通，为传统民航服务中存在的问题提供解决参考方案，实现民航产业互联效率的提升，实现民航智慧新出行。

三是促进民航业数字化升级。案例以区块链为基础，打造行业新型基础设施，满足民航分布式商业中的多方对等合作需求，合规、有序、快速协作发展，加速航空服务核心区块链应用方向的落地，为客户提供可信数字化可信单据和数字化流程视图，提供增值服务，提高用户体验，构建民航业生态网络，汇集数据要素，增进业务协同，繁荣民航数字新生态。

四、效果效益

区块链助力民航产业运行效率提升，进而提升民航产业价值

（一）应用效果

中航信移动科技有限公司的区块链 BaaS 平台可以在不改变已有商业系统的开发语言、接入协议的情况下，实现跨机构、跨平台的区块链事件通知与处理，将业务的上链时间由周级别降低为天级别。基于 BaaS 平台构建的民航 DID 数字身份平台在机场的试投产工作取得了良好效果，民航财务票证服务平台已完成系统建设投产，并在 3000 多家民航代理人、数百家大型企业客户中进行推广应用。

在上述应用建设与推广过程中，中航信移动科技有限公司深挖技术原理，深耕技术实践，在区块链涉及的密码学、共识算法、分布式存储、隐私计算等方面有较多的积累，相关成果已获得 16 项国家发明专利授权，并建立了包含专家、企业博士后工作站在内的产学研机制，提升了民航业区块链技术应用水平，打造了民航智慧出行基础设施应用场景新标杆，展现了新时代创新背景下的现代化民航行业新风貌。

（二）社会经济效益

中航信移动科技有限公司以重大场景应用为牵引，构建民航业生态网络，汇集数据要素，逐步形成行业标准，为区块链技术在我国更多行业的规范化应用做出贡献，繁荣数字经济新生态。

在区块链＋民航领域，降低 B 端企业业务系统上链成本，最大化提升全民航业务的效率，加快资金流动，形成良性循环，有力降低行业的整体成本。假设 DID 身份平台可帮助一位旅客节省 5 分钟，2019 年民航出行旅客量为 6.9 亿人次，以机场通关服务人员 40 元时薪初步计算，全国 200 多个机场可节省约 23 亿元。在形成成熟经验后，还可向其他行业进行复制延展，创造更多的经济价值。

以民航业区块链平台为基础，可以有效提升民航业务数据资产利用率，提高民航旅客出行的效率和体验，降低事故概率，提高民航业的商誉，促进民航业升级标准化金融方案，增加潜在客户的数量，进而间接提高民航经济效益。

在民航系统内部试点运行并积累成功经验后，以业务需求为导向，以数据共享为牵引，联合其他有影响力的中央管理企业（简称"央企"），增加区块链联盟节点，扩大区块链的加盟数量，实现跨行业互联互通，提升行业间的协同效率，实现区块链的辐射效应，进而提高社会资源的运转效率，带动多行业共同发展。

06　基于区块链的生态环境非现场监管执法应用示范

滨州市生态环境局邹平分局

北京北信源软件股份有限公司

一、案例背景

区块链赋能生态环境监管，"破"监管难题，"提"执法效率，"促"信用体系建设

近年来，国家不断出台政策指导并提高生态环境工作的管理水平。运用数字

技术提升生态环境监管执法能力，成为推进生态环境领域国家治理体系和治理能力现代化的重要途径。随着互联网、大数据等现代科技的不断发展，生态环境监管应用信息化手段在环保监测监控方面不断推进，成效显著。然而受技术局限、制度缺失等问题的影响，环保物联网等技术在自动监测监控、污染总量减排等方面并未充分发挥作用。因受限于中心化数据库存储、传统互联网平台海量数据的易改无痕，以及第三方参与造假等，导致排污单位监测监控数据很容易被人为干扰，修改代码、内嵌软件等弄虚作假逃避监管的隐蔽行为难以被发现，更提高了问题线索查找、违法证据固定及取证难度；同时，因环境执法与刑事司法证据采集标准有差异，使得涉刑案件证据审定难；还有面对涉污企业数量众多、监管力量薄弱、数据壁垒等繁杂的现实问题，传统信息技术并不能很好地解决现有环境保护监管与执法等工作难题。

2020年12月，为强化"事前""事中"的技术防范措施，压缩第三方造假空间，促进行业信用自治，减轻执法机构"事后"的查处，解决违法证据取证固证、涉刑案件审查认定、数据安全传输／按需共享等难题，滨州市生态环境局邹平分局积极回应数字时代生态环境监管执法新需求，在全国率先建立并上线了"以智慧执法为中心，以监管预防为抓手"的区块链生态环境监管平台。该平台充分利用"区块链＋物联网"等数字技术，通过监测监控设备链上备案、运维过程链上留痕和安全传输、司法协同等技术防范措施，确保生态环境监测监控数据真实可信、可溯源，既助力提升非现场监管执法效能，又可规范排污单位行为，以及提高第三方机构自证能力。

二、方案详情

"一链双台 N 中枢"创生态环境监管执法新模式，实现企业自治格局

在线监测、用电监控等环境数据是生态环境监管执法的基本依据。平台在已有信息化平台的基础上，通过基于北斗算法的区块链机实现环保与排污企业、设备厂商、公安、法院等多方共建生态环境保护联盟链，形成"一链＋双平台＋N 中枢"的生态环境治理应用体系。平台融入先进合规技术，通过前置司法证据规则和数据采集规则，将全市企业监测监控终端和系统等采集到的多种环境数据、违法证据统一进行源头上链固证，并形成完整的污染源执法证据链条，保障监管数据从接入到产生、收集、上链存取、归类、共享和验证等全流程实时留痕可追溯；同时，加密直通司法部门，确保监管数据全生命周期真实可信、安全流转，实现多部门违法活动平台监管、违法线索链上取证、多方监督司法共治。区块链生态环境监管平台设计架构如图9.16所示。

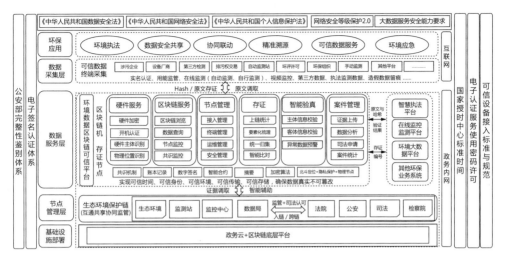

图 9.16 区块链生态环境监管平台设计架构

（一）关键技术

建设区块链生态环境监管平台有两个关键点，分别是基于北斗定位系统的区块链机与可信存证智能合约。

1. 基于北斗定位系统的区块链机

区块链机直接以硬件作为节点，具备应用、时空和终端等三重安全能力及信创要求，可满足跨链需求并兼容包括 FISCO BCOS、Conflux 等在内的多种国内自主区块链技术，可快速、安全地部署在公、检、法等机构。

区块链机使用硬件加密卡，保证数据的隐私，提升加解密的性能；北斗定位芯片给上链数据增加物理位置信息，保证上链数据的真实性；物理硬件对底层软件服务的封装及安全加固，保障了底层区块链系统及相关服务的安全性；主客体信息分离等技术，保障了数据隐私安全，整体做到了数据分离前后的安全性与真实性。

2. 可信存证智能合约

该合约具有厂商及设备授权、设备准入验证、可信计算和自动执行等功能。通过在符合要求的终端设备内置可信智能合约、北斗定位等模块，做到数据端对端采集传输；同时增设数据产生责任主体、时间和地点，实现所有操作行为链上关联记录。经过改造的链上可信终端，可实现数据从采集、计算、验证、执行到上链全过程都在可信环境中完成，确保数据上链前后的安全、真实、有效。

（二）生态环境监管执法数智化多场景应用

围绕生态环境治理体系和治理能力现代化的要求，使用区块链、物联网等数字技术推进生态环境监管的数字化、智能化，并在环保设施运行监测、事前固证／事后校验、环境质量／污染源在线监测、协同执法／涉刑案件移送等多场景应用落地。

1. 环保设施运行监测应用场景

环保设施运行监测场景将工业企业产污设施及对应治污设施的电量、功率、温度、振动、频率、开关时长、开关状态等电表所在时间和空间等基础信息实时上链固定，实现工业企业环保设施运行状态全天候监测与企业停／限产指令精准执行。在服务非现场执法、提高监管效率的同时，固定上链的信息可作为监测结果存在争议时的校验依据。

2. 事前固证、事后证据校验应用场景

在环境执法、监测监控和排污企业等各企事业单位设立区块链节点，构建区块链联盟平台，平台提供事前存证、固证与事后智能核验、取证功能——证据事先实时上链存证，返回存证编号，当有执法需要时，电子证据共享平台自动验证、提交验证结果。

3. 环境质量／污染源监测数据保真应用场景

在自动监测分析仪的基础上，通过区块链可信数据采集仪，同时采集源头实测值、折算值数据、量程和斜率等操作日志参数及自动监测设备所在经纬度等时空数据并加密上链，同步执法、公安、法院共治共享，实现任何人或程序无法从区块链侧不留痕迹地修改参数；确保监测数据的真实性、一致性。同时，通过提升司法证据效力，推动将在线监测数据作为执法依据。区块链数据与业务平台数据相互印证，增进执法与监测（监控）有效联动。

4. 业务协同／涉刑案件移送应用场景

构建跨部门司法协同共享平台，在各环保、公安和法院等部门部署区块链节点，实现将环境监管数据变为司法证据，监测监控证据材料全流程"原装"上链固证、安全共享和智能验真。该模式改善了传统生态环境监管模式，提升了业务协同效率及司法联动的震慑性，进一步提高了非现场执法效能，促进企业环保信用体系建设。

三、创新点

协同联动，依法开创共治新局面；技术驱动，数智监管执法新手段。

（一）协同联动，依法开创共治新局面

（1）创新建立可信数据采集制度。

将数据采集规则前置，确保执法证据符合司法证据规则。编制监管数据统一接入技术规范，含环境执法有效证据收集、存取和校验制度，以及环境执法证据司法协同应用体系等。

（2）创新环境执法与刑事司法链上衔接机制。

实现全链路可信、可查验，建立执法与刑事司法专线通道，监测监控数据加密直通司法链，提升非现场执法公信力、司法震慑性及执法与司法联勤联动能效。

（3）创新形成跨部门多节点链上共治共享格局。

除接入司法链、大数据中心外，可整合监测、应急等机构，实现多部门、多节点跨域、跨层级业务协同、测管联动。

（二）技术研发驱动，数智监管执法新手段

（1）创新结合运用区块链技术、物联网和传感器。

强化数字政务可信基础设施建设，打造可信数据采集装置，对采集的数据进行司法标准化、结构化和要素化梳理。保障环境监管数据源头治理，全流程可信、可追溯，对污染源监测监控数据进行精准分析，为决策管理提供支撑，预防和震慑环境监管数据弄虚作假等违法违规行为。

（2）创新引进时间戳、隐私计算、完整性鉴别和北斗定位等多种先进合规技术。

保障环境监管数据司法"三性"（即真实性、合法性和关联性）及保密性要求。通过区块链智能合约拟合各类污染源用能监控、在线监测和视频监控等终端司法级数据存证，确保环境数据符合司法电子证据认定规则，打造完整可信的执法链条。

四、效果效益

助力数字生态系统建设，推动工业企业绿色协调发展，提高地方经济效益

（一）方案应用效果

（1）从"数据可用"到"数据可信"，让工业企业环境监测数据安全合规。

滨州市生态环境局邹平分局引领统合邹平市公安、法院和大数据等多方节点，通过让企业证据源头上链实时固证，使其变成无法被篡改的司法证据，并真实、完整、有效地从企业端汇集到监管和执法部门，切实保障环境监管数据质量，提高环境监管数据的公信力和权威性。

（2）从"人防"到"技防"，降低环境执法成本。

通过在环保、工业企业、设备厂商，以及更多参与节点部署区块链机，或者通过"区块链＋物联网"技术建立数据采集联盟链，实现数据采集、工业企业监管、环保设备维护数据共享和业务协同。区块链监管平台提供异常数据辨别、验真功能，可对原有平台数据的真实性、可信度进行前置审查，辨别执法证据的一致性，验证程序更加可信、高效，为执法机构提供具有法律效力的证据认定服务，可辅助环境执法人员精准识别违法线索，极大地提升了执法及垂直管理效率。

（3）从"数据壁垒"到"数据互认"，规范环境信用体系。

基于区块链的优势，可以使生态环境数据安全地在不同层级、部门、地区之间快速按需共享、安全流转，实现生态环境监管工作跨区域乃至全国协同。在涉及区块链的取证过程中，通过制定司法证据采集规则与数据采集规范，以及构建区块链协同执法证据共享平台，实现证据标准互通互认，可有效提升多部门协同执法效率及执法公信力，整个监管执法过程更加诚信、透明。

（4）从"行业空白"到"行业示范"，树立生态环境监管行业规范。

在技术成果的基础上，由滨州市生态环境局邹平分局联合国家工业信息安全发展研究中心、深圳市金融区块链发展促进会、北京北信源软件股份有限公司、杭州安存网络科技有限公司、申科科技集团等单位联合编制了《区块链生态环境监管应用白皮书》，如图9.17所示，通过对"区块链＋环境监管"的技术应用场景进行深入探索，从生态环境监管工作的现状与痛点问题出发，分析区块链技术与生态环境监管契合点，这也是行业内首个探索区块链技术在生态环境监管应用的白皮书。

图 9.17　区块链生态环境监管应用白皮书

（二）社会经济效益

（1）"五位一体"生态环境协作治理体系，提升居民生活幸福感。

由生态环境局、法院、公安、企业、群众结成的生态环境协作治理体系，不仅美化了邹平环境，而且增强了当地企业的社会责任感，提高了老百姓的幸福感、获得感，为凝聚社会力量、建设绿色邹平奠定了坚实的社会基础。

（2）实时数据监管全覆盖，提高企业环境自治效能。

项目上线以后，已实现 5 家以上部门协同共享，上链监控点位可覆盖 6000 余个可信终端设备，预计超 1000 家工业企业通过区块链技术实现链上自治。自平台运行以来，具备执法与司法效力的可信数据已达 5 亿多条，监管范围无一条环境监测篡改伪造记录，对工业企业潜在的环境违法行为形成高压震慑，极大地提高了工业企业环境自治的效率，有效预防了生态环境监测监控行业造假行为。平台有助于管理好邹平的生态环境数据资源，建立一个智慧化的数字生态系统，帮助政府为进一步改善环境做出重要决策，为建设"美丽中国"邹平样本和展示新时代中国特色社会主义的"重要窗口"再树标杆。

（3）降低人力执法成本，促进环境监管产业链发展。

这种基于区块链的非现场的执法模式，既可以提升环境执法效率、降低环境治理成本，又能够促进当地工业企业绿色协同发展；同时，推动以执法监测需求为导向的治理设备、监测监控设备等第三方信息化企业数智化升级，应用于环境监测可信数据校核、分析，使生态环境数智化监管形成完整的产业链，给地方带来巨大的经济效益。

第六部分

政务服务应用篇

第十章　区块链发展赋能政府数字化治理新模式

北京大学计算机学院　陈钟　高健博

2023年2月，中共中央、国务院印发的《数字中国建设整体布局规划》指出，建设数字中国是数字时代推进中国式现代化的重要引擎，是构筑国家竞争新优势的有力支撑。加快数字中国建设，对全面建设社会主义现代化国家、全面推进中华民族伟大复兴具有重要意义和深远影响。数字政府建设与数字经济发展，是数字中国建设一体之两翼。由于深度关乎国计民生，而且大量承载了与政府职能和公众生活密切相关的业务应用，政府的数字化治理成为社会重点关注、产业持续瞩目的重头内容。

建设数字政府的基础是政务信息系统的发展，我国的政务信息系统发展大致可分为3个阶段。第一个阶段是"办公自动化"阶段。政府信息系统聚焦于将计算机技术应用于政府部门内部业务管理中，以部门级业务系统为主。第二阶段为"网络化"阶段——"两网一站四库十二金"。随着互联网的兴起，政府部门大都建立了信息公开的服务门户。同时，政府信息系统的建设范畴扩大到整个行业部门，十二金工程的建设实现了政府部门纵向的信息共享。第二阶段在一定程度上提高了政府部门的办事效率，方便了老百姓办事。第三阶段为"数字政府"阶段，以云计算、大数据、移动互联网为技术手段，以数据建设为中心，运用大数据思维，聚焦数据的集中和共享，对数据的治理和数据的运营增效成为数字政府建设的核心内容，构建以公众为核心的整体型政府、服务型政府、协同型政府，更好地服务经济社会的发展和改善人民生活。

区块链在政务服务领域的价值主要体现在3个方面。一是有助于促进数据流通，发挥数据作为生产要素的价值。传统的大数据技术仅解决了数据归集的问题，而数据在真正流通时才能发挥价值。区块链可以为数据的确权、流通和开放提供有效的技术保障。二是有助于业务协同办理，深化"最多跑一次"改革，利用区块链技术实现业务的跨部门、跨区域协同办理、合规办理，提升线上线下一体化政务服务能力，增强市民的获得感，改善企业的营商环境，提升政府治理水平。三是提高政府透明度，有效提升数字政府的治理能力，提高政府的公信力和执行力。

伴随着政府将"区块链＋政务服务"创新与应用上升为国家战略，区块链风险控制和提升司法公正链透明度的诉求不断攀升。利用区块链技术可以搭建司法全流程节点共同维护的联盟链，在联盟链中建立维护数据的参与规则，鼓励司法联盟链节点中的主体参与和维护业务链数据，促进业务链数据的协同和互通，进而提升整条司法链的透明度，同时也可为每个参与主体提供法律上的保护。而司法联盟链的建设打造了行业数字信任机制，为司法行政行业数字化体系发展提供了有力支撑，并构建了全要素、全流程的数据安全管理机制及自动化执行的业务管控智能合约、分层分级的隐私鉴权校验模式，以客观代替主观，以数字刻画痕迹，以智能覆盖庞杂，便于全面落实检查监督执行要求，科学评估公法服务质效，综合提升司法行政行业管控能力和科学化水平，整体推进依法治理体系和治理能力的现代化，助力智慧司法的建设。

数字政府的有序发展离不开技术创新推动的治理机制创新，政府的数字化治理发展演进过程可以概括为4个阶段。一是累积信息资源，即政府通过建立基础数据库、数据开放和交易平台等，形成数字底座。二是赋能治理方式，即政府完成上述基础平台的优化治理，例如进行一网通办、建立城市大脑等。三是进行组织再造，即依托治理平台，进行水平和垂直的协作，以提高数字利用和治理效率。四是重塑治理结构，即技术也会同时赋能公民和企业，使其参与社会共治。凭借对多方协作管理的内生支持与去中心化的内在逻辑，区块链有望在政府数字化治理模式创新上取得新突破。

区块链技术为政府结构与流程重塑提供了全新的机遇。区块链技术与多方安全计算、零知识证明、可信执行环境等技术相结合，使得数据可以由各方自主授权、全网溯源，并通过密码学解决方案实现信息在多方间的可信流转，有效打破了数据孤岛，且支持跨业务、跨部门、跨层级的业务信息流转，解决了各部门数据格式、适用方式、标准建设方面的不一致问题，帮助各部门共享信息，从而减少治理流程中的业务摩擦。

同时，区块链带来的可扩展性有望改变传统科层制中冗余的层级，凭借共识算法与密码算法的不可篡改、全网溯源、分布抗毁等特性，可以有效保证各部门在关键操作链上留痕，便于政府内部管理与审计，实现政府内部的穿透式监管，实现组织管理的扁平化与弹性化，简化政府治理流程，提高政府治理效率。

尽管区块链技术的迅速发展为政府数字化治理带来了全新的机遇，但不可否认的是，区块链技术仍处在发展初期，面临诸多限制与挑战。例如，在政府治理领域，区块链技术有助于推进多元主体对治理活动的参与，但因去中心化导致的政府权威消解可能对政府治理的伦理价值造成冲击，反而引起政府功能失灵与公共利益的损失。同时，区块链技术并不是万能的解决方案，诸多政府数字化治理中的问题依旧难以通过区块链从本质上得到解决。例如，共识算法的进步使得多参与方可以高效地达成共识。然而，现实生活中部分涉及多方决策的社会问题可能受到社会关系等难以量化的因素制约，因而难以转换为共识算法这一科学问题加以解决。即区块链技术的含义终究需要由社会赋予，在与传统政府治理结构的碰撞和融合中发展。

政府引导、法律建构、监管先行是区块链行业迎接挑战、安全有序发展的重中之重。政府引导在区块链行业治理与监管中起主导作用。2019年10月，习近平总书记在主持中央政治局第十八次集体学习时强调，要加强对区块链技术的引导和规范，加强对区块链安全风险的研究和分析，密切跟踪发展动态，积极探索发展规律。要探索建立适应区块链技术机制的安全保障体系，引导和推动区块链开发者、平台运营者加强行业自律、落实安全责任。要把依法治网落实到区块链管理中，推动区块链安全有序发展。

法律建构则是区块链发展与应用的重要保障。在法律层面，一方面需要建构对区块链的监管规则，保障区块链技术的安全；另一方面，需要针对区块链的技术特性形成规范的法律体系，以充分发挥区块链的潜力。例如：区块链智能合约具有不可篡改、强制履约的性质，有望从根本上改进传统社会治理中纸质合同的形式，实现"Code is Law"的技术愿景，但其在表现形式与履约方式上与传统法律中的合同有较大不同，其法律效力等问题需要规范的法律体系支撑。

监管先行，即构建对区块链技术的有效监督与管理方式。随着区块链在政府数字化治理各个环节的不断探索，需及时建立完善的技术监督与管理体系，构建区块链技术的监管能力，保障政府数字化治理中的关键基础设施可控安全。

最后，区块链的发展必须做到以技术为本。作为迅速发展的新兴领域，只有强化基础研究，提升原始创新能力，才能推进区块链技术特别是联盟链核心技术的突破，实现政府数字化治理中区块链应用的自主可控。未来10年，将是从上网、上云到上链转变的10年，我们可以期待，区块链技术的原始创新为政府数字化治理机制创新提供新的动力。

第十一章 政务服务应用案例

01 政务区块链监管服务及应用实践

浦东新区人民政府电子政务办

云赛智联股份有限公司

一、案例背景

浦东新区建设政务区块链监管服务平台，解决了重复建设、标准不统一、无法有效监管等问题

区块链技术具备不可篡改、去中心化、数据加密及信任传递的特性，可以解决政务数据共享过程中，因多方操作导致的缺乏细粒度授权、难以追溯定位、安全责任难以界定等问题。各地政府机关依托自身业务场景建设了电子票据、不动产登记、工商注册、涉公监管等诸多区块链应用。然而，政府各机构分头建设的区块链应用存在一系列问题。

（1）多场景独立建设的区块链无法复用，造成资源浪费。委办局根据自身业务需求建设的区块链应用大多采取独立建设的模式，底层基础设施无法复用，造成硬件资源冗余、财政资金浪费等问题。

（2）各政务区块链应用建设标准不统一，产生了数据孤岛。由于在建设各区块链应用初期并未统一标准，造成底层区块链平台接口规范不一致，数据无法高效交互，形成数据孤岛。

（3）无法有效监管政务区块链所有应用，存在安全隐患。由于区块链具有去中心化的特性，各个委办局独立建设的区块链应用如果无法被政府管理机构统一监管，那么就会存在公共数据及个人隐私数据泄露及安全方面的风险。

浦东新区人民政府电子政务办针对以上问题，联合上海仪电旗下云赛智联股份有限公司，依托浦东新区既有大数据支撑服务平台的建设成果，在充分调研委办局需求的前提下，以电子政务外网和电子政务云集约化建设为基础，以区块链、大数据、人工智能等技术为牵引，以跨部门、跨系统、跨层级、跨业务的应用场景为抓手，以国产化产品适配要求为契机，建设了政务区块链监管服务平台及区块链创新应用，提出利用区块链技术打通数据孤岛，进行可信存证，有效实现决策科学化、治理精准化、服务便捷化和安全保障高效化，形成符合浦东新区特点的政务服务建设模式，进一步推进"一网通办"和"一网统管"的"两张网"建设。

二、方案详情

3层架构平台体系，提供统一的政务区块链监管和服务支撑

浦东新区政务区块链建设体系如图11.1所示。

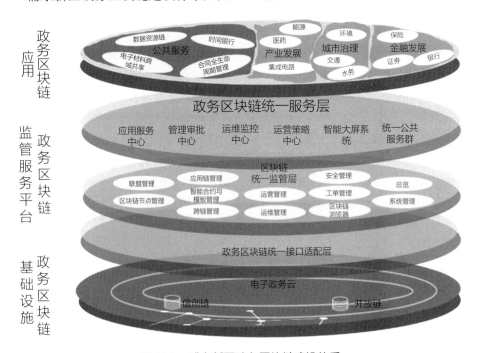

图 11.1 浦东新区政务区块链建设体系

政务区块链基础设施采用信创链和开放链双链架构，依托电子政务云底层计算、存储、网络等资源，提供共识机制、智能合约、加密算法、分布式账本、身份认证、

时序机制、跨链协议等区块链核心基础能力和组件，为上层的政务区块链监管服务平台和政务区块链应用提供支撑，不同区块链之间的数据交互采用跨链模式。

政务区块链监管服务平台支持适配不同的区块链基础设施，对异构区块链资源进行一致性的规范管理，并向下提供统一监管能力，向上提供统一服务能力，保证区块链应用及底层基础设施全流程的数据和过程可信、可监控、无法篡改。各委办局可在政务区块链监管服务平台上根据统一标准集约建设区块链应用，在确保区块链数据安全的前提下，最大限度地提高财政资金的使用效率。

政务区块链应用依托浦东新区丰富的应用场景沉淀，充分发挥政务区块链的技术特点，解决社会、经济、民生等方面的一些痛点和难点，打造一批独具浦东特色的创新应用示范，如电子跨域共享、合同全生命周期管理等，形成一批可复制、可推广的典型案例。

电子跨域共享将电子材料上传至区块链存证，构建电子材料存、管、用全流程智能化共享服务体系，实现各类电子材料的共享，提升电子材料价值，真正实现减材料、减环节、减时间的目的，提高群众办事的便捷度和体验度。

合同全生命周期管理构建了浦东新区大数据中心、各委办局、企业、法律顾问等不同角色、不同部门对合同的协同管理体系，运用 AI 智能分析、知识图谱等创新功能，实现合同数据全流程上链固证、全流程流转留痕，保证合同数据全生命周期安全可信和防篡改，并提供验真及可视化数据分析服务，通过数据互认的高透明度，有效消除各方信任疑虑，加强联系与协作，为浦东新区委办局合同审批的全程电子化、无纸化提供保障，有效打通在线政务服务智能化的决定性"一千米"。

三、创新点

推动标准与生态建设、监管服务多条底层区块链、全栈国产化平台及应用

浦东新区政务区块链监管服务平台及创新应用的创新点包括以下 3 个。

（一）政务区块链标准与生态共建

浦东新区坚持规范标准先行，引领项目建设的策略，区电子政务办、区大数据中心等联合上海仪电旗下云赛智联股份有限公司，在标准制定方面取得了一系列成果。同时，联合各大高校、区块链企业积极探索区块链在政务服务领域的生态建设，建立产、学、研相结合的技术创新体系。

在标准制定方面，浦东新区牵头制定了一系列标准和应用指南，为政务领域区块链体系建设提出一整套指导性规范。浦东新区于2020年率先发布政务领域的区块链地方标准《政务区块链建设规范》（DB 31115/Z 010—2020），从集约建设、内容监管、跨链互通、信创可控等方面把准方向，明确典型应用场景及建链、上链、跨链等基本规范，同时主导编制完成了多项政务区块链领域国家级团体标准与应用指南。

在生态建设方面，浦东新区与上海交通大学、上海财经大学等高校及30多家区块链企业合作，成立"政务链应用联合创新实验室"，加快区块链与人工智能、大数据、物联网等前沿信息技术的深度融合，推动集成创新和融合应用。

（二）平台为多链提供监管及服务

政务区块链监管服务平台管理不同底层区块链资源，提供不同区块链之间的跨链交互及数据交换，解决了不同区块链底层架构和基础技术无统一标准、底层区块链平台资源无法管理和互通等问题；通过统一服务平台解决了区块链应用、数据、智能合约增多导致的数据孤岛问题；通过智能合约仓库及配套管理机制建立丰富的区块链应用生态，对创建节点、数据上链、数据使用全流程进行监管存证。

（三）平台及应用全栈国产化

政务区块链监管服务平台及创新应用全栈国产化，云平台采用华为信创云、主机采用鲲鹏服务器和国产中标 Kylin-Server-10-SP1 操作系统，系统软件采用达梦数据库及普元中间件应用服务器。

四、效果效益

构建政务区块链体系，助力政务区块链安全，促进经济稳定运行

项目于2022年11月中标签约并开工建设。截至2023年5月，已完成建设内容功能1.0版本的开发工作、项目建设内容的功能测试及部分实施部署工作。其中，开放链和信创链已完成38个节点的授权工作。截至2023年5月，创新应用电子材料跨域共享共上线10个事项，涉及材料种类75种、1563个办件、4566份材料。已完成房屋租赁和工程建设两大类合同20个风险点识别的 AI 审核点训练及素材学习，实现了两大类合同 AI 辅助审核，同时还可以自定义添加其他类型的合同。

此外，该项目还取得了良好的社会效益和经济效益。

（一）社会效益

1. 响应区块链发展战略

响应国家、上海市及浦东新区的区块链发展战略，推动政务区块链应用落地。

2. 树立区块链业内标杆

本项目联合国内多家科研机构及高等院校，开展区块链在政务领域的前沿实践探索工作，同步完成一系列标准规范的制定和编制工作，以提升浦东新区在全国政务区块链领域的影响力。

3. 构建政务区块链体系

创新性地构建"区块链＋政务服务"新体系，提高了政务数据信息化治理水平，推进了政府职能转变和社会治理能力的提升。

（二）经济效益

1. 节省信息化建设成本

通过搭建区块链网络基础设施，以及全区统一的区块链监管服务平台，避免各委办局区块链基础设施重复建设、盲目投资、重复开发，可以降低浦东新区区块链项目总体建设成本，预计节约建设投资超过25%。

2. 节约信息化管理成本

项目建设的区块链监管服务平台采用开放的区块链标准接口，管理不同的底层信创链、开放链和平台资源，提供统一服务和底层区块链管理功能，有助于建立统一的区块链运维运营管理体系，提高资源利用效率，预计节约信息化管理成本超过10%。

3. 间接促进经济稳定运行

借助区块链监管服务平台，能够对全区区块链应用的资源进行准确监测、分析、预测、预警，实现资源的精细化管理，提高决策的针对性、科学性和时效性。同时，可支撑各委办局的区块链业务应用，提升其管理效能，保障民生，促进经济平稳发展。

02 基于区块链技术的可信溯源国资监管综合服务应用

丝绸之路信息港（甘肃）研究院有限责任公司

一、案例背景

国资监管"放管服"，区块链赋能监管机构工作

自 2019 年 11 月国务院国有资产监督管理委员会（以下简称：国务院国资委）发布《全国性国资国企在线监管系统建设工作方案》以来，国资监管信息化建设由国务院国资委内部发展全面转变为"国资委—企业"联动推进。在全面深化改革的大背景下，国资监管"放管服"改革作为深化国有资本和国有企业改革的重要前提和基础，能够通过转变政府职能，进一步理顺政府和市场、社会的关系，激发企业的创造活力和市场竞争力，带给国有企业改革强劲的推动力。区块链作为一项去中心化的颠覆性新兴技术已经上升到国家战略，成为数字经济时代信任新基建的重要技术载体。作为符合"放管服"方向的监管融入技术，区块链具有难以篡改、共享账本、分布式的特性，更易于为监管接入提供更加全面、实时的监管数据。

为解决国有资产管理过程中存在的资产管理不到位、使用效益不高和产权不明等问题，甘肃省国资监管信息平台利用区块链技术信息记录防篡改、信息多维度共享、信息处理智能化的优势，实现了全省国有资产线上监管，以及对各监管单位的"精细管控"，提高了甘肃省国资委的工作效率，保障了相关数据从企业端到甘肃省国资委端的数据真实有效、不可抵赖，监管人员可随时随地上链查证。在优化监管治理体系的同时，实现国资国企监管业务横向到边、纵向到底、实时动态的监管目标。

二、方案详情

建立基于区块链技术的安全、可靠的国资监管平台

以区块链基础平台为依托，国资监管平台将"三重一大"决策、投资、项目、财务、产权、薪酬分配、大额资金流转、监督追责、内控体系、巡视巡察、党建、改革督办等重点系统、业务数据进行上链管理。例如，甘肃省国资委通过监管节点，就能获取国资企业关键操作的存证信息，以及系统交互产生的存证信息，从而更加全面地实现对国资国企的监管。

（一）技术架构

国资监管区块链技术架构如图 11.2 所示。

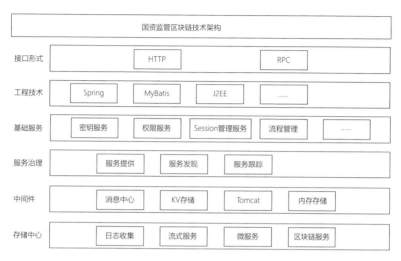

图 11.2 国资监管区块链技术架构

架构说明如下。

基础服务：基础服务是为支持整个系统的安全性、权限管理及流程控制设计的一组关键服务。其中，密钥服务负责生成和存储密钥，并提供访问控制机制，确保只有被授权的用户可以使用相应的密钥。权限服务负责定义和管理权限，并提供身份验证、授权和访问控制机制，确保用户只能执行被授权的操作。Session 管理服务跟踪用户的会话状态，以确保用户在不同交互操作之间保持一致的上下文，并且能够正确处理并发操作。流程管理用于定义和管理系统中的各种业务流程，提供某种方式来定义系统中的业务流程、状态转换和相关的操作。

存储中心：存储中心为国资监管区块链项目提供数据收集、分类和存储服务，采用日志收集、微服务、流式服务、区块链服务等技术，对国资监管区块链项目的固化业务进行标准化、规范化整合，形成提供各种基础业务数据读写的组件服务，供外部系统调用。结合区块链技术提供强大的数据不易篡改能力，对数据进行可信化存储，各业务流程数据公开、透明。

中间件：中间件为国资监管区块链项目提供了一个稳定的应用环境，消息中心可在分布式环境下扩展进程间的通信及异构系统的业务整合，并支持多通信协议、语言、应用程序、硬件和软件。采用 KV（Key-Value）存储、Tomcat 容器技术、内存存储相结合的技术，使得国资监管区块链项目具有良好的负载均衡、集群技术，满足高并发、高吞吐的业务需求。

服务治理：国资监管区块链项目采用 SOA（Service-Oriented Architecture，面向服务架构）。SOA 使用消息机制及异步机制，提高了可靠性，并且可以根据需求通过网络对松散耦合的粗粒度应用组件进行分布式部署、组合和使用，有良好的性能、可扩展性和灵活性。

工程技术：国资监管区块链项目基于 J2EE、Spring 和 MyBatis 等的组合可以提高业务的可扩展性、模块化和维护性，增强平台的容错能力，并实现快速部署和统一调度服务。

接口形式：国资监管区块链项目在远程调用服务接口时有 HTTP（超文本传输协议）和 RPC（远程过程调用）两种形式，具有接口文档。RPC 可以提高响应时间和处理时间，效率高；HTTP 更加灵活，跨语言、跨平台，通用性更强。

（二）功能介绍

1. 数据采集与上链

国资监管平台的数据来源于"'三重一大'决策和运行监管系统""大额资金动态监测应用系统""投资项目监督管理系统""财务监督管理系统"等 37 个相关系统，利用前置网关进行数据采集，并将采集到的数据上链存证，为真实数据的追踪溯源服务奠定基础。

2. 数据分析与统计

国资监管平台具有分析功能。分析的数据来源于链上的基础监管存证数据，分析的规则在智能合约中定义，分析的标准源自链上设定的报警参数。智能合约中设定的规则公开、透明、可审计，合约规则将对来自不同业务系统的数据进行比对分析，将不符合逻辑的信息作为报警项直接在链上存证。

3. 数据追溯

国资监管平台中的操作行为会在监管链留痕并且可追溯。追溯的根本目标是准确地找到真实的操作人员。业务系统中的操作是通过本人签名实现的，用于签名的私钥仅本人持有，其他人无法伪造。因此，查到上链的存证，即可锁定操作人员的身份。

4. 数据处理

国资监管平台中设定了对报警信息的处理流程。通过智能合约分析得到的报警存证数据，将通过报警处理流程进行处理。工作人员的所有处理记录将在"如意之链"上留有痕迹，在国资监管平台中实现对国资国企数据流转记录的追溯。

三、创新点

健全数据管控，强化业务应用与系统集成，提升风险预警能力

（一）健全了数据管控体系，全面实现"数据通"

该项目基于区块链的数据共享解决方案，遵照国务院国资委及其他政务部门数据管理要求建设，推进了甘肃省国资国企大数据统一管理，建立健全了甘肃省国资监管数据管控体系，强化了数据统一标准管理，确保国资监管数据及时、准确、全面、有效，推进各类数据统一汇集、统一采集存储、按需授权使用、合规共享利用，全面增强数据汇聚共享、综合分析和安全保护能力，实现国资监管数据在国资国企系统内安全、有序地流动。

（二）加强了业务应用系统建设，全面实现"业务通"

区块链技术作为低成本的信任方式，持续提升了国资监管平台业务覆盖范围，实现对"三重一大"决策、投资、项目、财务、产权、薪酬分配、大额资金流转、监督追责、内控体系、巡视巡察、党建、改革督办等重点业务的全覆盖，强化其在"三重一大"制度落实监管、重大任务落实监管、国资国企综合业务监管、风险防范等方面的作用。在此基础上，不断延伸，覆盖地市等层级，实现对全省各级国有企业所属各级法人单位和管理主体的全覆盖。

（三）强化了国资国企大数据体系系统的集成和综合应用

区块链技术有效地解决了国资监管数据共享与开放中的互信、隐私数据保护、数据安全访问等问题；降低了系统的复杂度，提高了业务的可靠性，发挥了数据促进全要素生产率提升的关键作用；推动各国有企业消除"信息孤岛"和"数据烟囱"，实现数据统一管理和综合利用，促进企业转型升级、提质增效和高质量发展。

（四）加强智能化分析，提升了国资监管风险预警能力

通过建立多层级、多领域监管的区块链体系，设计跨链数据交互、互认和业

务协同的技术方案，利用数字化的智能合约编程语言，制定可扩展性较强和更改灵活性较高的智能合约监管规则，基于可信、不可篡改的数据，实现"事前预防""事中预警""事后追溯"全流程闭环的穿透式监管；增强了投资管理、招标采购、大额资金流转、产权交易等重要领域和关键环节的监管力度，强化了监测预警和风险防范，及时发现隐性风险点；强化了合规经营和风险防范能力，提高了国资监管机构和所监管企业集团总部实时掌握全局、动态分析、风险管控的能力，整体提升了境外机构（项目）和资产安全运营水平。

四、效果效益

实现三个贯通，打造高效、透明的穿透式国资监管体系

（一）贯通数据，打破壁垒

国资监管平台利用分布式账本，按加盖时间戳的方式有序"记账"，上链数据不可篡改、全程留痕，同时建立共享机制，解决了传统模式下业务数据获取烦琐，以及数据修改无人发现等问题，确保了数据的真实性与完整性，实现资产资源全生命周期的监督。

（二）贯通事项，穿透监督

基于区块链的智能合约，对国资国企监管规则进行梳理，当预先设定的条件得到满足时就会自动执行，实现高度智能化的预警报警，便于进行统筹管理。

（三）贯通平台，提高效率

在统一数据标准上，国资监管平台各监督主体相互协同配合，聚焦关键环节、关键线路和关键节点，共同发现并解决问题，进一步提升了管控效率。

截至2023年5月，基于区块链的国资监管平台接入节点4个，完成国资监管、"三重一大"两个应用节点对接，上链存证数据超过1277万条，跨链存证数据量已达数万条。

03 基于区块链的税务治理能力提升体系建设实践

武汉领晟旺链科技有限公司

一、案例背景

基于区块链技术与应用为税收领域赋能，打造数字经济时代下的税收新形态

随着中国数字经济进入深化应用、规范发展、普惠共享的新阶段，政府高度重视数字化、智能化、平台化的数字政务建设，将区块链技术应用于该场景，不仅可以推动政府治理现代化、优化公共服务、提升治理能力，还能加快数字经济的发展和普惠进程。

税收作为国家经济发展的命脉之一，在如今的数字经济时代更具备战略性地位。基于区块链技术与应用为税收领域赋能，打造数字经济时代下的税收新形态，已逐渐成为税务系统改革的热点和创新方向。借助区块链等科技手段的应用和创新，税收领域同样能够实现数据共享、信息安全、信用体系建设等方面的提升，为政府提供更为准确和实时的税收数据。

2021年3月，中共中央办公厅、国务院办公厅印发的《关于进一步深化税收征管改革的意见》，以及同年10月中央网信办等18个部门和单位联合印发的《关于组织申报区块链创新应用试点的通知》，均强调将区块链技术应用在税收领域。

全国税务工作会议要求，深入推进税收治理体系和治理能力现代化，形成"六大体系"3.0版，着力提升"六大能力"，不断把制度优势转化为治理效能。国家税务总局党委提出，要重点提升科技驱动能力等方面的税收治理能力。武汉市税务局积极响应政策要求并勇于创新，在开展充分调查研究和实践论证的基础上，率先投身区块链在税收治理现代化中的探索，积极拓展区块链技术在税费征管和社会协同共治中应用的深度和广度，并于2021、2022年分别完成了税务重点项目"链税通——区块链＋不动产税收治理平台"一期、二期的落地及运行。

该平台的启用，极大地解决了原有"一网受理、一网通办"要求下仍存在的流程阻塞、协同不便等诸多问题，在税收领域全面开启了数字化、智慧化建设新阶段，推动税收治理和服务革新。同时，通过区块链技术对传统税收领域的赋能，构建了链上"共建、共治、共享"的税收治理新形态。

二、方案详情

打造"税控主链 + 协同服务 + 应用子链"，形成全新的税务平台生态和体系

2021 年 3 月 27 日和 2022 年 12 月 31 日，国家税务总局武汉市税务局"链税通——区块链 + 不动产税收治理平台"一期、二期分别正式上线。该平台基于武汉"城市大脑"中枢平台运行，创新基于区块链技术的不动产交易登记及税收一体化管理体系，并成为武汉市 2021 年"智慧城市"政务民生服务建设的"一号工程"。

链税通作为武汉市"城市大脑"最典型的区块链应用场景，通过"四大中台"之一的"区块链中台"获得统一的对外数据服务能力和业务支撑能力。武汉市"城市大脑"与链税通项目的关系如图 11.3 所示。

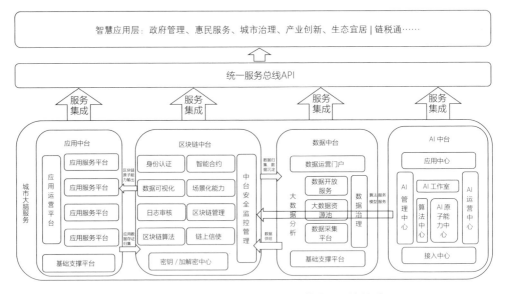

图 11.3　武汉市"城市大脑"与链税通项目的关系

链税通区块链系统架构如图 11.4 所示。放大来看链税通项目，其中的区块链中台（也叫中枢层）采用微众区块链标准化产品构建，而武汉领晟旺链科技有限公司参与建设的"区块链业务应用支撑层"采用了公司标准化产品"区块链政务服务协同平台"，核心代码自有率 100%，且通过微架构设计理念，可快速增强服务支撑能力，灵活适配更为丰富的场景。

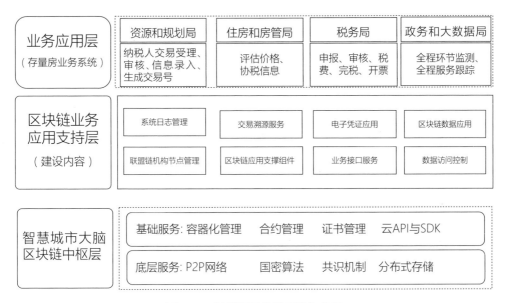

图 11.4　链税通区块链系统架构图

　　未来，在"以税控链"体系的建设过程中，"税控主链 + 协同服务 + 应用子链"（跨委办局、跨地域、跨链）均指向以"税"为核心的各个应用场景，将打造和形成全新的税务平台生态和体系。"以税控链"生态架构如图 11.5 所示。

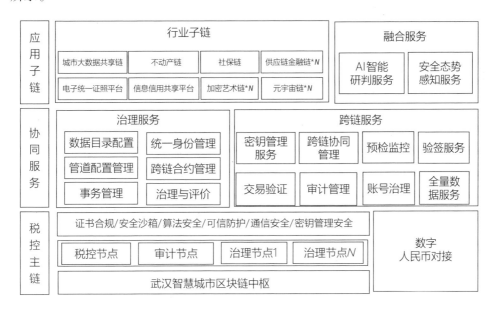

图 11.5　"以税控链"生态架构图

其中，税控主链是以研判分析、决策、各级监管为主要组织节点组成的联盟链，架构于业务子链之上并与各业务子链互联互通，以监管、监测、研判和决策业务逻辑为主线，汇聚贯穿执法、税收、征管和服务的全方位的、辖内辖外的业务子链数据，实现武汉市税务局基于区块链的税务数据决策和数据治理。

该主链向上将与国家、省级区块链等应用对接，向下可设立各个业务子链"监管"节点，实现穿透式监管和互通，横向与其他业务链（如数字人民币）打通，构建税控"监管沙箱"。

而应用子链则是以业务应用场景涉及的主要参与方为组织节点组成的联盟链，基于垂直业务跨部门、跨地区协同构建和共享应用场景。各子链通过跨链技术可互通，可与税控主链数据交换，可与其他委办局同构或异构链跨链互通。各应用子链为税务局的数据主链提供实时、安全、可信、共享、共治的数据源和治理节点。

应用子链为典型业务场景的区块链应用，可示范、可推广、可复制。在政务领域，有诸如不动产登记、社保征收、电子发票、征收执法等应用场景；在行业领域，也有非常重要的各供应链金融应用、加密艺术 NFT 应用、数据要素配置及元宇宙相关应用等。

三、创新点

创新"以税控链"体系建设概念，将所有涉及价值流通的区块链应用纳入税务监管节点

（一）积极拥抱数字人民币等新兴金融体系

"以税控链"体系通过平台积极拥抱数字人民币等新兴金融体系，以全面完善虚实融合的税收治理框架。数字人民币作为一种天然具备区块链技术属性的数字货币，在实现交易快速、安全、无现金化的同时，更为未来链上海量价值交易提供税收征管的便利。通过积极拥抱新兴金融体系，我国税收治理将迈向更加高效、透明和智能化的新阶段。

在"以税控链"体系中，税控主链是整个体系的基石，它以武汉市"城市大脑"区块链中枢为统一基础平台支撑。而"链税通"及后续涉税、涉费区块链平台为应用子链，并全面融合数字人民币支付与流通功能。在涉及价值流通的区块链应用中，最全数据同步节点作为治理节点接入税控主链，提供管控、审计、跨链、智能研判、安全态势感知等服务。

（二）数字经济领域下"以税控链"的新型税务治理模型

（1）在全国范围内的科技创新及示范引领效应。

目前，在全国范围内，均没有针对以税务征收为切入点的链上数据监管案例。在"以税控链"体系中，监管者在区块链技术模式下将担负双重角色。其一，立法者制定法律法规，为监管者及企业提供法律支持，形成新的有效的监管路径，减少不确定因素带来的风险；其二，与技术专家合作，将税收等方面的监管法律法规嵌入区块链技术之中，从而使法律法规的执行通过代码实现。这种模式在全国属于开创性尝试，具备较好的示范引领效应。

（2）变零散税务区块链应用为以税控为抓手的税务区块链生态。

虽然独立业务的区块链应用场景的构思和打造对探索和业务创新具有示范和启发作用，但其局部的局限性不仅限制了区块链技术应用的价值体现，也会在建设过程中产生区块链应用"碎片"等诸多弊端，"以税控链"体系以税务区块链生态的大局观和架构进行布局，可在战略层面对业务进行全面布局，在应用层面创新引领，在效果层面深度赋能。

"以税控链"不是简单的技术或平台概念，更多的是管理的思维，是数字经济大背景下数字化转型的基础和区块链生态。对其的构建与实施还将促进人们对区块链间数据交互、跨链协同、数据规范等数据标准、对接标准和技术标准方面的研究、探索、建立和推广。

"以税控链"作为新一代税务平台生态，通过区块链节点的持续延伸突破数据的获取问题，即可逐步渗透企业贸易、交易环节，在实现税务征管的同时为企业交易即纳税和开票赋能，极大地简化开票纳税的复杂环节；也可更及时地应对经济形态变化，如与数字人民币业务对接，实现税务支付一体化，或者在"元宇宙的世界"里对新兴商业业态进行节点穿透、多点多源税控等。

四、效果效益

通过流程瘦身之"策"、数据联通之"道"、治理升级之"方"，构建以税控为抓手的税务区块链生态

"链税通"平台的建成和应用，是武汉税务在税收征管中的流程瘦身之"策"、数据联通之"道"、治理升级之"方"，是新技术提升社会治理能力、服务市场主体的生动案例，进一步提高了政务部门精诚共治的质效和市场主体的获得感。

自平台上线以来，截至2023年一季度末，平台累计产生区块数646.4万个，涉及新建商品房交易 628634 笔，其中工作日平均上链 1368 笔，每周双休日平均为市民办理 263 笔，累计入库税款 129.8 余亿元。

"高效办成一件事""三减"效果明显。在减资料方面，目前商品房交易至少减少了 4 项原需交易方提供的纸质资料；在减环节方面，减少交易环节 1 个、优化数据流转环节 3 个，如取消"房屋交易核查"环节，房管部门仅提供协税信息查询共享；在减时限方面，新建商品房交易时长总体减少约 60 分钟，压缩约 50%，其中涉税相关事项办理时长减少约 20 分钟，平均压缩 80%。在第二阶段平台上线后，房地产全生命周期数据可溯源管理，存量房交易登记办理时限被进一步压缩，"一张身份证办""一码办"已成为老百姓办事的新常态。

（一）普惠广大办事群众，舆论反响良好

武汉市"链税通——区块链＋不动产"税收治理平台上线后，前端数据自动触发审核，多部门数据跨界共享，交易结果自动上链，税务部门实时征收税款，使纳税人缴费涉税事项更加便利、公平、安全。《中国税务报》、人民网、新华网、《湖北日报》、《长江日报》、武汉电视台等多家新闻媒体进行了宣传报道，并且在 2020 年度数字政务服务博览会（政博会）上荣获"2020 年度智慧政务奖"，武汉市程用文市长还给予了"武汉市税务局主动作为，创新思路，科技赋能，着力优化营商环境"的肯定批示。

（二）应用领域拓展性强，项目效能持久

随着"链税通"项目第二阶段存量房上链工作的稳步开展，武汉市在电子证照、土地招拍挂、房地产开发环节、房地产租赁、不动产融资担保等涉税事项上，已完成持续升级改造。"土地招拍挂、房地产开发、不动产交易登记、不动产收回"的不动产全生命周期区块链应用闭环管理逐步建立，不动产税收治理可实现数据全程监控、风险实时监控。"链税通"项目，以及其他涉税、涉费等项目的持续深入推进，还将推动武汉市区块链政务应用标准体系的建设和政务管理、政务服务一体化的不断提速，并在培育武汉市新经济增长点、保护知识产权、推动金融服务创新、提升物流管理水平、完善信息共享方式上发挥更重要、更广泛的作用，也为武汉税收现代化建设增添新的动能。

（三）持续推进核心技术创新，促进公共服务能力不断完善增强

"链税通"项目的数据逐步上链，以及功能不断完善，对链上数据的筛选、存储、加密、流转、访问等提出了进一步的要求，对传统业务流通和链上智能合约重塑提出了新的挑战。"通税通"项目在算力、共识机制、存储、异步读取、

隐私计算等方面的核心技术既是验证，又是一个不断提出更高要求的过程。在应用中寻找到技术的发展方向，从技术的发展方向中找到业务的可优化方向，本项目对于湖北省提升区块链核心技术创新能力具有重要意义，更可进一步促进公共服务能力不断完善增强。

04 基于区块链的司法跨部门协同办案应用实践

中国电信股份有限公司

广东省电信规划设计院有限公司

一、案例背景

落实"以审判为中心"的刑事诉讼制度的改革，区块链开创协同办案新模式

（一）背景需求

推进"以审判为中心"的刑事诉讼制度改革，满足公、检、法、司一体化办案的管理需求，需要建立统一的协同办案数据标准体系和数据协作机制，提升各部门的协同办案效率，以满足信息化时代对司法档案管理越来越高的要求。

在此背景之下，利用区块链与智能合约不可篡改的技术特性，中国电信股份有限公司和广东省电信规划设计院有限公司设计区块链＋政法跨部门协同办案平台，在政法跨部门的业务系统间创建高效互信的业务流转体系，实现在不改变原有政法机关各部门办案系统功能的情况下，提升政法跨部门协同办案的自动化和智能化水平，提升办案质效，开创协同办案新模式。

（二）行业痛点

在政法跨部门协同办案的过程中，存在着许多业务和技术痛点，具体体现在以下4个方面。

1. 数据共享困难

在信息化建设过程中，公、检、法、司各个部门都独立建立了大量的信息系统，各部门的数据标准不一致，导致出现数据孤岛。

2. 协同办案难

证据信息、犯人信息、卷宗信息等各类案件信息具有重复性，由于数据难以共享，常常需要人工移送和重复录入，耗费大量人力和物力。

3. 数据信任难

在协同办案过程中，各部门的数据出自不同的信息系统，难以确认数据的真实性和可信性，需要复杂烦琐的流程来建立数据信任机制。

4. 执法监督难

在政法系统内部，由于各个部门间存在数据壁垒，导致办案过程、办案质量对于部门之外是一个黑箱，办案质量和办案效率难以得到监督，办案过程中的风险难以及时规避。

二、方案详情

基于区块链、智能合约和数据标准规范构建互信的数据共享与协作环境，实现跨部门、跨业务系统的自动化协同办案工作模式

（一）设计思路

区块链＋政法跨部门协同办案平台采用冀平安权证链构建数据基础设施，打通政法跨部门协同办案的业务流程，通过3个方面的设计，打造政法系统跨部门、跨业务协同分布式可信共享与协作平台，实现政法跨部门协同办案过程中的可信数据共享与可信业务协作。

一是构建办案数据标准规范体系。其中，跨部门协同办案的数据标准规范使各部门数据交换更加顺畅，统一案卷规范可推动标准化的电子卷宗的制作与随案移交，统一数据访问规范，便于各业务系统实现标准化的数据读写。

二是利用区块链技术不可篡改、可溯源的技术特性，满足跨部门协同办案数据真实可信、不被篡改的需求，简化跨部门协同办案中的信任处理机制，提高业务流转效率。

三是利用多方共识和智能合约实现自动化的办案流程，在跨部门协同办案过程中实现办案流程的静默响应和自动流转，提高协同办案的效率。同时，智能合约也可完成对办案流程的监管，减少监管对办案过程的侵扰。

（二）架构设计

区块链＋政法跨部门协同办案平台依托各省市的政务云基础设施，在架构上体现出了"四横三纵"的特点，由下至上分别是基础设施层、基础支撑层、基础服务层和场景应用层，纵向包括安全防护体系、运营支撑体系和数据标准规范体系，其架构设计如图 11.6 所示。

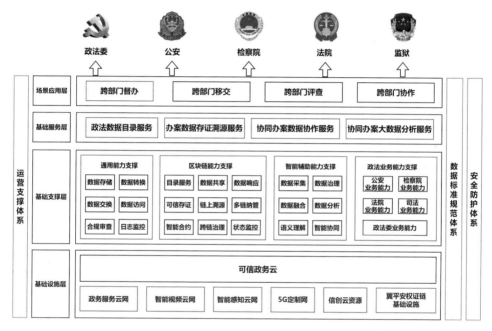

图 11.6　区块链＋政法跨部门协同办案平台架构设计

基础设施层提供政务服务云网、智能视频云网、智能感知云网、5G 定制网、信创云资源和翼平安权证链基础设施，为整个平台提供可靠的基础设施，确保系统的稳定性和安全性。

基础支撑层将软件能力原子化，向上层应用提供通用的软件服务能力支撑，包括通用能力支撑、区块链能力支撑、智能辅助能力支撑和政法业务能力支撑。基础支撑层以标准化的方式向上层提供可调用、可组合和可编排的软件能力服务，确保应用开发的灵活性和规范性。

基础服务层是平台的核心部分，提供政法数据目录服务、办案数据存证溯源服务、协同办案数据协作服务和协同办案大数据分析服务等基础服务能力，支撑政法跨部门协同办案业务响应。

场景应用层深度梳理了政法跨部门协同办案的业务需求，构建了跨部门督办、跨部门移交、跨部门评查和跨部门协作4个典型场景，提供了一站式的场景应用，对应痛点需求，实现跨部门协同办案。

安全防护体系依托天翼云基础设施，针对区块链和政务内网的安全需求进行优化，通过域名管理、流量控制、数据加密、授权管理、隐私计算等措施来保护数据不被恶意攻击者所窃取和篡改。

运营支撑体系为平台融合天翼云、5G专网、区块链，提供统一的基础资源的运维防护和管理支撑，保证平台的安全性和可靠性。

数据标准规范体系面向各级政法委及政法单位的各类业务系统和应用系统的抽象数据需求，采用开放自主的数据标准格式，构建政法系统协同办案的数据标准规范体系，支撑办案平台和各类业务系统、应用系统无缝交互集成。

（三）建设内容

区块链＋政法跨部门协同办案平台包含跨部门协同办案大数据分析平台、跨部门协同办案数据交换平台、跨部门协同办案数据存证溯源平台、跨部门协同办案数据目录服务平台和跨部门协同办案数据标准规范体系，其组成如图11.7所示。

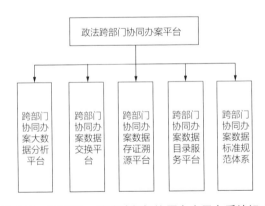

图 11.7　区块链＋政法跨部门协同办案平台系统组成

跨部门协同办案大数据办案分析平台深入应用大数据技术和人工智能技术，贴近政法跨部门协同办案的数据需求，支撑基于数据的办案决策，提升办案过程的针对性、科学性和时效性。

跨部门协同办案数据交换平台将标准化后的协同办案数据上链存证，提供不可篡改、不可抵赖、多方透明的数据存证，支撑各部门数据共享协作。

跨部门协同办案数据存证溯源平台建立分级分域、安全可控的数据存证溯源基础设施体系，支撑政法各部门关键数据的即时上链存证。

跨部门协同办案数据目录服务平台构建政法数据资源目录体系，实现共享数据真实可信、实时流通、权责清晰和痕迹可查，促进政法数据跨部门、跨区域共同维护和利用。

跨部门协同办案数据标准规范体系参见上页。

区块链＋政法跨部门协同办案平台采用大数据技术提供基于可信数据的跨部门协同办案上层业务能力支撑，采用翼平安权证链基础设施提供数据交换、存证溯源和目录服务能力，为政法跨部门协同办案全过程提供可信数据支撑，规范化政法办案涉的各部门数据，构建跨部门协同办案数据标准规范体系，简化跨部门协同过程中的数据交互过程。

（四）部署设计

为保证平台的安全性和可靠性，平台采用了各部门分别构建区块链节点并部署的方式，在各部门和各地域内部建立可信联盟链，不同的联盟链之间通过跨链的方式进行数据交互，其部署设计如图 11.8 所示。

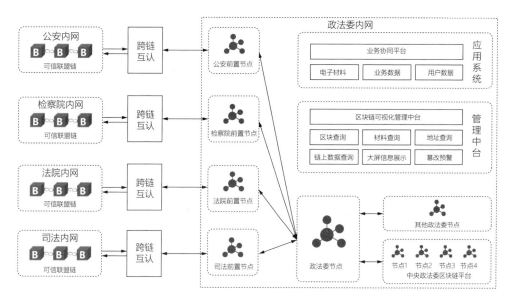

图 11.8 区块链＋政法跨部门协同办案平台部署设计

这样做的优势在于，平台可以按照开发进度和业务推进顺序逐步上链，保证平台部署实施的灵活性，同时也能够保证平台的可伸缩性。

通过增加节点就可以直接接入平台，实现跨部门协同办案的业务协作，减少了对平台原有节点业务与数据的侵入，节省了运营成本。

（五）应用场景

区块链＋政法跨部门协同办案平台的业务场景基于区块链技术，为整个办案流程提供数据存证和共享服务，政法委、司法局、公安机关、检察院、法院等相关机构，采用各自的业务系统，完成协同办案的整个过程，对数据的需求即时申请、即时反馈，协同办案静默化、自动化，无须人员干预、重复录入信息和反复验证数据，即可保证跨部门的高效协同办案。

1. 案件督办场景

采用信息化督办模式，督办过程全程留痕。通过对办案数据的全程上链，实现对办案过程的无死角监督，从技术上保证了案件督办工作的有效执行。

2. 案件移交场景

在传统模式中，案件移交涉及复杂的人员、卷宗、证据信息的移交，信息无法互通，往往需要人工确认、移交和再录入。通过区块链存证，解决案件移交过程中的数据信息信任问题，将移交过程信息全程上链，解决案件移交过程中的信息确认问题，实现移交数据的信任与复用，提高案件移交的效率。

3. 案件评查场景

针对案件评查过程中的书山案海，基于区块链的案件存证信息解决了评查过程中信息可信性的问题，评查过程无须验证信息真伪，工作人员可以专注于业务合规性审查，更加高效地完成案件评查工作。

4. 案件协作场景

在跨部门办案过程中，办案信息上链存证，各部门无须深入其他部门的业务流程和业务系统获取数据，按照统一的数据标准规范，通过区块链获取办案流程信息，避免了复杂烦琐的部门交互，实现案件协作流程化，即申请，即反馈。交互全程关联案件信息，沟通协作更高效。

三、创新点

通过办案数据标准规范、办案数据上链存证和协同办案智能合约，构建可信的数据共享与协作环境，提升了办案质效

（一）自主可控的基础设施

采用完全自主可控的翼平安权证链作为底层基础设施，对标行业领先标准，满足政务应用在性能、权限、安全、隐私、可靠性、可扩展性等方面的需求。

（二）跨部门的数据信任

来自不同部门和业务系统的数据无须复杂的验证流程，基于区块链不可篡改的技术特性传递数据信任。

（三）自动响应的办案流程

利用智能合约，对协同办案过程中的特定数据进行触发式响应，无须人工干预，完成协同办案的即时反馈，实现协同办案的静默化和自动化。

四、效果效益

区块链技术为司法活动提供权威性和公信力保证，为跨部门协同办案过程提供可信数据支撑

区块链技术具备数据透明、不易篡改、可追溯的特性，能够赋能司法领域，具有广阔的应用前景，可以用于司法存证、司法鉴定、司法公证、司法仲裁和司法协作，为司法活动提供技术上的权威性和公信力保障。

（一）有效支撑公、检、法、司一体化办公

建设跨部门办案协作平台，提升数据质量，简化信息流程，促进各单位办案流程深度融合，有助于支撑统一、高效的公、检、法、司一体化办公新体制。

（二）有效转变工作模式，促进信息流转

在协同办案领域应用区块链技术，能够有效地将各类办案数据生成存证，支撑数据信任和数据共享，夯实跨部门协同办案的数据基础。

（三）有效提升司法协作能力

基于区块链技术提供的可信数据基础，优化协同办案业务流程，规范执法办案过程，实现数据实时响应、问题实时预警、全程网上留痕，强化内部监督制约。

（四）推进司法办案活动规范化

在司法协作过程中，利用区块链辅助办案监管，统一案件裁判尺度，减少冤假错案的发生，推进司法办案活动规范化。

05 基于区块链的可信公共数据流转反电诈应用

蚂蚁科技集团股份有限公司

一、案例背景

电信诈骗高发，治理需要多方合作

随着互联网技术的发展，传统犯罪向网络化、智能化及复杂化发展，根据公安部披露的数据，近年来电信网络诈骗犯罪形势严峻，已成为发案最多、数量上升最快、涉及面最广、人民群众反映最强烈的犯罪类型。2021年4月8日，习近平总书记在全国打击治理电信网络新型违法犯罪工作电视电话会议中作出重要指示，要坚持以人民为中心，统筹发展和安全，强化系统观念、法治思维，注重源头治理、综合治理，坚持齐抓共管、群防群治，全面落实打防管控各项措施和金融、通信、互联网等行业监管主体责任，加强法律制度建设，加强社会宣传教育防范，推进国际执法合作，坚决遏制此类犯罪多发、高发态势，为建设更高水平的平安中国、法治中国作出新的更大的贡献。

有效的电信诈骗治理更加需要相关政府部门与多方行业机构之间的密切协作。然而，目前也遇到诸多难点，一是多方数据共享不充分，存在金融、通信、互联网等垂直行业的数据壁垒，数据的所有权、使用权边界模糊不清；二是缺少有效的数据安全流转的基础保障，以及敏感数据的隐私保护能力；三是协同机制不完善，跨部门、跨行业、跨系统之间的业务协同缺少信息化系统支持，甚至还全部依赖文书进行流转，效率低下。

蚂蚁集团积极响应党和国家的指示，主动发挥平台主体的职责，利用科学技术（AI 和区块链等）大力支持反诈骗治理工作。除支付宝平台反诈骗治理外，蚂蚁集团协助浙江省打击治理电信网络新型违法犯罪工作联席会议办公室创建了基于区块链技术的反诈联盟链，通过链接多方数据和风控能力，形成全链路的生态治理。

二、方案详情

利用分布式多跨可信协作环境构建多方协作反电诈数据共享和风险联防联控机制

（一）方案概述

首先，反电诈协同工作需要多方参与、多方联动，随着新的组织机构不断参与进来，通信链路及合作方式越发庞杂，且根据时事动态变化。如何实现快速扩展接入，构建动态组织框架和联盟信任体系将是解题的关键。本方案通过使用边缘计算节点和共识节点的双层网络架构，方便了参与方快速扩展接入，实现了基于区块链的分布式多跨可信协作环境的构建，优化跨部门、跨网络、跨层级的联防联控工作机制，解决原有的专线费用高、行业链接能力弱、常态协作通道缺乏、中心枢纽承载压力大、处置反馈时效差、节点扩容不灵活和项目运维成本高等一系列痛点问题，在可信环境下充分释放多方数据在反电信网络诈骗方面的强大效能。

其次，反诈联席办的各家参与单位的行政管理多为条线分布，基于各行政体系内不同的信息化标准、独立的专网隔离、管理制度差异等多种原因，形成了各单位的数据孤岛现象。本方案基于区块链技术实现线索预警信息、风控标签、黑灰介质的共享，建立联席单位资源交叉核验机制，同时使用隐私计算技术，保证反诈各家参与单位可以在不泄露各自数据的前提下，通过协作对他们的数据进行联合机器学习和联合分析。通过加密流转、加密授权和隐私计算等多模态的数据交互方式，实现互联网侧、金融侧、通信侧等多方数据安全接入，打造"端＋链"模式，在反诈生态下实现共享交换、计算建模、接口服务，满足不同密级数据和业务场景需求。

再次，本方案在上层业务层提供分布式应用（DApp）的开发模式，为区块链节点的业务方提供基于区块链的分布式应用生命周期开发方案，帮助业务方快速落地业务应用，构建跨部门、跨网络、跨层级的反电诈数据共享和风险联防联控机制，真正打造多方共建、多方共赢的安全可信多跨生态，有效打击电信网络诈骗和洗钱的犯罪行为。

具体来说，在浙江省公安厅的主导下，通过联盟链技术将公安、中国人民银行、通信管理局、商业银行、运营商、网络协会等机构单位，拉到同一个安全可信的专有通信网络中。第一层网络中的公安、中国人民银行、通信管理局等节点用于记账，并参与运算，第二层网络中的银行、运营商、网络公司等调用私有数据供链上的 DApp，提升基于反诈场景的联合风控能力。

（二）系统架构概述

本项目以面向公安行业新型刑事情报数据融合需求为导向，以构建高效、安全、易用的基于隐私保护技术的社会数据融合和监测预警平台为目标，建设满足公安行业已有数据安全和隐私相关技术应用规范及标准的技术平台。通过建设"1+1+1+N"体系架构（1 套公安网联动子系统，1 套联盟两卡管控子系统，1 套数据安全交互子系统，N 个广泛集成了政府部门、监管部门、金融机构、通信企业、第三方支付、互联网单位的生态应用场景），实现数据安全协作。在数据安全协作的基础上，建设以公安为核心的联动应用系统，用于基础数据核验、研判分析和建模预警；建立基于联席单位的两卡管控系统，打造"公安＋政务＋金融＋通信＋互联网"的联防联控新模式。

（三）技术路线

总体技术路线分为可信环境隐私计算平台、业务基础服务平台、区块链传输网络、可信隐私计算和边缘加密存储。

1. 可信环境隐私计算平台

可信环境隐私计算平台如图 11.9 所示。

可信环境隐私计算平台通过建立可信环境互信共识机制，实现多方协同作战、数据共享，通过区块链数据防篡改、可追溯、加密算法解决数据安全可信的问题，并通过可信环境终端联通各单位内部网络，实现业务数据不出域与链上数据安全交互，从而有效拉动公安、银行、运营商、第三方支付公司、互联网平台等单位参与，打造多方共建、多方共赢的可信环境生态，建设集案件处置、线索共享、任务流转、联合风控、生态黑名单于一体的综合平台。

图 11.9 可信环境隐私计算平台

2. 业务基础服务平台

业务基础服务平台主要依赖蚂蚁链的数享链进行建设。数享链可提供全生命周期的数据流转服务，具有从数据源、数据过滤、数据标准化、策略配置，到数据输出等全链路服务能力，并实现了安全可信的数据保护，保证数据不可被篡改，以密文进行数据流转，支持国密等多种加密算法与数据授权，并具有数据追溯审计能力，提供全方位数据隐私保护。

3. 区块链传输网络

区块链传输网络（Blockchain Transmission Network，BTN）是蚂蚁链为了解决区块链实际应用场景下的挑战而提出的网络优化解决方案，可解决在广域网部署传统区块链节点时，通过点对点通信存在时延高、抖动大、网络不稳定、安全性差等问题，并通过加密保证数据在传输过程中的安全。BTN 具备多种网闸适配能力，同时对于不同的网闸协议可以做到快速配置，可以解决政务内外网网闸接入复杂、接入难的问题。

4. 可信隐私计算

为解决反诈各业务用户数据安全输出问题，方案通过可信执行环境硬件隐私技术实现"数据可用不可见""脱敏计算""保护数据安全"。

作为基于信任根自主可配置的全栈安全计算硬件技术，蚂蚁链可信隐私计算提供了便捷通用、全链路隐私、可扩展算子框架，以及细粒度授权的隐私计算服务，可信隐私计算对外提供基于智能合约虚拟机的可信应用开发环境，用户通过编写智能合约代码即可完成基于机密数据的通用隐私计算逻辑，开发门槛低，可以快速响应业务需求，信任根自主可控、硬件国密资质及金融科技产品认证（CFCA）等优势可以很好地满足政务、银行等场景，目前已应用在反洗钱、机构服务网络及物流金融等场景。基于可信执行环境的隐私计算架构如图 11.10 所示。

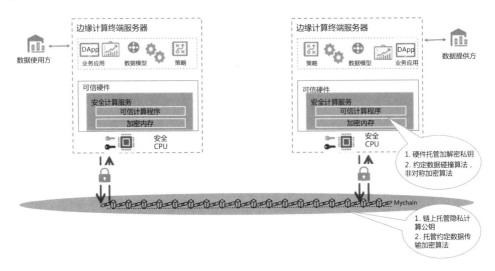

图 11.10　基于可信执行环境的隐私计算架构

5.边缘加密存储

反诈业务场景中有涉及大量业务数据存储、大文件存储、服务记录存证的需求，边缘加密存储是在区块链技术的基础上为解决数据大规模流转、存证上链等场景的各种问题提出的解决方案，在数据库的基础上，新增插件式存储引擎，并与区块链系统紧密结合，为数据的发送流转、网络互通、接口适配等提供了新的思路。

- 充分利用区块链已有网络，打通不同节点的数据流转路径。

- 业务层只需通过正常的 DML 操作即可自动触发数据流转。

- 数据流转操作相关信息可追溯，并可自动上链。

- 可对数据加密存储，增强数据保护能力。

- 操作不再对业务层暴露，通过数据库访问接口进行。

三、创新点

创新的技术架构和关键技术，推动侦查模式转型升级

（一）架构创新

本方案实现基于区块链的双层网络架构，利用边缘计算终端分布式管理接入本地数据库，同时针对不同行业数据规范提供数据隐私计算和联合建模能力，建设跨网前置接入和统一的开发平台，横向实现与省级各平台、通信企业、金融机构等互联互通，建立跨层级、跨部门、跨领域的联动处置机制，打造弹性强、可扩展的数据协作网络。骨干节点主要用于数据密文存证规范管理，数据共享、流转的服务策略管理，数据使用行为审计，数据、指令、流程的制定管理。接入节点主要用于数据协作交互与指令执行、基于安全策略的数据使用、反诈数据隐私计算和反诈研判能力共享对接。

（二）关键技术创新

本方案研究了解决区块链技术本身的相关技术难题，构造跨网络跨域、高效率低复杂度、可落地的区块链解决方案。通过区块链传输网络、可信隐私计算、边缘加密存储等能力，实现透明数据共享、大规模组网等功能，具备大规模区块链网络下的高安全、高性能、高可用的数据可信协作能力。

本方案针对多方协作、跨网络、跨域、相对隔离的网络环境特点，设计和实现了高性能、高适配的隐私计算算法协议族。在政府部门之间、政府部门与行业机构之间的数据协作过程中，各个网络处于相对自治的网络环境，采用相对异构的网络结构、安全保护，从算法协议设计角度及工程体系设计角度，实现高性能适配的算法协议。

（三）应用示范创新

在以往打击治理电信网络诈骗的工作中，蚂蚁集团已经积累了大量的经验，本方案通过进一步应用隐私计算技术，深度融合集成基于区块链的数据安全流转、分布式去中心化资源调度引擎、社会资源数据，进一步创新打击协作模式，研究多方协同作战、信息共享、安全核查、联动处置的多跨场景应用，推动侦查模式转型升级，实现预警预测、精准防范、类案侦办、线索挖掘、控人控赃的工作目标。

四、效果效益

实现针对省级涉电信网络诈骗的全面治理，有效遏制涉电信网络诈骗的蔓延

浙江反诈联盟主要参与机构：浙江省公安厅、衢州市公安局（其他地市公安局陆续接入中）、浙江省通信管理局、中国人民银行杭州中心支行、各商业银行省分行和支付宝；海南反诈联盟主要参与机构：海南省公安厅、海口市公安局、海南省市场监督管理局、海南省通信管理局、中国人民银行海口中心支行、各商业银行省分行、支付宝和网商银行。

本案例通过公安机关挖掘涉案卡的关联手机号码，挖掘系列异常特征，如普遍装有境外聊天软件、GOIP（虚拟拨号设备）窝点号码发现、当天办卡开户、频繁试卡等，预计赋能联席单位实现涉案卡压降风险20%。

通过涉案卡关联人员信息，围绕轨迹、人口、关系等数据建模，从同行、同住等维度，梳理出多个职业开卡团伙，转为情报前置防控，预计案件压降10%。

通过银行间全量开户数据共享，以及自识别风险数据的隐私求交，预期压降风险10%。

浙江反诈联盟的试点项目自2021年10月上线至今，通过链上数据可信流转共享涉诈黑灰数据2000万条以上，每日更新两万条以上；每日产生被害人预警联防数据两万条；累计保护受害人资产4000万元，保护受害人账户20000个；联盟应用"新开卡核验"实现预警中高风险用户170万人次，单月涉案账户新开比例由15%降至2%。

本案例方案将对公安反诈平台的覆盖范围和防范手段形成有效的补充，实现针对省级涉电信网络诈骗的全面治理，可有效遏制涉电信网络诈骗的蔓延，为地方有关部门提供技术支撑，与公安机关、基础电信企业、互联网企业等共享资源、联防联控，打造多级联动的涉电信网络诈骗治理体系，提升公共安全水平，并有效净化互联网环境，维护社会和谐稳定。

06　基于"桂链"的广西电子证照研究与试点应用

广西壮族自治区信息中心

一、案例背景

构建一体化电子证照信任认证体系，应对电子证照安全与效率挑战

电子证照是具有法律效力和行政效力的专业性凭证类电子文件，是市场主体和公民活动办事的主要电子凭证，也是支撑政府服务运行的重要基础数据。电子证照的全面推广，在不断提升政务服务效能的同时，使得数据涉及的业务部门也更加庞杂，电子证照的调用、管理、信息安全、法律效力等方面面临着新的挑战。因此，当前电子证照系统的建设需要保证存储的数据不被篡改，且具备极强的可追溯性，以保障证照数据真实可信、安全调用。而区块链技术具有防伪造、留痕可追溯、公开透明、集体维护等特性，为电子证照系统的改造，以及解决电子证照应用困境提供了新思路。

广西壮族自治区信息中心协同浪潮云洲（山东）工业互联网有限公司分析当前广西电子证照体系建设面临的痛点和改进需求，基于区块链技术探索"桂链"与电子证照系统的融合应用，构建一体化电子证照信任认证体系。"桂链"作为广西区块链产业发展规划要求的技术服务平台，主张构建安全可靠、可持续迭代的技术架构体系，实现电子证照的全程存证和第三方鉴证，为电子证照的数据防篡改、互认共享、可信存证、溯源验证提供基础服务支撑，优化政务服务和营商环境，提升政府管理和服务水平。

二、方案详情

建设区块链电子证照服务平台和广西电子证照系统，构建全流程可信电子证照体系

本方案在广西电子证照系统的基础上引入区块链技术，基于"桂链"平台建设区块链电子证照服务平台，改造广西电子证照系统，搭建数字身份子链和证照服务链，构建全流程可信电子证照体系，助推政务数据流转共享和全流程安全可控能力的提升。区块链电子证照服务平台包括基础设施平台、数据层、支撑层、应用层和访问层。在原有基础设施平台的基础上重点建设区块链平台，改造电子证照系统，实现电子证照系统与区块链技术的融合，实现可信的证照管理和证照共享，面向公众、网上办事大厅和业务审批等人员提供服务。

（一）区块链平台建设

区块链平台具有简单易用、可选共识算法、支持多语言共识算法、强隐私保护等特点，建设内容涵盖区块链 BaaS 平台和证照服务链。区块链 BaaS 平台提供区块链底层环境支撑及联盟链建链能力，证照服务链部署不少于 8 个节点，为证照数据共享提供身份认证、数据确权、授权访问、数据溯源等服务，为数据及用户行为提供可信支撑。

1. 区块链 BaaS 平台——降低应用门槛

区块链 BaaS 平台提供区块链基础支撑和快速构建联盟链的能力，支持联盟链和智能合约运行管理，帮助用户快速、低成本地创建、部署和管理区块链网络环境。同时，提供易用的开发者界面，提供调试和管理工具，降低区块链应用开发门槛，推动行业发展。区块链 BaaS 平台包含联盟管理、节点管理、通道管理、链码管理、API 封装及用户管理等功能模块。开放的服务平台进行区块链常用服务的场景化封装，同时进行行业业务模型抽象和智能合约封装，进一步降低了各应用单位的使用难度，提供了区块链在各业务场景落地的快速通道，助力业务模式创新，赋能更多行业生态合作伙伴，实现多元共赢。

2. 证照服务链——可信身份认证

基于区块链 BaaS 平台和浪潮区块链数字身份，打造数字身份证照服务链，以及提供联盟链的部署及其节点管理，提高电子证照共享平台的开放程度，实现功能包括租户管理、钱包托管、存证服务、审计侧链、数据溯源、智能合约管理和平台设置等。

浪潮区块链数字身份是浪潮基于 W3C DID 规范自主研发的一套分布式多中心的数字身份技术解决方案，可有效促进泛行业、跨机构、跨地域的身份认证和数据合作，助力解决电子证照用户信任和授权的问题，促进电子证照数据资源化，具备确权基础和交易商品化基础，为电子证照数据的可信、安全、共享、跨部门调用提供了技术支撑，助力探索良性共享合作的数字经济新业态。解决方案的原理在于实现了现实身份与链上身份的可信映射，以及实体对象之间安全认证和访问授权，在保护个体隐私的前提下，用户可自主选择部分身份属性对外发出可验证声明的身份证明，支撑区块链增强认证功能，在区块链上留下了不可篡改、不可删除的认证痕迹，使用户访问行为具有了可追溯性。

（二）电子证照系统建设

电子证照系统通过自治区政务服务平台与各区市（自治区）部门实现互联互通、数据共享、业务协同，可办理跨地区、跨部门、跨层级的政务服务业务，实现政务服务数据汇聚共享和业务协同，为企业和群众提供高效、便捷的证照应用服务。

电子证照系统主要分为两个子系统：面向业务单位管理使用电子证照的电子证照管理系统，以及面向数据采集和交换共享的电子证照共享系统，二者结合区块链平台实现电子证照可信签章、电子证照应用授权、电子证照应用审计、电子证照零知识证明、电子证照精准授权验证、电子证照管理员行为审计等应用。社会公众可通过网上办事，在网上调阅电子证照。省、市、县的电子证照管理业务人员，可通过电子证照系统管理本单位证照目录，定义电子证照元数据及电子证照照面信息等；省、市、县的电子证照应用业务人员主要使用电子证照系统签发电子证照及验证电子证照。

三、创新点

自主研发创新，为电子证照数据可信安全共享提供了技术支撑

（一）分布式标识签发与验证，保障证照数据可信共享

基于 W3C 的分布式标识 DID 标准实现分布式标识的新型技术方案，为电子证照可信应用授权和部门间证照数据安全共享提供了技术支撑。分布式标识技术基于区块链而非中心化机构实现数字身份的注册、解析和分发，构建自主身份生态，用户可自主存储与管理私钥，进而实现用户身份自主管理，并为数字身份解析与数字身份校验、签名等应用场景提供便捷入口；同时，基于分布式数字身份可验证声明机制，为解决数字交互的信任问题提供基础，打破跨平台的信息屏障；对接 DIF 社区通用解析器，为实现全球可解析、互操作的分布式数字身份提供一种新的路径。

（二）数据铁笼，保障证照数据隐私安全

依托区块链、云计算、云存储等技术创建敏感数据使用的安全模式，实现数据可用不可见，无授权不使用，为多方安全计算场景提供第三方支持和服务。该模式在金融大数据、信用大数据、民生大数据、税务大数据等场景有着广泛的应用，实现数据内存计算、即用即焚，确保证照数据隐私，保障证照数据安全。

（三）审计侧链，规范账号管理并防数据被篡改

基于自主区块链架构研发的支持水平扩展的审计侧链，面向高并发安全审计场景，满足了数据安全防护等领域的审计需求，弥补了这一领域并发效率低的不足。电子证照系统将证照应用全过程上链，上链的内容包含持证者、持证者证件号码、证照类型、用途和调用时间等，从而建立电子证照应用过程的分布式账本。分布式账本中的每条记录都有一个时间戳和唯一的密码签名，这使得账本成为网络中所有交易的可审计历史记录，且数据不可篡改和不可伪造，方便解决电子证照审计应用问题，同时规范和监督管理员的账号和行为。

（四）区块链网间网创新融合，助力数据安全采集

区块链网间网，基于区块链平台服务，融合 IPv4/IPv6、工业互联网统一标识解析体系，创新实现标识实名化、网络穿透化，提供可信数据采集与存储服务，赋予物联网设备一个真实可信的链上身份，物联网设备可通过物联网芯片自动上传产品动态信息到链端，在降低动态溯源信息获取成本的同时，实现端侧到链侧数据的安全采集，提供安全、可信的数据。

四、效益效果

真实可信发证，安全可控授权，业务协同提效

（一）电子证照存证，发证真实可信

通过"桂链"平台建设数字身份子链，将证照关键信息上链，包括证照、证照目录和审计授权等数据，业务系统的证照产生、加注变更、审核和调用等全过程数据同步上链，形成全程记录的可信电子证照数据库，并运用区块链与电子印章的结合，完成电子证照版式文件加盖电子印章在实现电子印章使用的安全的同时，建立有效的机制来保障电子印章的不被篡改、不可否认、可验证、可追溯，对电子印章的申请、审批、制作、审核、启用、销毁和监控等进行全面的管理，保障电子证照发证的可信度、合法性和有效性，杜绝证件伪造现象。

（二）电子证照精准授权，应用安全可控

根据证照类型及业务属性，电子证照的共享方式分为无条件共享、有条件共享和不予共享。对于有条件共享的证照类型，可将有条件共享规则固化为智能合约，结合数字身份、零知识证明、加密存储等技术，提供强大的身份验证和隐私保护功能。持证方可以选择对自己的某些电子证照加密存储，通过"加密存储＋

解密白名单"来保护隐私电子证照，只有解密白名单中的验证方才能获得加密电子证照的密钥来解开电子证照，实现电子证照精准授权验证。另外，通过行为上链留痕，区块链对用证行为进行审计及追溯查询，有效解决持证者信息暴露、管理行为不规范和难以监管的问题，进而保障用证安全、可控、可管。

（三）电子证照互认共享，业务协同提效

"桂链"提供快速构建联盟链服务，基于共识机制建立生态联盟，发挥互联网互联互通、共享信息的作用。电子证照信息、目录、审计授权全流程信息上链，进行可信存证，再进行电子证照授权确权应用。在同一部门上下级建立联盟链，管理和业务信息共享协同，提高证照新增、变更和注销等业务的办事效率。同时，委办局 A 所发的证照经过用户授权允许委办局 B 调用，实现跨部门互认。电子证照系统作为广西数字一体化政务服务平台的重要组成部分，在"桂链"平台搭建的基础上，结合一体化政务服务平台的枢纽通道作用，推动跨地区、跨部门、跨层级的数据互联互通，促进政务服务数据汇聚共享和业务协同，为企业和群众提供了高效、便捷的证照服务。基于"桂链"的广西电子证照应用示例如图 11.11 所示。

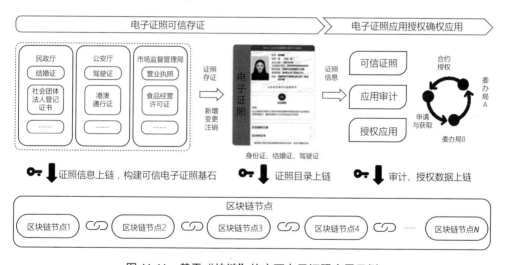

图 11.11　基于"桂链"的广西电子证照应用示例

项目自启动以来，实现了包括营业执照、道路运输证、食品经营许可证、特种设备使用登记证、教师职业资格证、结婚证和社会保障卡等 581 类电子证照数据实时上链，上链数据达 1500 万条，推进两个试点政府部门对基于区块链的电子证照的互认，相关行政部门在用证时调取存储于区块链的电子证照进行查验真伪，可降低30%的政务数据共享时间，极大地提高了政务服务效率，进一步推进"一

309

证通认"，实现减材料、免证办与"一网通办"。

区块链技术在电子证照场景的应用已具备成熟的条件，需在原有项目的基础上深化"区块链＋"与电子证照系统的融合，扩大互认共享范围，切实提升政务服务效率，探索区块链等新兴技术在政务领域的应用，积极参与政务服务与社会治理数字化转型。

07 基于区块链架构的公共资源交易数据共享实践

贵州省公共资源交易中心

标信智链（杭州）科技发展有限公司

一、案例背景

构建开放、共享的数据资源管理体系是对公共资源交易数字化改革提出的基本要求

在数字经济时代，构建开放、共享的数据资源管理体系是对公共资源交易数字化改革提出的基本要求。实现数据全领域、全过程共享是挖掘交易数据价值的前提条件，更是公共资源交易平台和监管部门的责任与义务。

2019 年，《关于深化公共资源交易平台整合共享的指导意见》提出了"实行公共资源交易全过程信息公开，保证各类交易行为动态留痕、可追溯"的要求。2020 年 12 月，国家信息中心正式批复贵州省开展"公共资源交易区块链数据共享试点工作"，由贵州省公共资源交易中心与标信智链（杭州）科技发展有限公司提供技术支持。贵州省公共资源交易区块链数据共享平台如图 11.12 所示。

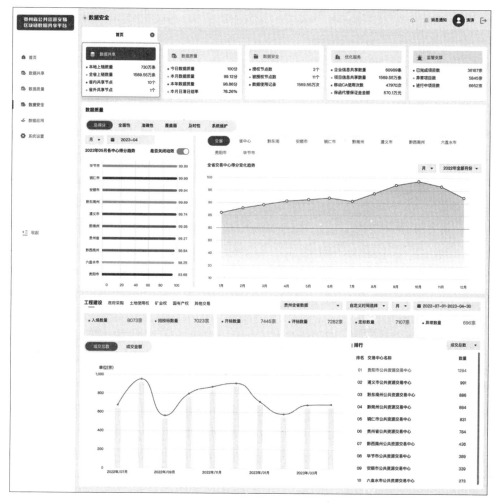

图 11.12　贵州省公共资源交易区块链数据共享平台

二、方案详情

"一条链、双平台、4 类应用、双端门户"架构,实现"交易＋数据＋技术＋服务"模式

公共资源交易区块链数据共享平台以交易数据资源、整合应用为主线,以区块链技术为基础,结合大数据技术提供开放的数据资源服务,彻底解决数据整合难、应用难问题,实现"交易＋数据＋技术＋服务"的数字化平台服务模式。公共资源交易区块链数据共享平台架构如图 11.13 所示。

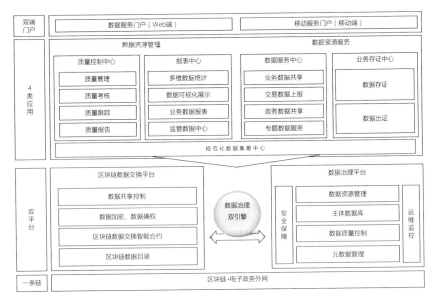

图 11.13　公共资源交易区块链数据共享平台架构

方案采用"一条链、双平台、4 类应用、双端门户"的架构建设。

"一条链"打通业务数据共享通道。利用交易数据区块链网络打通交易平台间的可信共享通道，形成区域级区块链联盟。通过智能合约技术，确保数据汇集通道畅通，实现数据资源统一汇集。

"双平台"实现全面数据治理能力。方案采用区块链数据交换平台汇集交易业务数据资源，加密处理各类信息，保障数据的安全性。同时，方案利用数据治理平台进行全面质量管理，并利用元数据管理机制，确保数据质量合规，形成规范化的交易业务数据资源。

"4 类应用"真正实现破壁垒、减流程、减时间、减费用。经过全面数据治理后，形成规范化数据集散中心，提供高质量数据资源。信息管理部门通过数据质量控制中心与报表处理中心，解决数据资源质量不高、业务统计效率低的问题。信息服务部门通过数据存证、查证、统计信息报送、交易过程监督等服务，实现"一键化"数据应用。

"双端门户"提供高质量服务支持。方案提供了基于 Web 端与移动端的双门户，全面支持对交易数据资源的管控、分析、展示与移动化服务，打造了"管控互补、办用一体"的高质量服务。

三、创新点

一条链网通全省，两个要件抓共享，三重防护保安全，四种手段强治理，五项指标评质量

试点工作在不改变现有各类公共资源交易业务系统运行模式的基础上，按照"一条链网通全省，两个要件抓共享，三重防护保安全，四种手段强治理，五项指标评质量"的方法统筹开展试点建设。

（一）建设"一条链网"，创新数据上报、共享模式

基于云端构建的覆盖全省公共资源交易平台的区块链网络，一改过去数据由市、省到国家的"逐级汇总、单向流动"上报模式，形成"点对点传输、双向流动"的扁平化数据共享机制，助力全面形成全省数据资源"看得见、管得住、用得好"。

（二）抓住"规则+技术"两个要件，规范数据上链方式

试点通过新建数据规范引领数据汇集，使业务数据汇集的范围从原有的55个环节增加到182个环节，各类数据项从1165个增加到6332个。试点采用数据血缘图谱技术，自动融合多种业务数据规范，实现数据资源的灵活配置，形成一对多的服务模式，实现数据按需汇集。

（三）建立"三重防护"，筑牢安全保障防线

针对传统数据共享中数据隐私难保护、内容易篡改、权属不清晰等问题，试点构建数据"加密上链＋分布存储＋授权使用"三重安全保障防线。

（四）应用"四种手段"，建立闭环治理机制

试点建立"主动发现—源头修复"的闭环治理机制。通过"源头治"，形成质量溯源责任制，将问题数据直接回溯到数据责任者；通过"规则治"，系统依据近500项自定义数据质量规则自动进行逻辑判断，识别数据问题；通过"智能治"，对大量存在的非结构化数据，使用人工智能技术进行文本识别与问题发现；通过"用中治"，在使用数据的过程中实现质量控制，确保数据质量的可靠性。

（五）制定"五项指标"，完善数据评判标准

试点依据国家监测办法，从准确性、及时性、全面性、覆盖面、系统运行 5 个维度对数据质量进行评价，在传统"逐月考核、抽查验证"的基础上，实行"按日评价、全量查验"的数据质量评价机制，科学量化评价数据综合质量，为数据共享治理效能提供判断依据。

四、效果效益

建设公共资源交易数据共享"高速公路"，打造"公共资源交易＋区块链"新模式

公共资源交易区块链数据共享试点构建了"公共资源交易＋区块链"新模式，破除了公共资源交易领域的数据孤岛、技术壁垒。在不改变交易活动和系统现状的基础上，试点打造了数据按需快速共享、闭环实时治理、流通跟踪记录、便捷高效服务的公共资源交易区块链数据共享"高速公路"。试点使得全省数据开放程度不断扩大，数据质量不断向好，数据共享效率稳步提升，为创建独立的全过程、全链条、规范化数据共享一体化平台探索了一条切实可行的途径。

（一）共享模式更加方便快捷

试点改变传统数据"自下而上逐级汇集"的模式，实现数据上链即可在各节点间"自动互通共享"的区块链数据共享新模式，做到全省工程建设和政府采购领域的关键交易数据按分秒汇集，使国家平台"零时差"掌握全省真实数据，各级交易中心数据互通互用。目前，全省已上链近 2000 万条数据。公共资源交易数据共享链平台可以确保数据真实、难以篡改，实现各级数据清单化管理，解决数据汇集不充分、数据共享难信任、数据资产难管控等问题，真正做到交易数据的链上统揽、实时互通、可信可用。

（二）数据质量更加稳固可靠

数据治理做到质量实时可视化检测评价、问题数据日清日结，解决数据质量难管控、质量问题难发现、修复反馈难跟进的治理顽疾，实现对数据质量的动态提升，有效保障数据的完整性、准确性、可靠性、时效性和可用性。经过治理，全省交易数据合规性、全面性几乎达到 100%，较传统方法提升 30% 以上，准确性、完整性达到 90% 以上，较传统方法提升 26% 以上，数据质量大幅提高。

（三）安全机制更加健全完备

试点建立链上数据整体防护，强化数据产权保护和数据安全保护，让链上数据更加可信。在数据存储方面，实现链上数据和业务系统相分离，链上数据难以篡改，为链上数据互信互用奠定了基础；在数据流转方面，做到范围可调、时间可控、活动留痕的精准授权，初步建立数据上链确权、数据全链加密、数据按需共享、数据使用留痕的区块链数据安全保障体系。同时，按照系统建设"三同步"的安全要求，公共资源交易区块链数据共享平台和移动端应用已通过商用密码应用安全性评估和信息系统三级等保测评。

（四）服务方式更加丰富便利

试点使用真实、准确、及时的链平台数据，围绕市场主体注册登录、签章、加解密、投标保证金（保函）缴纳、移动开标、标讯查看、企业资信填报等高频应用，开发移动端应用"贵州交易通"App。通过此 App，让来源于业务的数据服务业务，让市场主体脱离 PC 端束缚，通过移动终端即可随时随地查看交易信息、开展交易活动、掌握项目交易进度、下载交易资料。目前，"贵州交易通"App已在全省 10 个中心使用数万次，真正实现公共资源交易"移动办""指尖办"，提升了贵州省公共资源交易信息化服务的质量，使交易更便捷、更快速、更安全。

08　基于区块链的人社可信体系应用实践

东软集团股份有限公司

一、案例背景

构筑"区块链 +"应用生态，打开南宁市政务服务信息化的全新局面

在我国政府大力推动电子政务发展的背景下，广西人力资源和社会保障局积极借助区块链技术，推进人社领域的创新和改革。2017 年 12 月，广西壮族自治区人民政府办公厅印发的《广西进一步扩大和升级信息消费持续释放内需潜力实施方案的通知》要求"开展基于区块链、人工智能等新技术的试点应用"。

南宁市人力资源和社会保障局大力发展构筑"区块链＋"应用生态，建设南宁市"区块链＋人社"应用平台，帮助政务服务在理念创新、技术创新、机制创新、模式创新方面取得良好成效，在政务服务一张网、信用社会建设、电子劳动合同等业务场景，实现全方位便民服务，极大地提升了政府工作效率，切实减少群众跑腿次数，这也标志着南宁市政务服务信息化打开了"区块链"的全新局面。

在国家层面，政府一直致力于推动数字化转型和电子政务的发展。国家先后出台了一系列政策和指导文件，鼓励利用区块链技术来提升人社领域的数据管理能力、服务效率和安全性。此外，国家还支持和推动人社部门在区块链技术应用方面的研究与实践，探索其在人力资源管理、社会保险认证、就业服务等方面的应用。

2019年10月，习近平总书记在中共中央政治局集体学习讲话中提到，要探索"区块链＋"在民生领域的运用，积极推动区块链技术在教育、就业、养老、精准脱贫、医疗健康、商品防伪、食品安全、公益、社会救助等领域的应用，为人民群众提供更加智能、更加便捷、更加优质的公共服务。探索利用区块链数据共享模式，实现政务数据跨部门、跨区域共同维护和利用，促进业务协同办理，深化"最多跑一次"改革，为人民群众带来更好的政务服务体验。

2021年6月，中华人民共和国人力资源和社会保障部（以下简称：人社部）发布《人力资源和社会保障事业发展"十四五"规划》，提出探索利用区块链等新技术，推进社会保险关系转移接续顺畅、便利，加快推动社会保险经办数字化转型，提升社会保险数据分析应用能力，提升社会保险经办精确管理和精细化服务水平。

2021年10月，在18部门和单位组织开展的区块链创新应用试点行动中，人社部牵头"区块链＋人社"试点内容，探索人力资源社会保障区块链技术应用，建设全国统一的人社区块链基础支撑平台，支持开展社保参保证明、电子劳动合同等区块链应用，支持与其他政府部门行业链、城市区块链、社会机构链的互通互信，为人社便民服务提供基础支撑。

围绕上述建设目标，南宁市政府以区块链技术与经济社会深度融合应用为一条发展主线，以赋能实体经济、推进信息惠民、增强数字政府、提质智慧城市、支撑中国—东盟信息港为5大应用领域，以构建区块链产业生态、加强基础研究与成果转化、优化人才支撑与风险防范为3大重点方向，构建区块链产业特色发展轴和特色应用发展区，优先突破社保服务和政务数据共享两大领域的应用。

二、方案详情

结合区块链强化业务系统功能，动态、灵活、智能地发挥核心系统的效用

南宁市"区块链＋人社"平台以东软集团自研的 SaCa EchoTrust 区块链应用平台为区块链核心平台，应用层构建了电子劳动合同应用、人社信用授权应用、社保卡挂失应用、就业资金发放与监管应用、电子档案与电子证照应用等场景。"区块链＋人社"解决方案利用区块链技术解决信息伪造、交易抵赖等问题。

区块链核心服务：提供共识算法、智能合约引擎、账本管理、成员服务、加密算法和网络等功能，满足不同行业的应用需求及安全合规要求。将区块链应用平台密码算法设计为可插拔的密码算法框架，支持国密算法，以满足国内安全合规要求，实现了身份认证和访问控制技术的自主可控。共识算法保障了区块链网络中记账节点的数据一致性，提供了高性能的共识协议算法，以满足业务场景对事务交易时效性和一致性的要求。分布式账本是对区块链账本数据的有效组织与管理，通过智能合约调用记录数据变更历史，保障数据的完整性与不可篡改性，支持账本数据的安全隔离，以及隐私数据的防泄露，以满足业务场景对数据安全的多样化需求。

平台提供区块链网络的全生命周期管理功能，包括联盟管理、成员管理、身份管理、证书管理、通道管理、节点管理、配置管理、安全管理、分布式账本、共识算法、密码学算法与智能合约功能。平台实现联盟链的规划、配置与构建能力，具有去中心化、数据防篡改、历史可追溯、安全可信特性，帮助用户快速构建可信信息基础设施。面向开发者提供链应用的快速开发与集成能力，包括智能合约开发助手、合约模板库、多语言软件开发工具包与统一集成接口服务，开发者可以聚焦人社业务创新，实现链应用的快速上链，提供区块链浏览器、平台运行时观测、自定义告警、日志审计、动态扩容、区块链冷存储与备份恢复功能，通过可视化运维监控，使企业应用区块链技术更简单、易用。

行业应用部分以"区块链平台＋场景"思路进行设计，充分分析了人社业务痛点，在区块链网络的基础上逐步搭建涉及人社、医保、政务、财税金融等相关业务的应用，应用系统架构如图 11.14 所示。

依托南宁人社大数据集中管理的优势，打破相关业务线条数据割裂等信息屏障和条块分割局面，实现人社相关业务的数据共享共用，各层级、各地区、各部门间信息交换共享和业务协同。同时，为强化核心经办系统和公共服务等功能，拓宽各类创新服务的应用，建设包括电子劳动合同、人社信用授权、电子档案、

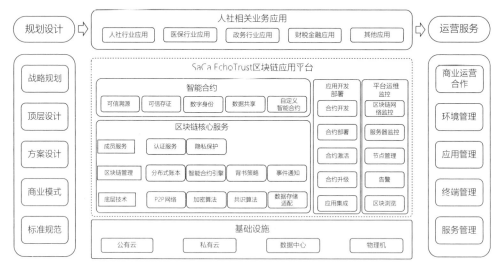

图 11.14　应用系统架构

电子证照和基金监管等各类业务的功能应用，动态、灵活、智能地发挥核心系统的功能效用。同时，为保证区块链网络及应用的正常运行，南宁市"区块链＋人社"应用平台还有一套运营服务体系，包括环境、应用、终端和服务等管理运维。

应用场景具体业务流程如下。

（1）电子劳动用工合同：通过与司法局、信用办机构建立联盟，将合同签订的关键节点数据（包括签订双方主体信息、双方确认时间和双方签订时间等）上传至区块链，依托区块链不可篡改的特性，有效预防和化解了劳动合同带来的用工风险，提高企业信息化管理水平，为人力资源服务的"互联网＋"提供良好支撑。同时，依托区块链构建完整的合同签订轨迹，为日后追溯提供有力的技术支撑。电子合同签订流程如图 11.15 所示。

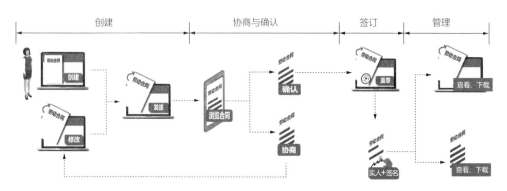

图 11.15　电子合同签订流程

（2）就业资金发放与监管：通过与银行、信用部门、监督管理机构建立联盟，将资金发放的电子数据上传至区块链，替代传统纸质单据业务留痕手工录入和人工核对，优化办事流程并全流程线上留痕，便于监管与审计。

（3）参保证明授信访问：通过与银行建立联盟，个人数据经过本人授权后上传至区块链，无须在人社部门开具或通过网上渠道打印相关证明。利用区块链实现个人网上授权，极大限度地降低了数据安全风险，也实现了跨部门的协同共享，提高了办事效率。

（4）社保卡挂失服务：通过与银行建立联盟，当出现个人社保卡丢失的情况时，可在银行进行卡挂失操作，通过区块链将挂失记录进行数据实时同步，人社部门可即时读取挂失数据，实现即申即办，降低个人经济损失风险，保护个人利益。

三、创新点

打破人社行业"数据壁垒"，构建安全可信赖的"区块链＋人社"平台

（一）构建信任体系

基于区块链多方协同建立可信体系，实现信任建立和价值传递，减少业务流程的反复验证环节，解决在传统的中心化数据交换平台中遇到的不愿共享、不敢共享等问题。避免信息不对称，保证内容的一致性，加强人社行业各主体间的协作信任。

（二）促进协同共享

基于区块链网络支持数据、信息、材料的高效数字化传递，打通数据壁垒，优化业务流程，提高工作效率。实现数据跨部门、跨区域共同维护和利用，深化"最多跑一次"改革。

（三）加强监管能力

业务流程全链路上链，加强业务数据防篡改能力，审计机构可对业务全流程进行实时监管，同时支持公众对政务服务进行透明化监管。解决信息伪造、交易抵赖等问题，加强人社行业乃至政务服务的信用监管。

（四）降低运维成本

能够适应省集中模式、地市自建模式等不同环境的部署，提供一键部署能力，节约开发运维成本。

（五）提升数据安全

区块链平台提供联盟成员管理能力，并提供 CA 证书服务，支持国密算法、多层次加密、数据脱敏加密等，保障民生数据不被滥用，满足多机构数据共享要求的同时保障个人隐私安全。

四、效果效益

打造不可抵赖的"确权＋维权"机制，构建链上民生服务新生态

南宁"区块链＋人社"应用平台以南宁"智慧人社"系统为基础，以区块链技术运用为手段，以推动人社服务创新和社会治理提升为重点，主动探索"区块链＋人社服务"应用，基于区块链不可篡改的特性实现可信存证，打造不可抵赖的"确权＋维权"机制，构建链上民生服务新生态。

南宁"区块链＋人社"应用平台广泛应用于政务领域，面向行业痛点提出解决方案，优化原有业务流程，并基于区块链去中心化、不可篡改的特点打造全新的信任体系，能够降本增效，获得很高的经济效益。

该平台解决了许多在政务应用智能化上存在的业务痛点。区块链劳动用工合同备案解决了用人单位代理执行难以监管和纸质合同签订效率低、难以保存的问题，以及就业资金发放与监管过程中中心式架构缺少信任机制，采取原始的纸质单据录入与核对效率低下的痛点；区块链参保证明授信访问解决了个人需要跑多个部门办事、缺乏有效的安全保障机制、电子印章难以跨系统验证的行业痛点；区块链社保卡挂失服务解决了在政府部门与银行之间的数据没有打通，挂失过程长，由此可能造成用户损失的行业痛点。

自平台发布以来，签订电子劳动合同 45306 份，为 94819 人发放就业资金，人社信用授权为金融机构提供 23195 次服务，社保卡挂失办理 12374 次，极大地提升了政府工作效率，切实减少群众跑腿次数，实现了全方位便民服务。

09 基于区块链的零材料提交智慧政务应用示范

德阳市政务服务和大数据管理局

迅鳐成都科技有限公司

一、案例背景

零提交证明城市建设面临障碍，引入区块链技术意义重大

在国家大力推进建设数字政府的背景下，四川省德阳市一直在深度践行，并通过德阳市智慧城市大脑的建设，积极打造"零提交证明城市"，推进"减证便民"向"无证便民"转变，加速推动服务型政府的建设。

此项目是一项系统工程，面向的是全市各级行政机关和公共服务机构，需要各级各部门密切配合、通力协作，具有范围广、任务重的特点。同时，各部门数据因跨部门、跨层级、跨领域、跨系统存在着未共享、未流通和信息孤岛等问题，导致在实际业务操作过程中面临着诸如各项业务线下材料多、手续过繁，以及电子证明认可度低、相关部门间缺乏证明核验机制、业务办理材料难以追溯当时状态等难点，造成了"多次跑""多头跑""办事难"等现象，直接影响企业和群众办事的获得感。

德阳市通过"部门清、资料查、群众议"的方式，组织行业主管部门自查，梳理国家、省、市证明事项清单，征集"奇葩证明""循环证明"线索等，多渠道、多角度共清理出 19 个部门（单位）650 个政务服务事项，涉及证明材料 2800 余项，最大限度地清理、规范了各类证明。对清理的证明事项逐项审核论证，编制形成第一批涉及 146 项材料的《德阳市证明材料取消清单》和 1004 项材料的《德阳市证明材料免提交清单》，实行清单化管理，并向社会公开，方便企业、群众查询。

"零材料提交"作为政务服务提升的重要体现，是指通过实现政府系统内部的数据流通，省去办事人员开具并提供证明的烦琐程序，并非真的不需要证明。对群众或者企业来说，消除办事人员对系统提交的"电子证明"材料的准确性、真实性的疑虑，是解决"电子证明"认证难的重要举措。但在零材料业务推广过程中，出现了用户对材料信任度不高、难以溯源、材料时间节点不清晰等问题。区块链技术本身具备的分布式、防篡改、信息透明、可追溯等特性能实现数据间的可信、互认、共享、流通，提高"电子证明"的公信力。将办理业务的当前材

料固化成不可篡改的链上存证的电子快照，实时查询最新及所有历史状态，需要区块链技术对材料进行准确溯源。

因此，德阳市政务服务和大数据管理局联合迅鳐成都科技有限公司创新打造了基于区块链技术的"零材料提交"平台，建设"零提交证明城市"，作为"区块链＋"智慧政务典型应用场景，是将区块链技术运用在"零材料提交"领域的先锋探索，为企业和群众办理相关政务服务事项提供了更加智能、便捷、优质的服务，有效推进了"放管服"中的"最多跑一次"改革和数字化转型，最大限度地精简和优化各类证明，方便群众和企业办事、创业。

二、方案详情

区块链技术不可伪造、全程留痕、可追溯等特性可实现授权跨层级、跨部门、跨领域、跨系统安全数据共享和多业务协同

德阳市开发零提交证明城市支撑平台，建设了"免证办""零提交证明办""告知承诺办""证明协查"4个子系统，利用区块链等技术手段，对接省一体化政务服务平台、德阳政务资源交换共享平台、信用中国（四川德阳）、天府通办和德阳市民通等，归集证明材料到德阳数据中台，为企业群众"零提交证明"办理政务和公共服务事项提供技术支撑。业务模型如图11.16所示。通过应用自主可控的区块链底层技术，"零材料提交"平台在政务服务"零材料提交"场景引入区块链技术，能够确保证明事项与证明材料等敏感信息在充分授权的机制下，实现跨层级、跨部门、跨领域、跨系统的安全共享和多业务协同；再通过结合人像识别、电子签名、电子证书、网上支付应用，为各类政务服务事项如申请"零跑腿"、审批"极速化"和登记"零资料"等业务流程创新提供坚实的信任基础。

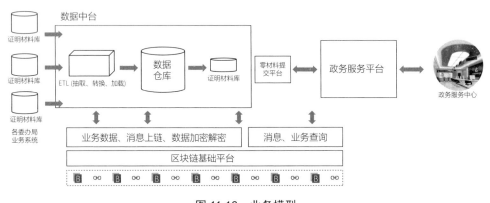

图 11.16　业务模型

区块链技术赋能"零材料提交"平台是围绕"零材料提交"业务的申请、材料的共享调取、材料反馈回来的展示，以及材料的下载等几个环节进行上链存证的业务平台，让业务流转的每步、每个环节都有据可查，无法篡改。业务流程如图 11.17 所示。

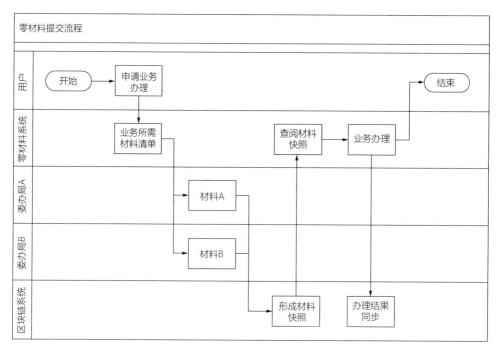

图 11.17 业务流程

（1）市民政务办事所需的材料都由各委办局、省平台或者第三方平台上传汇聚到德阳城市大脑数据中台。

（2）市民进行身份认证后通过零材料提交平台向城市大脑进行材料共享调取请求，材料返回后以"材料快照"或"单个文件"的形式呈现，供市民或第三方进行下载使用。

（3）政务数据交换共享的过程包括数据汇集、数据治理、数据服务等，每个环节都进行存证上链，解决数据篡改、数据追溯的问题。

（4）区块链基础平台为证明材料建立目录索引及链上详细信息，将证明材料创建、调用、更新、销毁全生命周期上链存证。

三、创新点

技术创新，流程优化，可复制、可推广支撑产业区块链向上、向好发展

基于区块链技术，通过智能合约触发跨部门数据实时精准共享，在不改变原有审批流程的前提下，有效辅助审批人员验证材料真伪，大幅提高审查效率，降低履职风险，进一步促进政府职能服务化。

平台运用区块链技术将办事程序化繁为简，通过链上自动核验，不再需要对链上数据校验真伪，大幅降低核验难度，缩短了事项处理时间。另外，也可以对提交材料证明的过程进行溯源，保证市民材料证明的合规使用，并通过区块链技术将材料证明记录成快照，记录办理当时的状态。

区块链技术的特性使其与传统的分布式数据库在技术、应用等方面有很大不同，办理流程数据上链、生成区块链办理记录凭证、实现整个办理环节全程可追溯等事项，能够为行政监管提供可靠依据，将对"管理信任"转变为对"技术信任"，推动政务服务信息化与专业化。

该平台采用的区块链技术均为自主研发，实现自主可控国产化，其他类似政务场景均可进行复用和赋能。

四、效果效益

支撑"零提交证明"深度践行，有效推动"马上办、网上可办、全程网办、就近办、一次办、全市通办、异地可办"

基于区块链技术的"零材料提交"平台由德阳市政务服务和大数据管理局联合迅鳐成都科技有限公司建设完成，并已在德阳市进行示范应用，目标用户包括各级行政审批机构，受益群体为广大办事群众。目前，"零材料提交"平台已为德阳22个市级部门及6个区（市、县）分配管理员账号，后续由部门管理员按照实名制要求，自行分配本部门各科室和所属单位工作人员账号，区（市、县）管理员参照市本级方式完成各部门、乡镇政府账号配置工作。

目前，德阳全市已取消行政审批和公共服务事项需要的证明材料146项，免提交证明材料1000余项，2022年全年群众办事各类证明材料提交减少5万余份。

在已对接的人社、公积金、市场监管等部门中，推动相关事项实现"秒批秒办"，比如不动产登记办事环节由8个简化为2个，平均40分钟办结。

截至2023年5月22日，市、县两级均已在本级政府相关网站发布公示了本地区免证明材料清单。其中，市本级取消 147 项，免提交 2673 项；旌阳区取消 69 项，免提交 897 项；罗江区取消 7 项，免提交 444 项；广汉市取消 96 项，免提交 1734 项；中江县免提交 1073 项；绵竹市取消 102 项，免提交 561 项；什邡市免提交 265 项。市本级录入事项 550 项，实现 1820 项材料免提交，比例达 68%。

接下来，德阳市将针对区（市、县）大力推广使用德阳市零提交证明城市支撑平台，加快推进事项配置。2023 年 10 月底前，各地区政务服务领域 60% 以上证明材料实现免提交，逐步提升了企业和群众的满意度、体验感。

10 基于区块链的可信数据驱动企业数字化转型实践

江苏荣泽信息科技股份有限公司

一、案例背景

国内企业数字化转型面临诸多问题，企业内外部协作效率亟待提升

数字经济在我国逐渐进入高质量发展的新阶段，数实融合、数字化转型已形成基本共识。然而，要更好地实现"以数促实"的转型之路并非易事，各行各业或多或少面临一些共性和个性问题。

一是企业信息化水平较低，缺少数字化管理工具。部分企业仍停留在传统纸质作业的模式，对于新技术的应用还不普及，缺少数字化管理工具与能力。

二是企业的数据管理工作得不到足够的重视。各类企业的管理者对台账工作的重要性缺乏足够的认识和重视，如只在应对外部监管要求时临时做账。

三是台账记录与原始记录不完整，数据质量低。目前，我国很多企业没有建立完整的企业数据管理制度，企业内的各项数据质量偏低，对内、对外共享应用不充分。

四是数据的综合分析能力比较弱。现阶段，我国企业统计工作依然停留在填写数据报表的阶段，对统计数据的作用缺少深层次的挖掘与分析，统计的功能没

有得到正确的开发与利用。

江苏荣泽信息科技股份有限公司的区块链企业统计台账管理平台根据企业填报统计报表和统计核算工作的需要，将分散在企业不同空间与系统的原始记录资料按规定的指标和时间先后顺序进行系统登记、积累和汇总，形成统计的账册，是企业生产经营活动中统计工作的重要基础与企业协作效率提升的有力支撑。

二、方案详情

"新型基础设施＋企业台账应用＋数据生态体系"，打破企业内外管理的边界

（一）案例概述

基于区块链的企业统计台账管理平台是利用现代信息技术，从企业生产、经营、财务等信息系统中获取详细的原始交易或生产记录，自动汇总生成统计台账，进而生成统计报表，从而实现企业电子统计台账的智能化、自动化，达到原始记录、企业电子统计台账、统计报表的无缝衔接，确保统计源头数据真实准确、完整及时。

通过"新型基础设施＋企业台账应用＋数据生态体系"的建设，可以实现跨组织数据的高效互通和融合，打破企业内外管理边界。为此，通过在企业内部建立标准化的台账数据采集、管理规范，对企业生产、财务、能耗等数据进行收集、统计，并与其他外部系统对接，可以实现"一次采集，多系统可信共享"，实现企业业财数据一体化，推动企业健康发展。

（二）案例实施主体、服务对象

1. 实施主体

企业端／客户端用户，全国超过 100 万家规模以上统计调查单位。

2. 服务对象

监管端／服务端用户，主要为省、市、区、县等级别的统计机构。

（三）案例建设方案简述

基于区块链的企业统计台账管理平台依托江苏荣泽信息科技股份有限公司已实现的技术突破和优化升级的数字基础设施，结合物联网数据采集、边缘计算、人工智能算法、区块链可信网络等新一代信息技术，加快推进端、边、云、网协

同和算网融合发展，推动构建算力、算法、数据、应用资源协同的大数据中心体系。基于区块链的企业统计台账管理平台的数字基础设施全景如图11.18所示。

图 11.18　基于区块链的企业统计台账管理平台产品的数字基础设施全景

基于区块链的企业统计台账管理平台将助力健全完善数字经济治理体系，探索建立与数字经济持续健康发展相适应的治理方式，制定更加灵活、有效的政策措施，创新协同治理模式，强化政府数字化治理和服务能力建设，有效发挥对规范市场、鼓励创新、保护消费者权益的支撑作用。

基于区块链的企业统计台账管理平台技术架构如图11.19所示。

平台包括的功能要点如下。

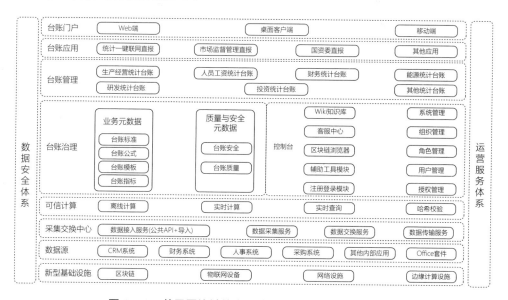

图 11.19　基于区块链的企业统计台账管理平台技术架构

（1）台账数据标准管理：保障数据内外部使用和交换的一致性与准确性的规范性约束，包括基础类数据标准和指标类数据标准。

（2）台账数据模型管理：在设计信息系统时，参考业务模型，使用标准化用语、单词等数据要素来设计企业数据模型，并在信息系统建设和运行维护过程中，严格按照数据模型管理制度，审核和管理新建数据模型。

（3）台账主数据管理：通过对主数据值进行控制，使得企业可以跨系统地使用一致的和共享的主数据，提供来自权威数据源协调一致的高质量主数据，降低成本和复杂度，从而支撑跨部门、跨系统数据融合应用。

（4）台账数据质量管理：通过开展数据质量管理工作，企业可以获得干净、结构清晰的数据，为企业开发大数据产品、提供对外数据服务、发挥大数据价值创造必要的前提。

（5）台账数据安全管理：对数据设定安全等级，按照相应国家/组织相关法案及监督要求，通过评估数据安全风险，制定数据安全管理制度规范，进行数据安全分级分类，完善数据安全管理相关技术规范，保证数据被合法合规、安全地采集、传输、存储和使用。

企业统计台账管理平台页面如图 11.20 所示。

图 11.20　企业统计台账管理平台页面

区块链操作内容溯源如图 11.21 所示。

企业统计台账管理平台中所有的账页（包括原始记录账页和账页汇总）详情中都包含基于区块链的操作记录溯源功能，便于统计局端用户查看和对比往期记录，保障了账页内容的安全性、真实性和可溯源性。

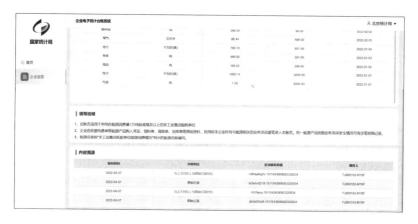

图 11.21　区块链操作内容溯源

三、创新点

搭建企业可信数据底座，提供数据供给新方式

基于区块链的企业统计台账管理平台具备的创新点包含以下几个方面。

（一）提升企业数据管理能力，强化数据质量与安全

探索数据拥有方的行业数据分类分级方法，细化行业数据分类标准和分级规则。同时，强化高质量数据供给，使企业依法合规地开展数据采集，聚焦数据的标注、清洗、脱敏、脱密、聚合和分析等环节，提升数据资源处理能力。

（二）激发数据流通活力，释放数据要素价值

基于区块链的企业统计台账管理平台探索数据资产授权运营模式，以"可用不可见""可用不可得""可用不出域"等不可回溯的方式，进行"场景式"开发利用，使得本产品成为企业与地方政府共建数据安全共享与开发平台的服务平台和安全沙箱，实现基于特定场景的政企数据融合应用。面向高价值数据共享应用场景，整合利用多方数据形成新的产品和服务，合作建设共享环境安全可信、共享过程全程可控、可多对多高效共享的行业数据空间。

（三）开创高质量数据供给解决创新方案

基于区块链的企业统计台账管理平台搭建企业可信数据底座，具有去中心化、难以篡改、可溯源等特点，融合多种信息技术于一身，生成新的数据供给方式。包含区块链的可信数据底座，规范了企业生产经营的各类数据资源目录和数据流

通标准，实现了数据交换管理，用数字信封加密或者可信计算安全沙箱技术确保数据隐私安全，使数据不落地、不外泄，并借助密码学、共识算法和分布式存储等技术，组合出一种新的数据共享方式。

四、效果效益

支撑多种新兴产业生态，为推进"智转数改"建设提供有力支撑和坚实保障

基于区块链的企业统计台账管理平台利用区块链节点连接企业、政府、服务机构，形成联盟链组网，企业自主管理丰富可信的台账数据，与区块链网络形成"可信数据底座"。

可信数据终端组网后形成的可信数据协同网络，以促进产业链融合、供应链协同为建设目标，以支撑数据流通共享为建设内容，以建设可信数据的开放生态应用为抓手，以企业数据确权为关键驱动要素，通过数字科技重构企业关系和生产经营模式，为推进"智转数改"建设提供有力支撑和坚实保障，值得大力推广。

（一）案例现行应用规模

自 2022 年开展试点工作以来，本项目案例得到了全国 11 个省级统计局的积极响应与支持，至 2022 年年底，已协调安排合计超过 1000 家规模以上企业参与项目试点。

目前，本项目已在国家统计局的指导下，在全国多个省市挑选了一批具有代表性的园区、企业，进行新一代信息技术企业台账试点应用的验证工作，包括将企业内部财务软件系统（如金蝶、用友、SAP 等）的财务数据采集上链；对企业物联数据（如企业生产、企业能耗等）的直接采集上链；搭建政务统计管理和服务协同平台（区块链＋台账管理系统）应用原型，验证基于区块链技术企业台账业务的闭环工作。

（二）未来发展规划

依据项目规划，逐渐扩大试点范围，通过选择一些具有典型代表的省市进行推广与复制，赋能更多企业。预计在未来 3 ～ 5 年将建设更多企业级节点，形成包括"生产经营统计台账""人员工资统计台账""财务统计台账""能源统计台账""研发统计台账""投资统计台账"六大类与企业经营活动紧密相关的台账系列产品。

通过基于区块链的企业统计台账管理平台进行企业各项原始数据可信采集，

对接企业各个应用系统；规范治理统计台账，有效利用人工智能算法与区块链智能合约技术，自动计算统计指标；无缝衔接统计报表，一键生成统计报表，与联网直报平台无缝衔接；有效赋能企业生产经营活动，通过区块链建立政企间的可信协同服务通道，提升政府服务水平。

在生态合作方面，对接融资机构，降低中小企业融资负担与风险。利用江苏荣泽信息科技股份有限公司在金融领域对接银行机构和投资机构的先期优势，打通跨域数据共享协同，推动企业数据的信息流通和协同利用，为制造业企业实施数字化转型项目对接融资租赁渠道，降低中小企业融资负担，同时为金融和投资机构提供新的风控手段，降低投资风险。

11 基于区块链的电子材料共享应用上海政务实践

上海市大数据中心

一、案例背景

以需求为导向，探索电子材料共享应用路径

随着政务服务"一网通办"的不断深入，上海市提出了"两个免于提交"措施，依托全市电子证照库，实现企业和群众在政务服务办事中免交政府部门核发的电子证照，目前已经取得一定的成效。由于在办事过程中有大量材料为非政府部门核发或者无法通过本市电子证照库归集共享的外省（市）证照，且目前办事申请材料大多由各区、各部门及各社会化机构分散归集、管理，如何让电子材料在多主体间高效共享互认，最大限度地在各主体间减少相互沟通的成本并建立信任是最为核心的问题。

为全面落实"两个免于提交"，切实让群众和企业在实际办事过程中少交或免交材料，上海市大数据中心开展基于区块链的电子材料共享应用工作。探索利用区块链技术打破数据孤岛，推动全周期、跨区域的电子材料共享与应用，以电子材料索引信息共享应用为基础，将电子材料索引信息及电子材料梳理、汇聚、

治理、共享、应用过程上链存证，解决电子材料在多主体管理、分布式存储架构下的全生命周期数据信任问题，确保电子材料数据的可信性和一致性，并构建全市"一网通办"电子材料共享应用体系，实现用户历史办件材料"一次提交、多次复用、全网共享"，为人民群众带来更好的体验和获得感。

二、方案详情

聚焦电子材料管理全流程，构建基于区块链的电子材料共享应用体系

"一网通办"电子材料共享应用以"理、聚、治、享、用"为指导，由上海市大数据中心、16个区大数据管理部门，以及 N 个其他机构共同组建"1+16+N"网络，构建基于区块链技术的电子材料共享应用体系，按照标准、管理、技术、安全一体化思路，提升电子材料数据共享和全流程安全可控能力。通过归集已在申请各类服务时经核验通过的批文文书，以及第三方报告等电子材料，推动减材料、免办证，推动电子材料在政务服务和社会化领域之间及跨区域互认互信，通过营造"区块链＋政务服务"良好生态，不断加强政务数据安全有序共享。

（一）整体架构

基于区块链技术，将纳入电子材料链体系中具备共享条件的电子材料索引信息上链，依托可信授权信息电子材料库节点，为"一网通办"各类应用服务提供电子材料共享支撑。同时，电子材料综合管理系统实现各电子材料库节点间的数据申请、合规验证和节点监控等功能。基于区块链的电子材料共享应用架构如图 11.22 所示。

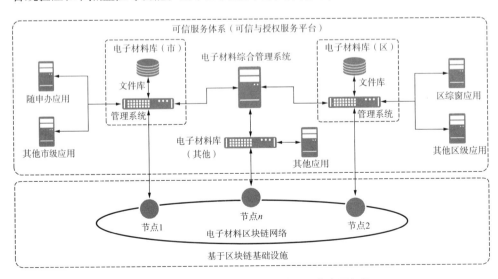

图 11.22 基于区块链的电子材料共享应用架构

（1）电子材料库：由市大数据中心（1）、各区大数据管理部门（16），以及其他机构（N）各自建设，电子材料库应具备电子材料的汇聚、治理、管理、共享与应用支撑等功能。

（2）电子材料区块链网络：由市大数据中心（1）、各区大数据管理部门（16），以及其他机构（N），基于市政务区块链及"一网通办"平台服务中台等已有设施共同建设，以实现电子材料索引信息的安全、高效共享。

（3）可信服务体系：提供可信服务，为各系统提供可信认证与核验、委托授权信息查询核验等服务，为整个共享应用体系提供可信保障。

（4）电子材料综合管理系统：提供电子材料标准目录的管理和发布、电子材料治理服务、电子材料文件的跨库传输，以及对体系内电子材料共享应用进行全流程统一监控与管理。

（二）运行机制

按照电子材料"理、聚、治、享、用"业务的闭环思路，实现电子材料的梳理、汇聚、治理、共享与应用管理。

（1）电子材料梳理。根据电子材料梳理需求，由电子材料定义主体牵头完成电子材料标准化梳理工作，并通过电子材料综合管理系统进行发布。

（2）电子材料汇聚治理。电子材料提供主体通过电子材料库完成电子材料的汇聚，并在治理通过后，适当对电子材料索引信息进行加密处理，再通过电子材料区块链网络实现体系内共享。

（3）电子材料共享应用。电子材料应用系统凭电子材料持有主体授权，向电子材料库申请获取电子材料，经核验通过后，电子材料库通过电子材料可信共享系统获取指定的电子材料，并返回给电子材料应用系统。

（三）业务流程

（1）电子材料上链流程。

以梳理材料的标准目录为基础，各区、各部门及各社会化机构电子材料库按需归集汇聚用户历史办事材料，并进行电子化处理，同时各部门建立事项与标准材料目录的关联关系。经过电子材料治理，各电子材料库已汇聚电子材料信息的全链全体系共享。

（2）电子材料应用流程。

当电子材料应用系统根据电子材料持有要求调用某电子材料时，通过附带可信信息的方式向其所对接的电子材料库（节点1）申请包含条件的材料查询，电子材料库（节点1）向电子材料区块链提出申请，并获取符合查询条件的材料索引信息。电子材料应用系统根据获取的索引信息再次提出获取某电子材料文件的申请，电子材料库（节点1）将申请转发至电子材料综合管理系统。电子材料综合管理系统对其申请进行权限及业务规则核验，通过后向电子材料所在的电子材料库（节点2）发送获取文件的请求。电子材料库（节点2）核验通过后向申请应用系统返回其申请的电子材料文件，同时将文件获取记录提交至电子材料区块链。

三、创新点

融合区块链技术与业务需求，推动多来源、多主体、全领域的电子材料可信、安全共享应用落地

（一）构建新型电子材料管理体系

在"1+16+N"网络下，充分发挥区块链技术在多方数据共享上的优势，逐步将各类办事相关电子材料源头纳入材料共享应用体系，可有效解决申请材料来源复杂、各方归集的材料标准各异、缺乏有效约束等问题。同时，材料使用方也包括政府部门与社会化机构，难以实现集中式管理和应用。通过"区块链＋电子材料"共享应用体系，电子材料区块链与各节点服务应用的对接，明确电子材料来源主体与应用主体，依据电子材料区块链链上链下规范，实现电子材料各方以联盟的方式协同归集、管理与共享应用。

（二）链上链下协同

在链上链下数据协同方面，在授权、确权、可信访问控制、材料客体操作等业务流程中以智能合约为主要载体，减少人为干预的不可控性。在材料索引链的基础上，同时设计确权控制子链、服务日志子链，以形成完整的全过程可追溯的数据框架，为材料全过程管理提供数据支撑。统一规划链上链下资源，保证链上索引、链下系统存储数据的高度关联性与一致性。

（三）降低信息流转成本

在实体文件存储流转方面，利用市级、各区、社会化领域已建的电子材料文

件存储点，借助区块链技术实现材料索引信息共享。既解决了电子材料大文件在链上无法方便流转的技术问题，又解决了材料文件内容安全的问题，连点成链的方式也为将来链的可扩展性提供了支撑。

（四）全链路可信追溯

电子材料来源于各部门机构的服务系统，电子材料来源多，且为各方自行管理，通过区块链技术确保电子材料共享信息不被篡改，通过对电子材料进行确权，从源头保障各方共享电子材料及相关信息的真实性、完整性，对电子材料整个共享、应用过程实现上链监管，确保电子材料共享应用全流程可信、可追溯。

（五）底层性能优化

在编写节点架构和合约过程中，通过区分记账（共识）节点、存证节点和轻量化节点，精简链上存储，减少资源消耗，并着重对日志存证内容、资源搜索方法、链下材料调用协同和一致性保证等相关合约进行优化和改进。

（六）安全保障完备

在编写合约时，遵循"增加动态条件触发、最少静态合约变更"的原则，设置合理的触发条件和时序参数、分离授权访问合约，便于修改、替换，并在合约中增加回滚、权限冲突、紧急制动方案，确保电子材料共享应用安全。

四、效果效益

拓展电子材料共享复用，提升企业群众办事的获得感。

上海通过"区块链＋电子材料"共享应用体系建设，利用区块链智能合约技术，在授权、确权、可信访问控制等业务流程中减少人为干预的不可控性，使得政务服务便利度和智能化水平进一步提高，同时推动体系从政务领域向社会化领域拓展，构建电子材料共享复用的生态环境。该体系全方位整合线上线下历史办件材料资源，实现了用户历史办件材料"一次提交、多次复用、全网共享"。企业和群众在办理过程中，可以直接查询已制发的电子证照、已在线收取的申请材料，也可以通过部门间的共享获取规范化的电子材料并按规免交。避免材料重复提交，进一步推动了政务服务办理"无纸化"进程。在显著降低了企业和群众办事成本的同时，也减轻了一线窗口工作人员的工作量，有助于进一步提升上海政务服务效能，切实提升企业和市民的获得感。

上海各区也积极探索更多"区块链＋电子材料复用"应用场景，浦东新区探索创新"区块链＋在线政务服务电子文件"归档管理，打造在线政务服务电子文件智能归集应用新范例，通过运用区块链存证来保证查询、复用，解决了企业自备报批材料的共享和复用问题，实现电子文件实时无感归档。金山区首批试点范围涉及8类高频电子材料，应用于道路运输证新增、变更等多个事项，实现申报材料复用免交。目前，全市电子材料索引信息累计上链5.8万余条，覆盖60余类高频电子材料，试运行期间调用电子材料文件4200余次。

12　"链上跑，码上管"：基于区块链的非羁押云监管实践

重庆市先进区块链研究院

一、案例背景

推进数字检察建设，推动落实宽严相济的刑事政策

（一）政策背景

2020年1月，全国检察长会议要求持续转变司法理念，进一步降低逮捕率、审前羁押率，处理好捕、诉与监督的关系。2020年，全国人民代表大会和中国人民政治协商会议期间，最高人民检察院（以下简称：最高检）分析20年间重罪持续下降、轻罪持续上升的重大变化，提出全面贯彻宽严相济的刑事政策。2021年6月，《中共中央关于加强新时代检察机关法律监督工作的意见》明确指出，根据犯罪情况和治安形势变化，准确把握宽严相济刑事政策，落实认罪认罚从宽制度，严格依法适用逮捕羁押措施，促进社会和谐稳定。上述理念和政策的提出，显示了国家层面对于提升非羁押强制措施适用质效的高度重视。然而，随着非羁押措施的广泛适用，非羁押人员数量显著上升，与有限司法资源的冲突致使人员脱管、漏管问题频发，急需创新监管手段，形成与政策落实相适应的管理模式。

（二）痛点与需求

1.非羁押人员管理效率低

目前，非羁押人员的监管工作面临工作量大、管理成本高等问题。一方面，在传统模式下很难及时发现非羁押人员的违规情况，存在效率不高、准确性低等问题；另一方面，非羁押人员存在侥幸和放任心理，导致保而不审、保而不监等现象长期存在。

2.传统方式监管存在难点

在轻罪案件、法定犯罪案件大幅上升的背景下，采取人为一对一监管模式不仅易导致人员脱管，还会加剧司法资源匮乏的问题。此前多地使用电子手环监管，但很多罪名轻微的行为人社会危险性并不高，采取电子手环等存在明显标签化的方式管理，不利于非羁押人员回归社会。

（三）区块链解决方案

基于区块链的非羁押云监管平台（以下简称：平台）是贯彻最高检宽严相济刑事政策，融合人工智能、大数据、区块链、云计算等新一代技术搭建成的一套智能化、移动化、便捷化的非羁押管理应用。该平台可通过电子围栏、在线打卡、在线申报、违规预警、监管赋分、传讯告知等多重功能，实现对非羁押人员管理的发起、监管、执行、移送、终止等全业务流程的线上有效管控，解决对嫌疑人现实表现难以准确评估、脱管、串供、脱逃等难题。

同时，平台具备系统功能优化升级、社会综合治理延伸拓展等优势，可在全国推广使用，为刑事案件的审查办理提供客观、安全、可信的技术支撑。该平台可助力检察机关深化检察改革，优化检务管理，依法能动履行法律监督职责，使检察工作现代化融入和助力政法工作现代化、服务中国式现代化。

二、方案详情

依托技术支撑，打造多功能、多场景数字监管应用

（一）技术架构

平台主要由区块链技术底层、区块链服务能力层、支撑层、功能层、展示层和用户层组成，其整体架构如图 11.23 所示。

图 11.23　平台整体架构

其中，区块链技术底层与区块链服务能力层基于由检察院、法院、公安、政法委等司法单位组成的联盟区块链，为上层应用提供可信存储、安全隐私、数据共享等能力支撑。支撑层基于取保候审全流程业务设计，为非羁押人员管理的发起、监管、执行、移送、终止等全业务流程提供任务调度、地图服务、规则服务、查询服务、消息服务和数据分析服务等应用能力支撑。功能层则是在支撑层的基础上细化业务板块，提供人员报到、执行监管、移交流转等全流程线上监管功能。展示层与用户层基于非羁押应用网页端与小程序端，为民警、检察官、法官等用户提供非羁押业务管理、非羁押数据监管等能力，为非羁押人员提供在线打卡、事项申请等业务能力支撑。

（二）区块链价值

（1）非羁押人员行为表现数据实时上链，量化监管有迹可循。

基于区块链技术构建上链触发机制，实现非羁押监管过程中的关键数据信息（如嫌疑人打卡位置信息、积分变更记录和预警信息等）实时上链，实现非羁押业务数据可信化存证，确保数据一经上链不可篡改。同时，对出防控圈、出入特定场所等证据进行链上可信采集，实现对非羁押人员远程化管理，实时抓取监管过程中的违规行为，并确保电子证据的法律效力。

（2）智能合约规范执法办案流程，权责可查、可追溯。

区块链智能合约通过技术信用代替传统的人与人之间、机关与机关之间的信用，保证取保候审案件审理多方按照各方共识且不可更改的智能合约执行履约义务，达到倒逼各机关执法办案人员规范执法的作用。如在社会危险性评价功能模块中，若嫌疑人出现未按时打卡、出电子围栏、出入特定场所等违规行为，通过预设智能合约模式，将政法委、公安、检察院、法院各方共识后的赋码规则以智能合约的形式自动执行赋码处置，确保赋码规则不可被执法人员或黑客恶意篡改，保证执法的公平、公开及公正。

（3）构建底层司法联盟链，促进机关协同规范办案。

构建公、检、法、政法委联盟链，打破信息孤岛，实现案件信息实时、可信共享互通，将案件数据、流转数据全流程记录在多方共识的分布式账本上，加强多部门相互监督与制约，杜绝违法违规问题，促进各机关高效协作，提升司法效率。

（三）系统平台运行机制

平台的功能设计来源于对非羁押人员进行管理的现实需求，我们针对每个环节的业务需求完成功能开发，以智能化的手段实现由"人盯人"到"系统管人"的飞跃。

1. 打卡监管功能

平台通过设置不同时间间隔的打卡规则，利用人脸生物检测技术明确打卡人身份信息，同时在打卡过程中自动抓取打卡位置信息，利用可视化数据大屏转换，实现实时监控功能。

非羁押人员打卡结束后，打卡相关信息（包括时间、位置、人脸比对信息）将被同步上传至区块链，链上存证信息可作为后续法院审判量刑、检察院调整管控措施的评判依据。

2. 赋码评价功能

在监控期间，根据非羁押人员的具体表现设定红、黄、绿三色监管码，对非羁押人员进行社会危险性的初步评定。通过预设智能合约对非羁押人员的监管码进行等级动态调整，赋码的过程数据、赋码依据等信息在区块链上进行存证，确保赋码管理过程的公开、公正。监管码如图 11.24 所示。

图 11.24　监管码

3. 法律文书云送达

法律文书云送达功能是依托检察业务应用系统 2.0，利用跨网数据安全交换通道，将对应的送达信息从工作网交换到互联网后传递到平台的。经消息推送功能，告知对象只需在小程序中单击待办任务，即可查看法律文书内容，完成具有法律效力的电子签名确认操作，快速、便捷地完成法律文书送达全过程，极大地提升了法律文书送达业务的工作效率。

4. 非羁押人员画像

对办案期间非羁押人员打卡、违规等情况进行数据存证，形成个人行为分析报告，形成对非羁押人员实行强制措施期间具体表现的整体画像。

5. 案件全流程监督

系统支持公安、检察院、法院对应负责部分的业务自主发起业务流转及管控人员的变更。基于此，公安、检察院、法院可以实现对强制措施期限、案件办理进度，以及侦、诉、审环节的全流程链上可信监管，提高相互制约、相互监督的能力，做到应用数据不可人为篡改，实现管控过程有迹可循。

三、创新点

从技术功能创新到管理创新，实现高质效人员管控

（1）创新平台运行功能，实现全程便捷管理。

平台几大创新功能，能够通过可视化实时监控，实现"一屏"统管；能够通过法律文书云送达，实现"一键"办案；能够通过案件全流程监督，实现"一链"监督；能够通过社会危险性评价，实现"一码"画像。

（2）创新非羁押人员管理方式，扩大非羁押措施适用范围。

通过区块链非羁押数控应用，取保候审管理从线下被动检察转变为线上主动检察，帮助检察机关更加便捷、可信地获取非羁押人员管理信息，使非羁押管理方式更主动、灵活和可视化。

（3）创新检察监督管控方式，实现取保候审的分级、分类检察管理。

运用非羁押数控应用分级、分类管控机制，能够完善取保候审业务的检察监督管控方式，量化取保候审人员风险评估标准，提高司法机关对取保候审人员的管理精度。

（4）创新开发模式，以低成本、轻影响实现非羁押人员审前管理。

平台区别于以往的电子手环监管模式，能够最大限度地减轻对非羁押人员正常生活的影响，也有别于市场上常见的 App 开发模式，将开发成本再度降低，能够实现最低成本开发、最小影响使用、最大范围推广。

四、效果效益

实现低成本、高收益的非羁押人员可信管理，提高案件办理数字化及智能化水平

（一）社会效益

（1）实现了非羁押人员管理模式的转变。

一是实现了非羁押人员由被动监管到主动监管。在传统监管模式下，司法机关及当地执行机关对非羁押人员的监管是被动的、滞后的，只有在办案有需要时，才会通知非羁押人员，其他期间无法做到主动监管。通过非羁押云监管平台数据形态，监管人员可以通过非羁押人员的打卡情况、实时定位、自动预警等模块，主动查看非羁押人员的监管状态，及时对非羁押人员的违规情况做出处理。

二是实现了非羁押人员由分散监管到统一监管。基于执行的现实需要，当前非羁押人员由其居住地或住所地的派出所进行监管，监管分布于全国各地，极其分散。非羁押云监管平台的应用，使得非羁押人员自被采取强制措施之日起，办案机关即可远程对其进行监管，对办案期间非羁押人员的轨迹、打卡、违规等情

形进行数据存证，形成对非羁押人员的个人分析报告，推动实现社会危险性的精准评价，为强制措施的变更、是否起诉、量刑轻重提供参考依据。

三是实现了非羁押案件由单一管理到综合治理。除数字监管功能外，该平台还具备远程告知、远程传唤、远程传票送达等功能，能够以"透明的方式""可感知的流程""可参与的环节"保障诉讼参与人的知情权和参与权，最大限度地提高司法效率，降低司法成本，实现司法公正。同时，基于平台丰富的数据，司法机关能够为区域惩治犯罪、全面深入做好综合治理工作提供第一手资料，积极助推市域社会治理。

（2）实现提高案件办理数字化、智能化水平。

充分发挥数字管控应用对提高案件质量的促进作用，以数字赋能辅助办案，将平台的全面推广运用与认罪认罚从宽等一系列刑事诉讼改革措施有机结合起来，提升检察机关执法办案水平。

（3）推动宽严相济刑事司法政策的落实。

通过该平台，在实现科学监管的同时也为宽严相济刑事政策的落实提供了有效路径。以应用"渝e管"平台后的各项指标为例，2022年1月至8月，渝中区公安分局提请批准逮捕人数为398人，同比下降51.1%；2022年1月至8月，渝中区检察院的不批捕率为32.5%，同比上升了11.4%；2022年1月至7月，渝中区检察院的诉前羁押率为23.96%，同比下降了23.27%。提捕人数的下降、不批捕率的升高、诉前羁押率的下降，均进一步说明随着非羁押云监管平台的深度应用，非羁押强制措施在基层公安机关、检察机关的实施效果显著提升。[1]

（二）经济效益

通过平台实现全流程线上监管，无须采用电子手环等设备即可实现审前管理，有效减轻非羁押人员的心理压力，确保其在非羁押期间的正常工作和生活，同时大力节省财政支出。此外，平台通过提升不批捕率能够大大减轻看守所等机构的工作量，有效降低政府在取保候审业务上的财政支出和司法资源投入。

---

[1] 陈宏，胡锦若. "渝e管"非羁押数字管控平台的实践与探索[J]. 人民检察，2022（24）：54.

13 基于区块链的公积金数据共享服务应用实践

郑州盛见网络科技有限公司

一、案例背景

区块链技术推动行政管理和行政服务方式的创新，支撑公积金数据共享与开放

我国高度重视数字政府建设，致力于通过整合数据孤岛等方式提升治理能力、优化公共服务。例如，《2019数字政府建设发展报告》指出，以提升政府治理与政府服务能力为目标，致力于建设开放、共享、高效、协同的数字政府；《"十四五"推进国家政务信息化规划》要求坚持"大平台、大数据、大系统"一张蓝图绘到底，以服务市场主体和便利广大群众为重点，统筹推进重大政务信息化工程建设。

区块链技术与云计算、大数据、人工智能等新兴信息技术充分融合，对于解决政务服务平台建设中面临的数据可信流动、共享、使用等问题，拥有不可替代的优势，有助于支撑政务服务网络和服务流程的优化，促进更加智能化政务服务模式的形成。在当前党和政府越发重视民生、强调智慧化治理的背景下，将区块链技术运用于公积金数据共享与开放，可以有效支撑行政管理和行政服务方式的创新需求。

根据当前的政治环境和政策指导，公积金业务的核心场景包括贷款购房、以公积金和社保数据为背书的信用贷款。在原有业务模式下，银行等金融机构以电子版《用户协议》等形式获取用户数据使用授权，其中对于具体的授权范围、有效期、管辖权、使用权等约定无法有效地被落实并监管。其中衍生出了数据要素的使用、风控等问题，如数据的确权、使用授权与核验在现有业务流程中难以落实，并且在中心化业务系统中难以对数据的真实性、有效性和合法性做出全流程的监管、见证。在现有业务模式下，个人隐私、数据安全的保护及机构风险隔离也面临着巨大的挑战。基于以上情况，郑州盛见网络科技有限公司着眼于公积金、社保等金融数据的数据要素确权、应收授权、流通交割、使用管理、应用见证、开放监管和隐私保护等需求，设计研发并推出公积金区块链数据共享平台。

二、方案详情

多节点、多链、多机构的设计思想解决公积金办理流程中的数据确权、数据安全等问题

（一）平台概述

公积金区块链数据共享平台基于多节点、多链、多机构的设计思想，结合公积金目前的流程特点，在多个地区和机构构建分布式去中心化节点网络的基础上，针对不同的业务场景和机构，构建专享的业务链，通过底层的跨链中继器，实现各链之间的数据共享交换、链上的数据隔离隐私，以及全局数据协调共享，打通多机构及系统之间的数据无缝可信交换流转，解决了目前公积金办理流程中用户个人数据无法确权与监督，个人数据流转过程中数据安全无法得到保障的问题。

网络节点：公积金区块链节点基于各地市、各机构分布式互信节点，同时兼顾私有云和公有云节点环境。

联盟链平台：公积金区块链数据共享平台和区块链数字身份，使用 XPOA 联盟链共识协议，管理区块链和业务系统，包括节点状态维护、证书颁发和销毁、合约管理、出块和交易监控告警等管理功能。使用区块链数字身份，实现跨链、跨系统的身份互认。

基础服务：国密 CA 证书的管理。所有节点和用户证书均使用符合国家保密要求的国密证书，提供第三方合规 CA 厂商对接接口。所有数据都经过合约过滤，避免敏感信息和非法信息上链或读取。所有操作和交易都记录上链，不可篡改，用于回溯监管等需求。跨链中继器可实现多链数据可信流转和互认，由中继链、跨链网关和应用链三部分组成。

业务链：基于区块链多账本技术，单独的业务独立链运行，数据互相隔离，通过底链的跨链中继器进行跨链交互，可以快速构建某银行专有业务链、地市业务链和铁路公积金等多种场景的业务链。

业务应用：基于业务链，搭建需求场景的业务应用，结合链下应用和链上DApp，覆盖实名认证、数据同步、数据查询和查询记录等应用场景。

使用接入：包括用户、银行、认证机构、跨链调用、API 和 SDK 等方式和主体。

（二）业务流程

使用区块链技术后，由具备对应贷款需求的用户主动向金融机构发起查询授权，授权包含查询的授权人、授权范围、数据获取方式（数据实体、可用不可见数据共享服务）和授权生命周期。金融机构在向公积金中心请求该居民数据时，必须在请求中携带授权密钥，为防止出现数据泄露，数据传输均采用公积金中心＋数据所有人双方公钥共同加密，只有共同使用数据所有人私钥＋被授权人私钥才可解密数据。整个过程完成了数据确权、使用授权和请求鉴权等环节，并由区块链对过程、人员和结果进行存证。

用户基于网银 App 登录，结合公积金目前的使用场景，需要先登录网银账户，在网银 App 里调用支付宝或微信等进行人脸识别认证，基于去中心化考量，本次认证成功之后，用户可以授权给银行查询自己的公积金信息和办理业务。

用户经人脸识别确认身份之后，返回授权码和解密密钥，授权码是给银行App 的，有授权码才可以进行查询，返回的数据也是加密的，需要使用密钥进行解密。

用户将授权码传递给网银 App，允许银行查询自己的信息，包括使用时长和次数。

网银后台使用授权码，通过内网访问公积金的业务平行链，获取需要的信息，且信息已经过加密。银行系统需要使用单独分配的密钥才能访问内网的业务链。

如果没有数据，业务链就会请求公积金区块链数据平台获取加密后的信息，记录数据调用记录。

返回经过密钥加密的数据，需要使用用户的密钥进行解密，确保数据传输过程的安全保密。

业务链将加密数据返回给银行的内网系统。

网银 App 将数据返回给用户，用户使用密钥解密加密后的数据，获取明文信息。

三、创新点

保障数据权益和安全，由区块链进行存证

（一）技术创新

基于区块链公/私钥体系，数据传输全程加密，只有指定用户可以解密查看。使用临时授权签名机制，确保授权的有效期和数据授权范围。使用合约指令管理数据沙盒，确保数据处理过程安全，结果可信。使用合约虚拟机，支持主流语言开发合约，包括 Java、C++、Go 和 Solidity 等。基于模块化和可插拔设计，可以根据业务场景扩展定制共识算法、合约虚拟机、存储和点对点网络等核心组件。

（二）模式创新

数据确权：保证共享不改变数据的归属权。

使用授权：在网银 App 里调用支付宝或微信等进行人脸识别认证，基于去中心化考量，本次认证成功之后，用户可以授权银行查询个人的公积金信息和办理业务。

全程留痕：公积金数据提供和使用过程可追溯，权责清晰，有利于解决纠纷。假如数据运用不当或者产生了隐私安全问题，可以追溯问题产生的原因，追溯由哪个机构负责，确保在数据使用过程中，可以确认权责，建立权责匹配的问责体系。

隐私保护：加密算法能够有效地降低数据共享过程中的安全风险，国密非对称加密技术保证了数据在机构传输过程中的安全性和准确性，并满足合规性要求。

（三）流程创新

在传统模式下，各地市公积金中心间的数据没有实现共享，无法实现信息互通；用户是否授权金融机构查询个人资产数据无法做到有效确权与监督，个人数据也无法实现确权与权利管理，业务流程烦琐、复杂，办理周期长。

使用平台后，各地市数据信息共享互通。公积金区块链数据共享平台业务流程如图 11.25 所示。金融机构在向公积金中心请求该居民数据时，必须在请求中携带授权私钥。

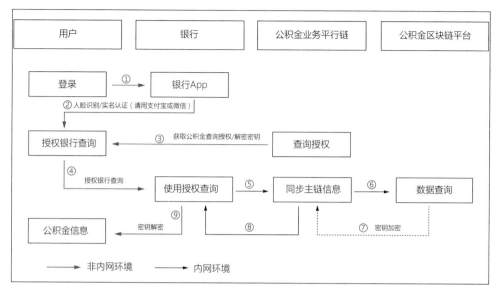

图 11.25 公积金区块链数据共享平台业务流程

四、效果效益

覆盖多家金融机构，在防范金融风险方面取得显著成效

在新的模式下，居民在使用公积金数据前会首先经过确权，良好有效的数据确权机制意味着个人拥有对自己的数据进行控制和决策的权利，使个人能够更好地了解数据处理的目的，并有机会选择他们认为适合自己的方式来管理自己的数据，避免了数据的无序共享，以及各类机构对个人数据的随意收集、存储与使用。

面向未来数据经济的到来，对普通民众来说，数据确权和隐私保护对促进公平竞争和创新至关重要。通过保护个人数据，确保合理的数据使用和共享，个人可以更好地掌握自己的数据资产，并与企业或组织进行更公平的交易。促进数据驱动型经济的可持续发展。通过区块链技术的应用与模式创新，保障了居民个人数据的数据安全、隐私安全和身份安全，并提供了验证措施，使居民数据的确权、共享和应用可查询、可验证，从而建立起居民与机构之间更高程度的信任关系，以提高居民对数据共享应用的接纳程度，金融机构在开展数据驱动类的相关业务中，业务推进与发展也将得到更好的支撑。

对于公积金机构，在执行业务的过程中，实现了数据安全共享、居民隐私保护、角色间边界清晰、问题可追溯、过程及结果可存证，从而降低了因数据共享、隐私泄露给业务带来的风险，以及机构自身在数据管理、数据应用中的风险。

公积金区块链数据共享平台的主要服务对象为公积金业务用户、银行等第三方金融机构、各地区公积金管理机构和公积金监管机构。

公积金区块链数据共享平台在试用阶段已经覆盖多家金融机构，平均每月链上交易 80 万笔，累计服务了 30 余万职工，协助金融机构发现及防范金融交易风险 100 余次。公积金区块链数据共享平台目前已有 5 个节点，接入多家银行机构和监管机构，已完成公积金账户信息摘要上链 300 万次，已查询 200 万余次，已完成跨链交易查询 50 余万次。

14 面向可信跨链的武汉政务多级高效协同应用示范

武汉烽火信息集成技术有限公司

一、案例背景

政务数据交互面临难题，政务协同一盘棋管理受阻

在政务数字化的过程中，由于部门间身份互认存在潜在的信息安全风险，导致数据流通困难，出现了系统各自分散、无法协同共享的政务痛点。政务部门通常涉及敏感和机密的数据，因此确保数据交互的安全性是至关重要的。安全协议、加密技术和访问控制机制等安全手段可以用于确保数据跨部门协同的保密性、完整性和可用性。政务应用通常具有各自独立的身份验证和访问控制机制，这使得应用之间共享身份信息变得困难。这导致了数据管理不便、应用重复建设和跨部门沟通成本高的问题，形成了公文管理和数据整合困难，政务协同无法实现全面的一盘棋管理等痛点。

武汉烽火信息集成技术有限公司的政务协同项目基于自研的烽江区块链平台，构建了安全高效的政务协同应用平台，实现了可信可靠的电子公文集约化，并同步构建协同办公应用。通过本项目，能够将各部门的数据资源进行整合，实现资源的集约化管理，同时实现政务协同全市一盘棋的目标。

二、方案详情

身份、互操作、安全多点发力构建政务协同平台

（一）政务区块链方案简述

方案面向政务协同中的安全协作，主要通过自研区块链技术实现跨部门协同的政务敏感数据保护，形成跨政务部门的业务级数据融合体系，满足交易时效的数据安全可靠共享。项目已经在武汉市政务协同项目试点示范，围绕政务协同平台建设，从实际需求出发提出探究区块链数据访问权和跨域互访的安全与隐私保护机理，以及揭示多模态政务业务的自动化协同与监管机理这两个核心问题。从身份认证、跨链数据交易、多模态业务智能合约和安全监管等方面组织工程建设和科研。运用双因子双向认证等技术实现可靠跨域、跨链数据访问。利用自定义智能合约、数据拆分与动态授权等技术实现数据安全、可靠共享。主要满足公共安全应急、一网通办、跨部门协作等主要政务协同场景。业务协同的关键是跨链互联，安全、可靠的政务业务和数据的互联互通需要区块链的跨链互联保障。政务协同需要相互关联的工作有序衔接，承载着各级行政部门最重要的信息，确保协同数据的完整性、可用性、真实性、保密性是设计系统的基本要求。各级公文运转平台基于区块链技术保障政务数据协同活动，确保公文在各个业务环节的真实性、完整性、可用性和安全性。可靠性方面还具有防篡改、抗抵赖、可追溯及对各环节经办人的身份认证和操作授权的数字化等特点。

（二）政务区块链系列产品

烽江区块链平台采用中继链协调跨链，旨在解决政务应用和数据在跨部门协同方面的困难，同时解决数据交互的安全性和应用之间的身份共享困难问题。政务机构内部服务通常采用同构链跨链协同，以实现同构链之间的安全机制、共识算法、应用模态和区块生成验证的逻辑一致。

然而，在面对外部协同时，涉及不同的异构链跨链，导致共识算法不一致，区块组成形式差异大和确定性保证机制不同的问题。为了确保异构链跨链的安全可信性，跨链机制必须重新设计。其中，跨链事务的原子性是至关重要的。通过中继链可以适配异构链跨链操作，同时保障跨链身份认证和数据共识的原子性，满足政务应用和数据在跨部门协同时的安全和性能需求，使得政务机构能够跨越不同的异构链进行安全可信的数据交互和应用协同。

这种方式保证了政务协同的安全性和一致性，解决了政务机构在数据交互和

身份共享方面的困难。在我们的实践应用上，提高了数据交互的安全性和应用之间身份共享的效率，推动政务协同的安全可信性和协同性能的提升。烽江区块链政务协同系列产品如图 11.26 所示。

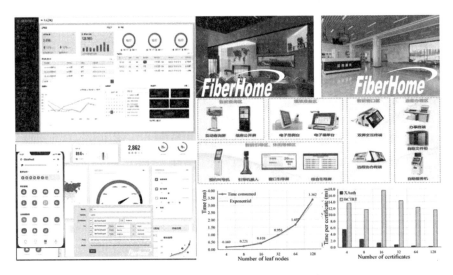

图 11.26　烽江区块链政务协同系列产品

（三）烽江区块链自研模式

项目采用烽江区块链平台，重点实现跨部门政务协同的区块链融合体系架构、身份认证与管理技术、跨链数据安全交互方法，构建政务协同平台并进行应用示范。项目从身份认证、跨链数据安全、多模态业务智能合约和安全监管等方面组织工程建设和产品研发，产品技术研发框架如图 11.27 所示。

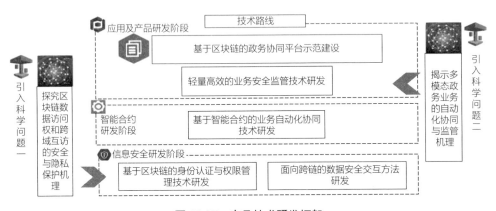

图 11.27　产品技术研发框架

立足上述工程方法，系统分为信息安全研发、智能合约研发和应用及产品研发 3 个阶段。烽江区块链平台基于底层系统的 BaaS 平台构建面向政务的合约安全体系。围绕政务领域的应用特点，满足多种政务应用上链的需求，同时满足安全性和功能支撑性。烽江区块链平台架构如图 11.28 所示。

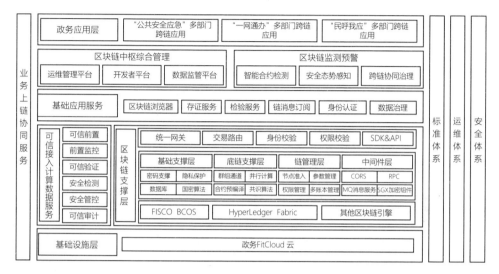

图 11.28　烽江区块链平台架构

烽江区块链平台为了满足国产化等潜在需求，主要代码采取自研的方式完成。烽江区块链团队通过自己的技术力量和研发能力，独立设计、开发和优化区块链的核心代码。自主研发的方式可以确保更好地满足特定需求，提供更灵活、高效、安全的区块链解决方案。目前，代码自主率已达 63%，符合政务建设要求。

（四）区块链终端安全的特点

为了解决分布式网络在不同终端的身份认证过程中兼容性低、抗攻击能力弱等问题，本项目使用基于区块链的联盟信任分布式身份凭证管理认证系统，该系统主要包括联盟分布式身份账本、联盟分布式身份服务节点和分布式身份客户端。联盟分布式身份账本用来存储联盟内各机构等分布式网络实体的联盟数字身份信息，并通过共识机制和隐私保护机制保证联盟内分布式网络实体的联盟数字身份安全存储和安全共享，为上层联盟分布式身份服务节点提供联盟数字身份信任支撑。

系统实现对联盟数字身份凭证进行颁发、验证、更新和撤销的全生命周期管理，进一步为联盟内分布式网络实体提供跨域联盟信任分布式身份认证。跨链安全方案架构如图 11.29 所示。

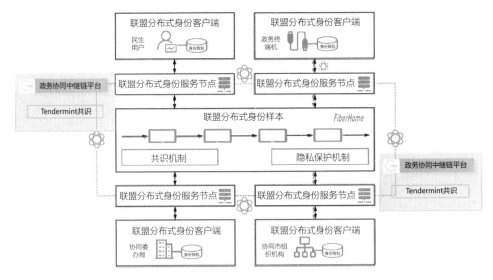

图 11.29　跨链安全方案架构

用户能够根据自身的需要对相应联盟分布式数字身份进行移植。一个分布式网络实体基于去中心化的身份移植，可获得不同身份认证场景下的多个联盟分布式身份标识符及相关联盟数字身份信任凭证，保证可靠性和安全性，有效完成分布式网络实体用户身份的信用传递，保障系统安全。

为了充分支持国产密码学算法，平台基于国产密码学标准，实现了国密加解密、签名、验签、哈希算法、国密 SSL 通信协议，并将其集成到政务协同区块链平台中，实现了对国家密码局认定的商用密码的完全支持。国密支持方案架构如图 11.30 所示。

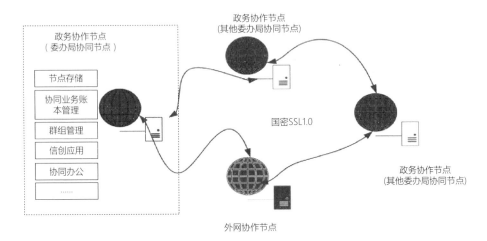

图 11.30　国密支持方案架构

三、创新点

数字身份、跨链协同、合约智能、安全监管、安全可控集成

（一）基于区块链的身份认证与权限管理技术

技术独特性：基于自研认证模型，解决了政务协同中多部门跨域认证与权限管理问题。实现安全、高效的身份全生命周期管理，达到容忍单个或者少量管理节点失效或者被攻陷的目的，满足政务协同场景中跨部门协同身份认证要求。

解决问题：解决多源异构环境下跨域访问的身份认证和权限管理问题，通过在跨部门协同场景中运用，整体安全性、效率和稳定性优于现有技术。

（二）面向跨链的数据安全交互方法

技术独特性：通过融合中继链实现政务协同异构链跨链交互模型，为底层异构区块链的跨链数据安全交互提供了区块链互联，保证跨链过程交易原子性、跨链可信交互及跨链交易速度，有效解决跨链数据的安全问题，通过适配协议完成跨部门区块链平台之间的数据安全交互。

解决问题：解决了跨链数据安全交互在政务协同区块链系统中面临的难题。在一网通办和跨部门协同两个场景中均提高了系统实践效果，满足了数字政府平台化、一体化的要求。

（三）基于智能合约的业务自动化协同技术

技术独特性：基于面向政务协同的智能合约对象层解决了传统多方跨部门业务手续复杂等问题，达到了合约的精准执行，减少了人为干预，提高了合约管理的可信度，节约了合约成本。满足了一网通办场景中政务机构间的信任要求，利用数据挖掘及自然语言处理（Natural Language Processing，NLP）的方法自动挖掘潜在合约规则，从而领先国内大部分产品。

解决问题：解决了因合约生成复杂导致的政务机构间的信任问题。在一网通办场景下实践，优于同类厂家方法。

（四）轻量、高效的业务安全监管技术

技术独特性：基于政务协同轻量分布式高效日志完整性审计框架，解决了多模态政务业务的自动化协同与监管难的问题。实现了完整的日志追溯，高效定位异常业务，降低对于正常数据变更行为的误告警比率，满足了系统高吞吐量的要

求，符合政务安全审计需要。

解决问题：能减少多余的链上共识，可以减少最耗时的全网共识操作，从而达到提高吞吐量的目的。在公共安全应急场景下优于现有技术。

四、效果效益

安全协同构建一体化政务生态

本项目保障了"武汉政务"系统，目前接入 56 家市委办局，已有相关 96 家市直单位、15 个区（管委会）注册使用，用户数量突破两万人，政务民生用户超 300 万人，并对湖北省级系统做了底层技术输出。截至 2023 年 4 月，平台已经接入了 4100 万条的链上数据。国际权威咨询机构 IDC 正式发布《中国政务云云安全市场分析，2021》报告，烽火集成凭借在区块链政务云安全领域的技术积累与实践创新，入选"中国政务云云安全市场典型供应商"。

烽江区块链平台是集安全、协同、生态于一体的统一安全共享平台。为了打破信息壁垒，加快推进政务信息资源的整合共享，利用该平台实现了公文待办及时提醒和公文交换的及时送达，平均办文效率仅需 1.5 天。平台制定了标准的技术架构和接口规范，以打造开放、融合、生态的工作台；建立了安全、高效的政务协同平台，提升公职人员工作方式的规范化程度，并加强网络安全意识，这将为广大群众的利益保障和经济社会的稳定发展提供有力支持。目前，平台已完成 60 多个成熟移动应用的建设和接入工作，多家单位的用户活跃度达到 60% 以上。现在，全市组织资源、全市公文管理、全市协同办公、全市在线沟通和全市数据资源都得到了一体化管理。市政务协同平台通过电子政务外网汇聚连接了市内单位的业务协同和数据共享，下一步预计构建 60000 个数字身份，打通全流程的一网协同机制，极大地提高了政务管理的效率和便利性。

项目已在全市完成超过千万的销售合同，通过本项目促进的武汉市政务云等项目累计合同额超过 4 亿元，获得湖北省科技重点研发支持，并入选"2022 年湖北省区块链十大优秀应用"，推动了省（市）区块链产业的发展。平台通过构建专家体系，与省内多所高校签订区块链创新平台战略协议，实现科研生态建设。